21世纪高等教育规划教材

Visual Basic程序设计教程

主　编／周大为
副主编／武晓宏
编　者／朱　艳　崔　岩　程巍巍　杨永刚　梁　荣

西北大学出版社

内容简介

本书由浅入深地介绍了Visual Basic语言及程序设计的主要知识。主要包括Visual Basic语言的基本概念、Visual Basic语言的基础知识、Visual Basic的窗体、常用控件、部分高级控件、菜单、图形、数组和文件，数据库的基本概念以及在Visual Basic中对数据库进行管理和应用等内容，还较详细地讲述了编写程序所涉及的基本算法，面向对象程序设计的思想和事件驱动的编程机制，应用程序的界面设计，开发应用程序的方法和调试过程。

作为Visual Basic语言的基础教程，本书的特点在于理论联系实际。在各部分内容中均含有解答详细、通俗易懂的例题，有利于学生加深对所学内容的理解。每章附有丰富的练习题，便于学生课后复习。在附录A中还按照教材内容的顺序给出了6个单元的上机实验题，可以作为学生上机实验指导书。

本书可以作为计算机专业或非计算机专业学生初学计算机语言的入门基础教材或者作为高年级学生的选修课教材，也可以作为各类考试培训的教材，还可以作为对开发Windows应用程序感兴趣的各类人员的参考用书。

图书在版编目（CIP）数据

Visual Basic程序设计教程／周大为主编. —西安：西北大学出版社，2008. 12

ISBN 978-7-5604-2572-6

Ⅰ. V… Ⅱ. 周… Ⅲ. BASIC语言—程序设计—教材 Ⅳ. TP312

中国版本图书馆CIP数据核字 (2008) 第198155号

Visual Basic程序设计教程

主　　编：周大为
出版发行：西北大学出版社
地　　址：西安市太白北路229号
邮　　编：710069
电　　话：029-88305287
经　　销：全国新华书店
印　　装：西安华新彩印有限责任公司
开　　本：787毫米×1092毫米　1/16
印　　张：17.25
字　　数：380千字
版　　次：2008年12月第1版第1次印刷
书　　号：ISBN 978-7-5604-2572-6
定　　价：26.00元

前言

QIAN YAN

计算机程序设计是高等学校各专业必不可少的一门基础课程,它对于我们掌握计算机程序的开发方法,学习编写程序的技巧,培养逻辑思维的能力,以适应信息化社会的需要是至关重要的。这一点已成为越来越多的人的共识。

Basic 语言曾经是在 DOS 操作系统下编写应用程序的一门广泛使用的程序设计语言。随着 Windows 成为流行的操作系统,20 世纪 90 年代 Visual Basic 应运而生,它是一门基于 Windows 平台的可视化程序设计语言。Visual Basic 采用了面向对象和以事件为驱动的程序设计技术,符合当今程序设计的主流方向。Visual Basic 语言不仅适合于开发用于科学计算的应用程序,还可以开发多媒体软件、数据库应用程序和网络应用程序等。从 Basic 语言到 Visual Basic 语言,历经二三十年,充分体现了该语言系列的生命力。

Visual Basic 语言之所以有这样悠久的历史,与它简单易学、实用性强的特点是分不开的。正因为 Visual Basic 语言的这些特点,所以很适合作为初学者的第一门计算机语言的学习。相信通过学习掌握 Visual Basic 语言及程序设计,一定能够为学习难度更大的计算机语言以及开发更复杂的应用程序打下坚实的基础,使读者能够对开发 Visual Basic 应用程序有一个较全面的了解。本书共分 9 章,主要内容包括:Visual Basic 语言的概况;与面向对象程序设计有关的基本概念和 Visual Basic 的集成开发环境;Visual Basic 语言基础及常用的内部函数;Visual Basic 的窗体、常用控件、部分高级控件和控件数组;应用程序的窗口、对话框及菜单的设计;鼠标、键盘和绘图在应用程序中的应用;对数据文件的操作;单文档和多文档的界面设计,以及多模块的程序设计;数据库的应用及实际案例;本书还结合实际介绍了应用程序的开发及调试方法等内容。

本书突出理论教学与上机实验相结合的特点,附录中的上机实验指导,结合教材内容详细介绍了各部分实验的操作步骤,便于学生参阅和模仿,可以作为实验课的上机指导或辅助材料。

本书各章节的例题和上机实验指导的题目所涉及的程序均在 Visual Basic 6.0 中文企业版调试通过。

本书由西安电子科技大学、西北大学和西安科技大学等学校的教师编写。第 1、2 章由杨永刚编写,第 3、8 章和实验 1、5 由朱艳编写,第 4、5 章和实验 2、3 由程巍巍编写,第 6 章和实验 4 由武晓宏编写,第 7 章由梁荣编写,第 9 章和实验 6 由崔岩编写。周大为负责制定教材大纲,并对全书内容统稿。

在本书编写和出版过程中,得到了西北大学出版社的大力支持与合作,刘秀玲责任编辑给予了很多帮助。在此,表示真诚的谢意。

由于计算机技术发展迅速,加之编者水平所限,书中若有不当之处,敬请读者指正。

编著者

2008 年 12 月

CONTENTS

目录

CONTENTS

目录

CONTENTS

目录

CONTENTS

目录

CONTENTS

目录

CONTENTS

目录

第 1 章　Visual Basic 概述

本章是 Visual Basic 的入门篇，主要介绍 Visual Basic 的特点及发展历史，重点讲述系统集成开发环境。掌握系统集成开发环境的使用方法是我们使用 Visual Basic 语言的基础。

1.1　Visual Basic 的特点

计算机编程语言是人和计算机"对话"的桥梁。就像人类的语言一样，计算机编程语言也有很多。目前较为广泛使用的语言有 C，C ++，Java，delphi，Visual Basic 等。在众多的计算机编程语言中，Visual Basic 语言最为易学易用。

Visual Basic（简称为 VB）语言，它是由 Basic 语言发展演变而来的。BASIC 是英文 Beginner's All purpose Symbolic Instruction Code 的缩写，意思为初学者通用符号指令代码。自 20 世纪 70 年代末第一代 Basic 语言出现以来，一直都是程序设计入门的首选语言。该语言能够发展至今，与其简单易学、功能方面不断适应计算机应用领域的需要而扩充的特点有着直接的关系。

Visual Basic 既支持传统的面向过程程序设计，又支持面向对象以及可视化程序设计。由于它是为 Windows 图形用户界面的操作系统开发的，所以它使用事件驱动的方式控制程序流程。下面是 Visual Basic 的主要功能和特点：

①面向对象的可视化程序设计平台。

②事件驱动的编程机制。

③提供了易学易用的应用程序集成开发环境。

④结构化的程序设计语言。

⑤强大的数据库功能。

⑥Active X 技术。

⑦网络功能。

⑧多个应用程序向导。

⑨完备的 Help 联机帮助。

⑩符合人的习惯思维方式，应用程序易开发、易维护。

1.2 Visual Basic 的发展历史及其版本

20 世纪 90 年代初，随着 Windows 操作平台的逐步流行，个人计算机的操作界面开始由字符界面的命令行方式向图形界面的窗口对话框方式转变。为适应这种变化，Microsoft 公司推出了 Visual Basic 1.0，虽然它的功能很少，但却是 Basic 向可视化编程方向发展的第一步，具有划时代的意义。

随着 Windows 操作系统的不断成熟，Visual Basic 产品由 1.0 版升级到 3.0 版，此时 Visual Basic 已初具规模了，利用它可以快速地编制各种应用程序，包括非常流行的多媒体应用程序和各种图形操作界面。在面向对象技术出现后，Microsoft 迅速地把这一技术加入到了 Visual Basic 产品中。Visual Basic 4.0 还提供了强大的数据库管理能力，这使得它成为管理信息系统（MIS，Management Information System）的重要开发工具之一。

随着 Internet 的迅猛发展，在 1997 年，Microsoft 将 ActiveX（网络多媒体对象）技术加入到了 Visual Basic 产品中，推出了 Visual Basic 5.0 版。

1998 年，随着 Windows 98 的发行，Microsoft 又推出了功能更强、更完善的 Visual Basic 6.0 版，在这一版本中引入了部件编程的概念，使 Visual Basic 在创建自定义控件、对数据库访问以及对 Internet 访问等方面的功能都得到了很大的扩充和增强。

Windows 2000 成功推出后，Microsoft 也推出了功能更强的版本 Visual Basic. net。

Visual Basic 6.0 包括学习版、专业版和企业版 3 种版本，每个版本都是为特定的开发需求设计的。Visual Basic 应用程序开发者可以根据实际需要选择相应的版本。

· 学习版：作为 Visual Basic 6.0 的基础版本，适用于初学者学习使用，可使程序员轻松地开发出 Windows 系统下的应用程序。它包括所有的内部控件、选项卡和数据绑定控件等。

· 专业版：为专业编程人员提供了一套功能完整的开发工具。在学习版的基础上增加了 ActiveX 控件、Internet 信息服务应用程序的设计、完整的数据访问工具和数据环境、ActiveX数据项目和 HTML 动态页面设计等功能。

· 企业版：可以帮助专业编程人员开发功能强大的分布式应用程序，是 Visual Basic 6.0 的最高版本。它除了具有专业版的全部功能外，还包括 Back Office 工具，如 SQL Server 以及其他辅助工具等。

1.3 Visual Basic 的集成开发环境

1.3.1 Visual Basic 6.0 的安装及环境要求

这里主要介绍 Visual Basic 6.0 中文企业版的安装。具体安装可以采用以下两种方法。

①光盘安装：单独的 CD 或是 Visual Studio 的套盘。

②网络下载安装：安装时首先运行 Setup. exe 文件，随后按照“向导”对话框的提示，一步一步地进行安装操作。

需要说明的是,Visual Basic 6.0 中文企业版的安装类型分为“典型安装”和“自定义安装”两种。若选择“典型安装”,则系统自动安装一些最常用的组件;若选择“自定义安装”,则可以根据用户自己的实际需要有选择地安装组件。

Visual Basic 6.0 安装完成之后,安装程序将自动打开“安装 MSDN”对话框。选择“安装 MSDN”,可以获得联机帮助文档。

1.3.2 启动 Visual Basic

Visual Basic 是 Windows 下的一个应用程序,因此可以按运行一般应用程序的方法来运行它。启动 Visual Basic 的常用方法是:“开始”→“程序”→“Microsoft Visual Basic 6.0 中文版”。

启动 Visual Basic 后,作为默认方式,系统会首先弹出“新建工程”对话框,如图 1-1 所示。在对话框中,有“新建”“现存”“最新”3 个选项卡。

①新建:列出了可以创建的应用程序类型,其中“标准 EXE”用来建立一个 Visual Basic 应用程序,最终可生成一个标准的可执行文件(.exe 文件)。

②现存:提供选择和打开现有的工程。

③最新:列出了最近使用过的工程。

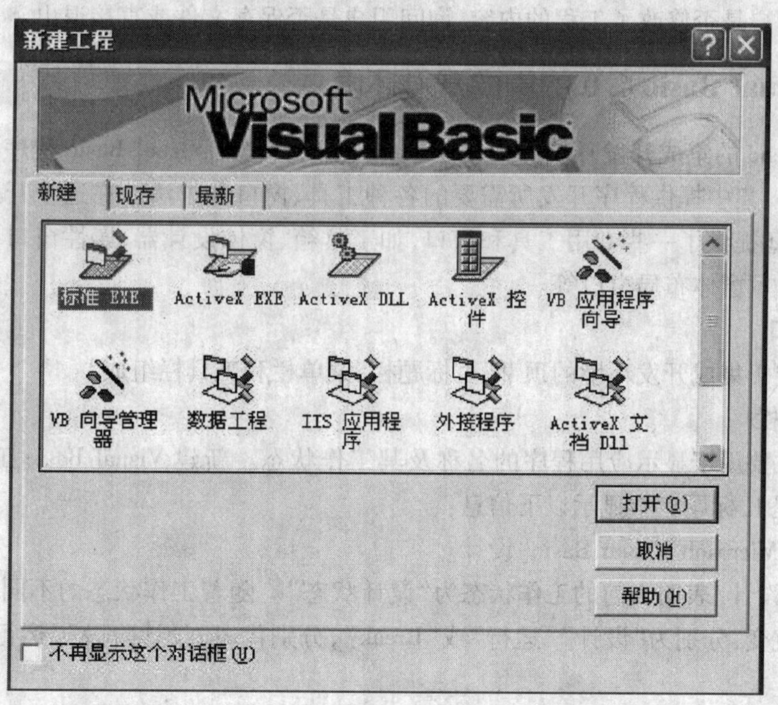

图 1-1 “新建工程”对话框

直接单击对话框右下方的“打开”按钮,则可创建一个默认的“标准 EXE”类型的应用程序,进入 Visual Basic 的集成开发环境,如图 1-2 所示。

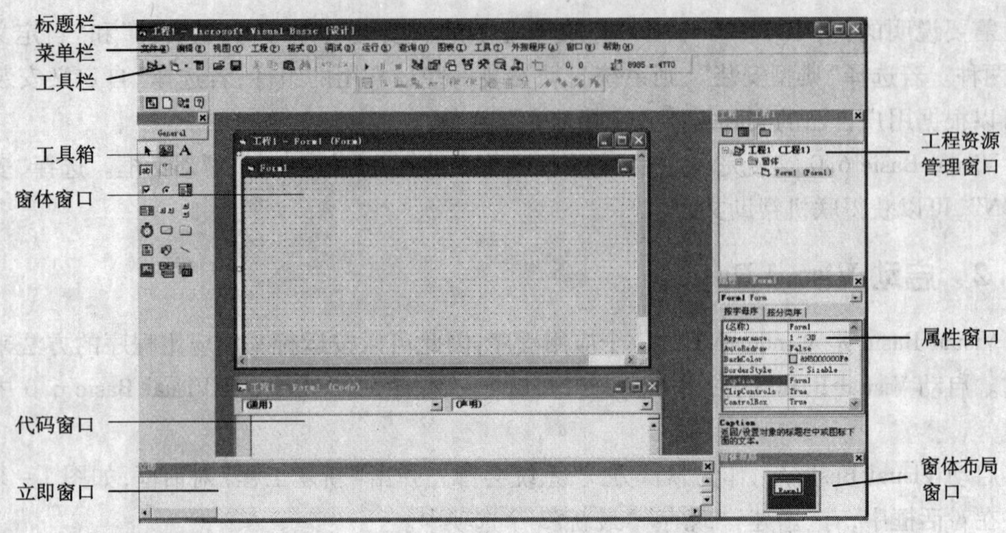

图 1－2 Visual Basic 集成开发环境

1.3.3 退出 Visual Basic

单击 Visual Basic 主窗口的“关闭”按钮或选择文件菜单中的“退出”命令，Visual Basic 会自动判断用户是否修改了工程的内容，询问用户是否保存文件或直接退出。

1.3.4 Visual Basic 6.0 的集成开发环境

Visual Basic 的集成开发环境界面如图 1－2 所示。它集 Visual Basic 程序的设计、编辑和调试于一体，集中提供程序开发所需要的各种工具、窗口和方法。在这个开发环境中，除了主窗口外，还提供了一些专用工具和窗口，如工具箱、窗体设计器、属性窗口、工程资源管理器、代码窗口、窗体布局窗口等。

1. 主窗口

主窗口位于集成开发环境的顶部，由标题栏、菜单栏和工具栏组成。

(1)标题栏

标题栏主要用于显示应用程序的名称及其工作状态。新建 Visual Basic 工程时默认的文件名为工程 1，标题栏中显示以下信息：

工程 1－Microsoft Visual Basic［设计］

方括号中的“设计”表明当前的工作状态为“设计状态”。随着工作状态的不同，方括号内的信息也随之改变，分别为“设计”“运行”或“Break”，分别代表“设计阶段”“运行阶段”或“中断阶段”。

· 设计模式：可进行用户界面的设计和代码的编制。

· 运行模式：不可编辑代码和界面。

· 中断模式：可编辑代码，不可编辑界面。

(2)菜单栏

菜单栏提供了用于开发、调试和保存应用程序所需的所有命令。系统通过 13 个菜单栏分门别类地列出了程序开发所需要的各种命令。

(3)工具栏

工具栏是菜单命令的简化。Visual Basic 提供了编辑、标准、窗体编辑器和调试 4 种工具栏。一般情况下,集成开发环境只显示“标准”工具栏。可利用“视图”菜单的“工具栏”来选取所需。

2. 窗体窗口

建立 Visual Basic 应用程序的主要工作区,可用作定制应用程序界面的窗口,或用作从用户处收集信息的对话框。每个窗体窗口只容纳一个窗体,可以向窗体增加控件创建应用程序界面。窗体可单独存在,也可以是多文档界面(MDI)中的一个文档,即一个子窗体。

窗体命名规则:每个窗体必须有一个唯一的窗体名,默认为 Form1,Form2,…,建议使用带有前缀“frm”的窗体名,如:frmXXXX。

3. 属性窗口

属性窗口包含所有窗体或控件的属性。属性窗口包括对象列表框、属性显示排列方式(按字母序或按分类序)、属性列表框、属性含义说明等。在设计界面时,可以通过属性窗口对窗体及控件的属性值进行设置。

4. 工程资源管理器

工程资源管理器用于显示当前所打开的工程的信息状态和文件的内容,工程文件的扩展名为 . vbp。工程是指一个应用程序所包含的文件的集合,工程采用层次化管理方式,常用文件类型有窗体文件和标准模块文件。

窗体文件(. frm 文件):存储窗体上所有控件对象和有关的属性、相关的事件过程、程序代码。一个应用程序至少包含一个窗体文件。

标准模块文件(. bas 文件):所有模块及变量和用户自定义的通用过程都保存在该文件中,供应用程序运行时调用。

5. 代码窗口

代码窗口是进行程序设计、显示和编辑程序代码的窗口。

打开代码窗口有以下几种方法:

①在工程资源管理器窗口中选择窗体或模块,并单击“查看代码”按钮。

②双击一个控件或窗体。

③执行“视图”菜单中的“代码窗口”命令。

④右击窗体,从快捷菜单中选择“查看代码”命令。

代码窗口的构成:“对象”下拉式列表框、“过程”下拉式列表框、“代码”框、“过程查看”按钮、“全模块查看”按钮。

6. 立即窗口

立即窗口用于调试应用程序,只在集成开发环境(IDE)之中运行应用程序时才有效。

可以在立即窗口中键入或粘贴一行代码,按回车键可以立即执行。

7. 窗体布局窗口

窗体布局窗口利用屏幕的小图像表示应用程序中各窗体的位置,在多窗体应用程序的

设计中较为有用。在窗体布局窗口中，拖动鼠标可以更改单个或多个窗体的位置，观察多个窗体的相对布局。

8. 工具箱窗口

工具箱窗口位于窗体的左侧，为用户在窗体中放置控件提供了一组工具，如图 1－3 所示。缺省状态下工具箱中含有 20 个标准控件和 1 个指针，其中指针不是控件，它仅用于移动窗体和控件，以及调整它们的大小。显示工具箱窗口的方法是"视图"→"工具箱"。可利用"工程"→"部件"，或者在工具箱上单击右键的方法打开"部件"对话框，在工具箱窗口中添加新的控件。

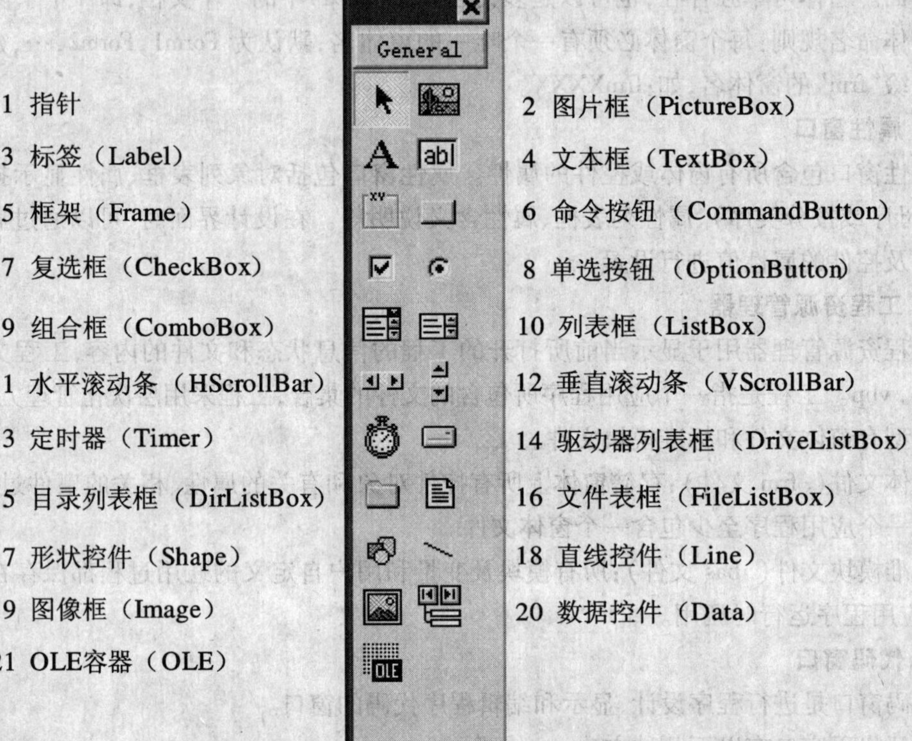

图 1－3 Visual Basic 工具箱窗口

Visual Basic 6.0 工具箱的标准控件用途如下。

①指针：指出窗体的图形元素。

②图片框：用于显示图像，可以包含图片和文本，也可以作为容器显示其他控件。支持 *.bmp，*.ico，*.gif，*.jpg 类型的图像文件。

③标签：可显示文本信息，但不能输入文本。

④文本框：用于输入和显示文本信息。

⑤框架：用于组合相关的控件，或者作为容器显示其他控件。

⑥命令按钮：用于向 Visual Basic 应用程序发出指令。

⑦复选框：用于多项选择。

⑧单选按钮:用于单项选择。

⑨组合框:为用户提供选择的列表,并允许用户自行输入选择项。

⑩列表框:用于显示供用户选择的固定列表。

⑪水平滚动条:用于水平方向选择当前位置。

⑫垂直滚动条:用于垂直方向选择当前位置。

⑬定时器:用于定时处理某项任务。

⑭驱动器列表框:用于查找驱动器或切换当前驱动器。

⑮目录列表框:用于查找或切换当前驱动器上的目录及路径,显示设备的目录列表。

⑯文件列表框:用于显示当前目录下的文件列表。

⑰形状控件:用于显示一个矩形或圆。

⑱直线控件:用于显示一条直线。

⑲图像框:用于显示一个图像。

⑳数据控件:用于对数据库中的数据进行访问。

㉑OLE 容器:允许将可插入的对象添加到应用程序的窗口中。

9. 使用帮助系统

Visual Basic 提供了功能强大而全面的联机帮助系统 MSDN(Microsoft Developer Network)。通过 MSDN 用户可以随时方便地得到各种帮助信息,以解决用户在开发过程中遇到的各种问题。

习题一

一、选择题

1. Visual Basic 的编程机制是(　　)。

A. 可视化　　B. 面向对象　　C. 面向图形　　D. 事件驱动

2. Visual Basic 可视化编程有3个基本步骤,依次是(　　)。

A. 设计界面,建立窗体,建立对象　　B. 创建工程,设计对象,编写代码

C. 创建工程,设计对象,编写代码　　D. 设计界面,设置属性,编写代码

3. 窗体设计器用来设计(　　)。

A. 应用程序的代码段　　B. 应用程序的界面

C. 对象的属性　　D. 对象的事件

4. 在 Visual Basic 中,编写程序代码应放在(　　)中进行。

A. 对象窗口　　B. 属性窗口

C. 代码窗口　　D. 窗体布局窗口

5. 在代码窗口中,选定某个对象后,在(　　)中会列出适用该对象的事件。

A. 过程框　　B. 属性窗口

C. 工具箱　　D. 工具栏

6. 打开 Visual Basic 集成开发环境后,显示的工具栏是(　　)。

A. 编辑工具栏　　B. 标准工具栏

C. 调试工具栏　　　　　　　　　　D. 窗体工具栏

二、填空题

1. Visual Basic 提供的运行方式有＿＿＿＿＿＿和＿＿＿＿＿＿。

2. Visual Basic 的 3 种工作状态是＿＿＿＿＿＿、＿＿＿＿＿＿和＿＿＿＿＿＿。

3. 对象的 3 要素是＿＿＿＿＿＿、＿＿＿＿＿＿和＿＿＿＿＿＿。

4. Visual Basic 的运行机制是＿＿＿＿＿＿。

8. Visual Basic 窗口一般包括＿＿＿＿＿＿、＿＿＿＿＿＿、＿＿＿＿＿＿、＿＿＿＿＿＿、＿＿＿＿＿＿、＿＿＿＿＿＿、＿＿＿＿＿＿等。

三、简答题

1. 在 Visual Basic 的集成环境中有多种类型的窗口,若想在设计时看到代码窗口,应如何操作?

2. 简述 Visual Basic 的特点。

第 2 章　Visual Basic 可视化编程基础

本章讨论面向对象以及可视化程序设计的基本概念。重点讲述在可视化程序设计中所涉及的控件的属性、事件和方法等概念，并结合几个常用的控件介绍 Visual Basic 应用程序的开发方法和开发过程。

2.1　基本概念和术语

2.1.1　对象

在自然界中，对象是我们感兴趣的或者要加以研究的事物。在面向对象程序设计中，对象是一组数据和对数据进行操作的集合。对象中描述其特征的属性就是数据，而对象的事件、方法以及附属于它的事件过程和过程就是对象的操作。

在 Visual Basic 中对象分为两类，一类是由系统提供的窗体和控件，用户在开发 Visual Basic 应用程序时可以直接用于其中；另一类是由用户在自己的应用程序中定义的，必须遵循“先定义，后使用”的原则。

2.1.2　控件及控件的属性、事件和方法

1. 控件

控件是包含在窗体中的对象，使用控件是为了获取用户的输入信息和显示输出信息；控件一般是用图形表示的，例如按钮、列表框或编辑框等。有的控件没有用图形表示，如定时器控件。

Visual Basic 的控件分成内部控件（工具箱）、ActiveX 控件（扩展名为 .ocx）及可插入的对象。

2. 属性

属性是用来刻画对象特征的，每个属性都有属性值，改变属性值就相当于改变了对象的特征。

属性值通常在属性窗口直接设置或在程序中通过编写代码来设置。在代码中设置对象属性值的一般形式如下：

对象. 属性 = 属性值

例如，为对象的属性赋值：

```
Form1. Caption = "VB 学习系统"
Text1. FontSize = 16
```

3. 事件(Event)

事件是指窗体或控件能够识别的活动。事件发生在用户与应用程序交互时,是向程序发出的命令,是用户与程序之间的桥梁。应用程序的执行是由事件驱动的,如单击控件(Click)、键盘输入、移动鼠标等。也有部分事件由系统产生,不需要用户输入,如计时器事件。

4. 事件过程

对象响应某个事件后所执行的操作通过一段程序代码来实现,这样的一段程序代码就称为事件过程。换句话说,事件过程就是用来完成事件发生后所要进行的操作。事件过程的一般格式如下:

```
Private Sub 对象名_事件名()
  事件过程中的代码
End Sub
```

例如,可以编写窗体单击(Click)事件过程如下:

```
Private Sub Form_Click()
  Form1. Caption = "在窗体上画圆" '设置窗体标题
  Form1. Circle(2400,1500),800 '调用窗体方法,以(2400,1500)为圆心,半径为 800 画圆
End Sub
```


5. 事件驱动应用程序的工作方式

VB 采用事件驱动的运行机制,应用程序的执行顺序不是按预先设计好的固定流程进行,而是通过响应不同的事件来执行不同的事件过程。响应的事件顺序不同,执行的事件过程的顺序也不同,即事件发生的顺序决定了整个应用程序的执行流程。

在事件驱动的运行机制下,应用程序的执行过程为:

①启动应用程序,加载和显示窗体。

②窗体或窗体中的控件等待接受事件。

③当事件发生时,如果在相应的事件过程中存在代码,就执行代码。事件可以由用户触发(如鼠标操作),也可以由系统触发(如定时器事件),还可以由代码间接触发(如在应用程序加载窗体时的 Load 事件)。

④当事件过程处理完某个事件后,应用程序又在等待下一个事件发生。

6. 方法

方法是对象能够执行的动作。它是对象本身包含的函数或过程,用于完成某种特定的功能。例如,print 是窗体的一种方法,用来向窗体输出信息。

方法只能在程序代码中使用,其调用格式如下:

[对象名.]方法名[(参数)]

有的方法需要提供参数,而有的方法是不带参数的。如果省略对象名,则表示当前窗

体。例如：

```
Form1. Cls                    '清除窗体 Form1 中的内容
Print "Visual Basic 6. 0"     '在当前窗体中输出：Visual Basic 6. 0
```

方法与事件过程是有区别的。我们只知道某个对象有哪些方法，能够完成哪些功能以及如何使用方法，但是我们并不知道方法的功能是如何实现的。而事件过程则不同，我们不仅知道某个事件过程的功能和使用方法，还知道该事件过程是如何实现的，并且我们可以修改事件过程。

2.2　窗体、文本框、标签及命令按钮

2.2.1　窗体（Form）

窗体（前缀 frm）是设计 Visual Basic 应用程序的基本平台，是应用程序的编程窗口和对话框。窗体本身是一个对象，它有自己的属性、事件和方法，以便控制窗体的外观和行为。窗体又是其他对象的载体或容器，几乎所有的控件都设置在窗体上。一个工程可以包含一个窗体或多个窗体。

通常应用程序都是从窗体开始执行的。程序运行时，每个窗体对应于程序的一个窗口。对于一个简单程序，一个窗体已经足够了，但对于一个复杂的程序，也许需要几个、十几个甚至几十个窗体。

1. 生成窗体

启动一个新的工程文件，屏幕中间有一个带网点（称为网格）的窗体，如图 2－1 所示。用户可以调整该窗体的大小，对该窗体大小的调整及属性值的改变等操作称为定制窗体。对窗体的定制可以在设计期间进行，也可以在程序运行期间进行。

当需要再添加窗体时，可以通过菜单命令或工具栏进行添加，菜单命令是在“工程”菜单

图 2－1　窗体及其属性

中选择“添加窗体”命令。

2. 窗体的基本属性

窗体属性决定着窗体的外观和行为。新建工程时，Visual Basic 系统会自动建立一个空白窗体，并为该窗体设置默认属性。

以下介绍一些常用的窗体属性。

(1) Name 属性

窗体对象的名称，用于标识窗体对象的名字。在运行时是只读的。在工程中首次创建窗体时默认为 Form1，添加第二个窗体时，其名称默认为 Form2，依次类推。引用窗体的 Name 属性的语法格式为

窗体名 . Name

一个应用程序有多个窗体，必须给它们以不同的名称，也就是给它们赋予不同的 Name 属性值。窗体命名规则如下：

①必须以字母或汉字开头，建议以字母开头。

②可包括字母、数字和下划线，不能有空格或分号。

③最多为 40 个字符。

为了提高窗体名称的可理解性，可以在窗体名称中使用前缀“frm”，后接描述性的单词，如 frmSearch。窗体名称不能与公共对象同名，如 Clipboard，Screen 或 App 不能作为窗体的名称。虽然窗体的名称可以与一些关键字、属性名字或别的对象名同名，但这样做会引起混淆，最好不要这样使用。

(2) Captain 属性

指定窗体的标题。窗体使用的默认标题为 Form1，Form2 等。

注意对象的 Name 属性与 Caption 属性的区别。Name 是对象的名字，应用程序通过该属性区分各个对象；Caption 是显示给用户看的，表示对象的作用。

例如：

```
Private Sub Form_Load( )
  Form1. Caption = "VB 程序设计"        '设置窗体标题栏的值
End Sub
```

(3) AutoRedraw 属性

自动重画属性用于控制屏幕图像的重建。若该属性为 True(默认值)，当一个窗体被其他窗体覆盖又返回到该窗体时，Visual Basic 将自动刷新或重画该窗体上的所有图形；若该属性为 False，则必须通过事件过程来设置属性的值。

(4) BackColor 和 ForeColor 属性

BackColor 属性用于指定窗体的背景颜色；ForeColor 属性用于指定窗体的前景颜色。

(5) BorderStyle 属性

指定窗体边框的类型，共有 6 种属性值，如 0 – None(无边框)，1 – Fixed Single(窗体大小不变且具有单线边框)等。该属性在运行时只读，必须在属性窗口中设置。

(6) ControlBox 属性

指定是否在窗体左上角出现控制菜单(也称控制菜单按钮),默认值为 True。

(7) Enabled 属性

决定是否响应用户事件,默认值为 True,表示响应用户事件。

(8) Font 属性

该属性本身也是一个对象,用于确定窗体上字体的样式、大小、字体效果等。设置该属性时,先选定窗体,在属性窗口中选择属性“Font”,再单击属性行右端的“…”按钮,系统弹出一个“字体”对话框,从中选择即可,如图 2-2 所示。

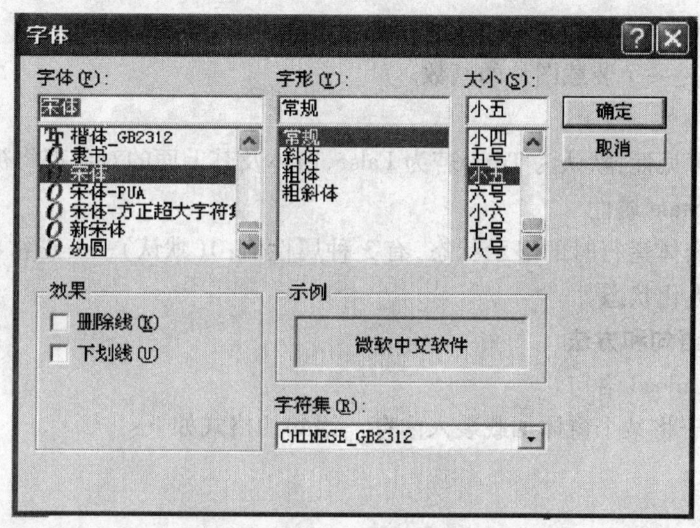

图 2-2　“字体”对话框

在代码中,可以使用以下格式引用该对象的属性。

Font. 属性名

这里的“属性名”采用类似上述属性名,例如 Font. Name 表示文本的字体,Font. size 表示文本的字体大小(字号)。

(9) Height, Width, Left 和 Top 属性

Height 确定窗体的高度,Width 确定窗体的宽度,Left 确定窗体左边缘的横坐标 x,Top 确定窗体上边缘的纵坐标 y。

所有对象都具有这 4 个属性,用来确定对象的大小和位置。表示对象的位置,属性值为非负整数;表示对象的高度和宽度,属性值必须是正整数。在 Visual Basic 使用的坐标系统中,默认的坐标原点(0,0)在窗体的左上角。坐标系统的每个轴都有刻度,其默认单位为缇(Twip,567 缇为 1 厘米,1440 缇为 1 英寸)。所有控件的移动、调整大小和图形绘制语句,一般都以缇为单位。

Visual Basic 提供了当前位置坐标 CurrentX 和 CurrentY,分别表示窗体当前位置的横坐标和纵坐标。

(10) Icon 属性

图标属性用于指定在窗体最小化时显示的图形。

(11) MaxButton 和 MinButtion 属性

指定在窗体的右上角是否显示最大化、最小化按钮。值为 True 时可用,为 False 时不可用(以灰色显示)。在设计对话框时通常将这两个属性的值均置为 False,最大化与最小化按钮从标题栏上消失。这两个属性在运行时为只读。

(12)Picture 属性

用于在窗体上设置要显示的图形。在属性窗口中单击该属性行右端的"…"按钮,打开一个"加载图片"对话框,可以从中选择一个合适的图形文件。也可以在应用程序中使用以下语句格式来设置。

[对象.]Picture = LoadPicture("文件名")

其中,LoadPicture 是一个装载图片的函数。

(13)Visible 属性

设置对象的可见性,默认为 True;若为 False,窗体及其上面的对象都将被隐藏。

(14)WindowState 属性

获取或设置窗体运行时的显示状态,有 3 种属性值:0(默认)——正常状态;1——最小化状态;2——最大化状态。

3. 窗体常用语句和方法

(1)Load 和 Unload 语句

Load 语句用于将某个窗体加载装入内存。语句的格式如下:

Load 窗体名

例如:

Load Form2

将 Form2 窗体装入内存,但并不显示。

与之相反的语句为 Unload,将窗体卸载。语句的格式如下:

Unload 窗体名

(2)Show 方法

用于显示一个窗体,使该窗体变为活动窗体。执行 Show 方法时,如果窗体已加载到内存,则直接显示窗体;否则先加载窗体,然后再显示。其调用格式如下:

窗体名.Show()

例如:

```
Private Sub Form_Load()
  Form1. Show
  Print "窗体已被 Show 显示出来!"
End Sub
```

运行此过程,窗体会立即出现且显示出"窗体已被 Show 显示出来!"。

(3)Hide 方法

与 Show 方法刚好相反,隐藏窗体不可见,但还在内存中。其调用格式如下:

窗体名.Hide()

(4)Print 方法

用于在窗体上输出数据。其调用格式如下：

[窗体名.]Print 参数

注意：不带参数时可起到换行作用，并占一行空行位置。省略窗体名，则表示当前窗体。

(5) Cls 方法

用于清除运行时在窗体上显示的文本或图形。但 Cls 并不能清除在设计阶段设置的文本或图形。其调用格式为：

窗体名.Cls

(6) Move(移动)方法

用于移动并改变窗体或控件的位置和大小。其调用格式如下：

[对象名.]Move Left[,Top[,Width[,Height]]]

其中，Left 和 Top 参数表示要移动对象的目标位置的 x，y 坐标，Width 和 Height 参数表示移动目标位置后对象的宽带和高度，以此改变对象的大小。

4. 窗体常用事件

窗体作为对象，能够对事件做出响应。窗体事件过程的一般格式如下：

```
Private Sub Form_事件名()
  事件过程中的代码
End Sub
```

注意：在事件过程中的窗体名称只能用 Form(如 Form_Load())，但在过程内对窗体进行引用时必须用到窗体的具体名字(如 Form1. Caption)。

与窗体有关的常用事件有以下几种。

(1) Load 事件

加载窗体时触发 Load 事件，如果这个事件过程 Form_Load()存在，便立即执行它。

启动应用程序时，系统自动加载和显示"启动窗体"，在此期间便会先后触发 Load，Activate 等事件。在启动窗体显示前触发 Load 事件。对于未被加载的窗体，如果使用 Load 语句加载该窗体，或者在其他窗体中引用该窗体的控件，都会触发 Load 事件。

通常，窗体的 Load 事件过程是应用程序中第一个执行的过程，常用来进行初始化处理。但要注意，Form_Load()过程是在窗体显示前执行的。因此，在该过程中执行的 Print 及绘图等方法将不起作用(即在窗体上看不到这些方法所输出的内容)。要使 Print 及绘图方法输出的内容可见，可以先调用 Show 方法，见 Show 方法中的例子。

例如，使用 Show 方法把窗体 Form2 显示出来：

Form2. Show

如果在使用 Show 方法之前没有使用 Load 语句，Show 方法会自动首先调用 Load 语句。与 Show 方法相反的方法是 Hide。

(2) Unload 事件

当卸载窗体时触发 Unload 事件。单击窗体上的"关闭"按钮时也会触发该事件。利用 Unload 事件可在关闭窗体或结束程序时做一些必要的善后处理工作。

(3) Activate 和 Deactivate 事件

当窗体变为活动窗体时触发 Activate 事件，当窗体不再是活动窗体时触发 Deactivate 事件。通过操作可以把窗体变为活动窗体，例如单击窗体或在程序中执行 Show 方法等。

(4) Paint 事件

绘画事件被触发的前提是窗体的 AutoRedraw 属性被设置为 False。当首次显示窗体，窗体被移动或改变大小，或者窗体被其他窗体覆盖时，将触发 Paint 事件。

(5) Click 事件

当用户用鼠标单击窗体时触发该事件。当单击窗体内的某个位置时，Visual Basic 将调用窗体事件过程 Form_Click( )。如果用户单击窗体内的控件，调用的是相应控件的 Click 事件过程。

(6) DblClick 事件

当用户用鼠标双击窗体时触发该事件。这一操作过程还将伴随发生 MouseDown, MouseUp 和 Click 事件。

(7) KeyPress 事件

当按下键盘上的某个键时，将触发 KeyPress 事件。其事件过程的格式如下：

```
Private Sub Form_KeyPress(KeyAscii As Integer)
    '事件过程中的代码
End Sub
```

其中，参数 KeyAscii 返回所按键的 ASCII 码。例如，按下"A"键，KeyAscii 的值为 65；按下"a"键，则 KeyAscii 的值为 97，等等。KeyPress 还能识别 Enter(回车)，Tab 和 BackSpace 三种控制键。对于其他控制键，不作响应。

KeyPress 事件也可用在其他可接收键盘输入的控件(如文本框等)。

2.2.2 文本框(TextBox)

文本框控件是一个文本编辑区域，用户可以在该区域输入、编辑、修改和显示文本内容。默认情况下，文本框只能输入单行文本，并且最多可以输入 2048 个字符。

文本框的生成通常有两种方法：一是双击工具箱中的 TextBox 控件，直接在窗体中心位置生成默认大小的文本框控件；二是单击工具箱中的 TextBox 控件，然后用鼠标在窗体的合适位置拖拉出大小和位置合适的文本框控件。窗体中其他控件的生成方法也是类似的。

1. 文本框的常用属性

(1) Name 属性

用于定义文本框控件对象的名称。每当新建一个文本框时，Visual Basic 就会给该控件指定一个默认名称 Text1, Text2, …。用户可以重新设置 Name 属性值，并可以使用带有前缀 txt 的属性值。

(2) Text 属性

用于设置或返回文本框中所包含的文本内容，在文本框中显示正文的内容存放在 Text 属性中。默认值为 Text1, Text2…。

(3) MaxLength 属性

设置文本框中文本的最大长度。值为0(默认值)表示任意长度,对于单行显示的文本框,指定最大长度为2KB;对于多行显示的文本框,指定最大长度为32KB。非零值为文本框中的字符数的最大值,若将其设置为正整数值,这一数值就是可容纳的最大字符数。一个英文字符与一个汉字都为1个长度。

(4)MultiLine 属性

指定文本框中是否允许显示和输入多行文本。当该属性值为False时,文本框只能输入单行文本;当设定该属性值为True时,可以使用多行文本。在多行文本框中,当显示和输入的文本超过文本框的右边界时,文本会自动换行,在输入时也可以按Enter键强行换行。如果窗口中有一个默认按钮(其Default属性值为True),则必须按Ctrl + Enter键才可以插入一个空行。

(5)Alignment 属性

此属性值决定文本框中文本的对齐方式。值为0(默认值),表示左对齐;值为1,表示右对齐;值为2,表示居中。注意,必须把MultiLine属性设为True,才能实现右对齐或居中。Alignment属性值不能在程序代码中设置,只能在属性窗口中设置。

(6)ScrollBars 属性

指定在文本框中是否出现滚动条。共有4个属性值:值为0(默认值),表示不出现滚动条;值为1表示出现水平滚动条;值为2表示出现垂直滚动条;值为3表示同时出现水平滚动条和垂直滚动条。

注意:使文本框出现滚动条的前提是Multiline必须设置为True,当文本框具有水平或垂直滚动条后,文本框中文本的自动换行功能不起作用,只能通过回车键换行。

(7)PasswordChar 属性

用于确定在文本框中是否显示用户输入的字符,常用于密码输入。当把该属性设置为某个字符,如"*"时,以后用户输入到文本框中的任何字符都将以"*"替代显示,而在文本框中的实际内容仍是输入的文本,只是显示结果被改变了,因此可作为密码使用。

注意:只有在Multiline属性值被设置为False的前提下,PasswordChar属性才能起作用。

(8)SelStart、SelLength 和 SelText 属性

在程序中,对文本内容进行选择时,这3个属性用来表示用户选定的文本,它们只在运行阶段有效。

SelStart 表示选定文本内容的开始位置,默认值为0,表示从第1个字符开始;

SelLength 表示选定的正文长度;

SelText 表示选定的正文内容。

设置了SelStart和SelLength属性后,Visual Basic会自动将设定的正文送入SelText属性存放。这些属性一般用于在文本编辑中设置插入点及范围,选择字符串,清除文本等,并且经常与剪贴板一起使用,完成文本信息的剪切、复制、粘贴等功能。

(9)Locked 属性

设置文本框是否可以进行编辑修改。当设置值为False(默认值)时,表示可以编辑;若设置为True时,表示文本控件相当于标签的作用,不能被编辑。

2. 文本框的主要方法

文本框的常用方法有 SetFocus 方法和 Move 方法。

(1)SetFocus(设置焦点)方法

SetFocus 是文本框较常用的方法,该方法可以把输入光标(焦点)移动到指定文本框中。在窗体上建立了多个文本框后,可以用该方法把光标置于所需要的文本框。其格式如下:

[对象.]SetFocus

例如:

Text1. SetFocus

(2) Move(移动)方法

Move 方法也是文本框较常用的一种方法,要使文本框产生移动效果或动态改变文本框的大小时,常采用此方法。其调用格式如下:

对象名 . Move Left[,Top[,Width[,Height]]]

其中,Left 和 Top 参数表示要移动对象的目标位置的 x,y 坐标。Width 和 Height 参数表示移动目标位置后,对象的宽带和高度,以此改变对象的大小。

3. 文本框的主要事件

(1)Change 事件

当文本框中的内容发生变化时,触发文本框的 Change 事件。例如,当用户在文本框中每输入一个字符时,就会触发一次 Change 事件。

(2)GotFocus 事件

当焦点进入文本框时触发该事件,键盘上输入的每个字符都将在该文本框显示出来。只有当一个文本框被激活并且可见性为 True 时,才能接收到焦点。

(3)LostFocus 事件

当按下 Tab 键使光标离开当前文本框或用鼠标选择窗体中的其他对象,即焦点离开文本框时,触发该事件。用 Change 事件过程和 LostFocus 事件过程都可以检查文本框的 Text 属性值,但后者更有效。

【例 2-1】对文本框 Text1 的输入,同步显示在文本框 Text2 中,如图 2-3 所示。

Change 事件过程的代码如下:

```
Private Sub Text1_Change( )
  Text2. Text = Text1. Text
End Sub
```

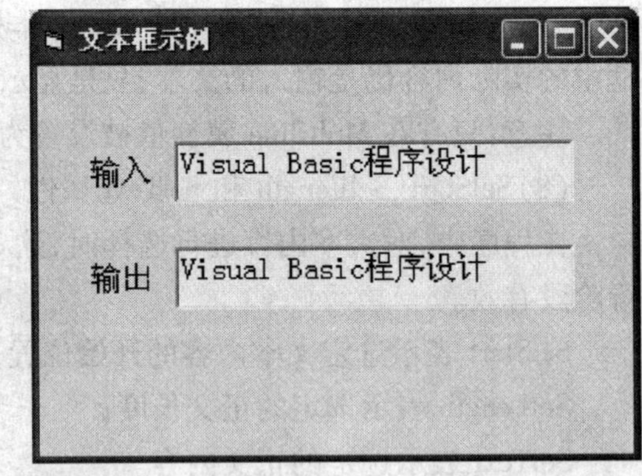

图 2-3　文本框示例

2.2.3　标签(Label)

标签控件用于显示文本,但用户不能编辑,可以在属性窗口中设置标签所显示的文本,也可以通过程序代码设置。

1. 标签的常用属性

(1) Name 属性

该属性值是标签的名称,默认的 Name 属性值为 Label1, Label2, …。用户可以重新设置 Name 属性值,并可以使用带有前缀 lbl 的属性值。

(2) Caption 属性

用来改变标签上显示的文本内容。在默认情况下,当文本超过控件宽度时,文本会自动换行,而当文本超过控件宽度时,超出部分将被裁减掉。

在实际应用中,窗体中标签的 Caption 属性值通常作为文本框的标题,如图 2-3 所示。

(3) Alignment 属性

决定标签 Caption 属性中文本的对齐方式。其取值与文本框的 Alignment 属性类似。

(4) BorderStyle 属性

设置标签是否有边框。值为 0(默认值),标签控件没有边框;值为 1,标签控件有边框。

【例 2-2】设计一个窗体,含有两个标签控件,将标签的 Caption 属性值分别置为“无边框的标签控件”和“有边框的标签控件”, BorderStyle 属性值分别置为 0 和 1,窗体界面如图 2-4 所示。

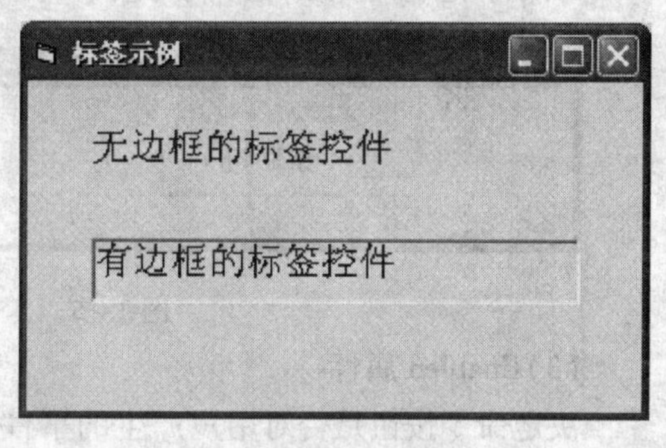

图 2-4　标签示例

(5) AutoSize 属性

用于确定标签的大小是否随着标题(Caption 属性)内容的多少自动调整。如果值为 True,则会自动调整,但不会自动换行;值为 False,则不会自动调整,超出尺寸范围的内容不予显示。

(6) WordWrap 属性

当标签控件的 AutoSize 属性值为 True 时,WordWrap 属性的值确定当标签显示的内容增加时,标签的尺寸如何扩展。如果 WordWrap 属性值为 True,则垂直扩展, Caption 属性的内容换行;值为 False 时,水平扩展,Caption 属性的内容不换行。当 AutoSize 属性值为 False 时,WordWrap 属性值不起作用。

2. 标签的常用事件

对标签单击或双击时,可以引发标签的 Click 事件或 DblClik 事件。当改变标签的 Caption 属性值时,Change 事件将被触发。但一般情况下不对标签控件进行编程。

2.2.4　命令按钮(Command Button)

命令按钮(简称“按钮”)主要是用来接受用户的操作信息,并触发应用程序的某个操作。当用户用鼠标单击命令按钮,或者选中命令按钮后按回车键,或者按命令按钮的快捷键,就会触发该命令按钮的 Click 事件,完成程序提供的一个功能。因此,向用户提供的服务功能通常都可以采用命令按钮的形式出现在用户界面中。

1. 命令按钮的常用属性

(1)Name 属性

用于定义按钮对象的名称。每当新建一个按钮时,VB 就会给该按钮控件指定一个默认名称 Command1,Command2,…。用户可以在属性窗口的"名称"栏中重新设置按钮的 Name 属性值,并可以使用带有前缀 cmd 的属性值。Name 属性是只读的,不能在应用程序中修改。

(2)Caption 属性

用于为命令按钮设置标题,此属性值出现在按钮的上面。Caption 属性是说明性的文字,可以是任意的文字。

可以通过属性窗口或者在程序代码中改变 Caption 属性的值,例如:Command1. Caption ="结束",执行该语句将使命令按钮 Command1 的标题更改为"结束"。

可以在 Captain 属性中为控件指定一个快捷键。设置方法是在想要指定为快捷键的字符前加一个"&"符号。例如,命令按钮的 Captain 属性设置为"结束(&E)",该控件外观如图 2-5 所示。运行时只要用户同时按下 Alt 键和 E 键,就能执行该按钮命令。

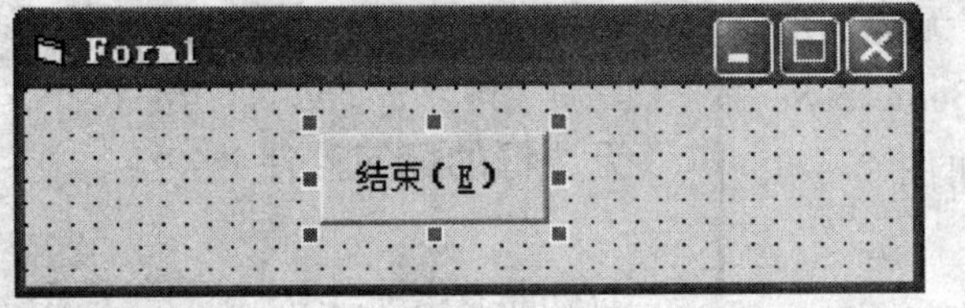

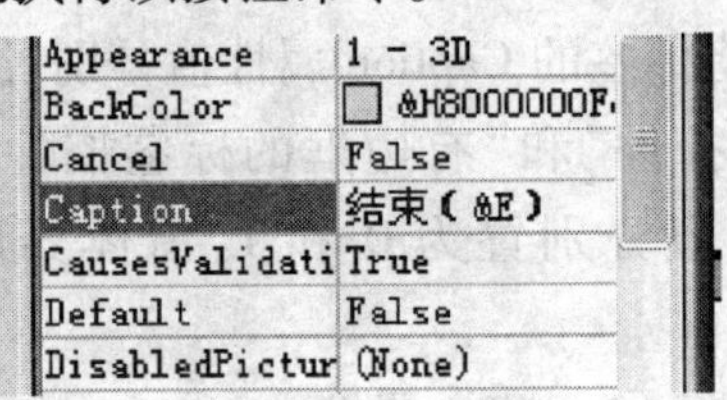

图 2-5　具有快捷键的命令按钮

(3)Enabled 属性

决定命令按钮是否对用户产生的事件做出响应。如果将 Enabled 属性设置为 True(默认值),则该命令按钮有效,可以对事件做出响应;当设置 Enabled 属性值为 False 时,则命令按钮变成灰色,表示不能使用。

(4)Visible 属性

决定按钮控件是否可见,默认值为 True。当设置 Visible 值为 False 时,控件不可见。

(5)Default 属性

如果一个命令按钮的 Default 属性设置为 True,则不论焦点在窗体的哪个控件上,只要用户按 Enter 键,就产生这个按钮的单击事件。在一个窗体中,只允许一个命令按钮的 Default 属性被设置为 True,当把一个命令按钮的 Default 属性设置为 True,系统会自动将其他命令按钮的 Default 属性设为 False。

(6)Cancel 属性

如果一个命令按钮的 Cancel 属性设置为 True,则不论焦点在窗体的哪个控件上,只要用户按 Esc 键,就产生这个按钮的单击事件。在一个窗体中,只允许一个命令按钮的 Cancel 属性被设置为 True,其他命令按钮的 Cancel 属性将自动设为 False。

(7)Style 属性

Style 属性决定命令按钮中是否可以显示图形。如果设置为 0,则不显示图形只显示标题;如果设置为 1,则可同时显示文本和图形。

(8) Picture 属性

该属性可以给命令按钮指定一个图形。只有 Style 属性的值设置为 1 时(图形方式),Picture 属性才有效,否则 Picture 属性无效。

(9) Value 属性

该属性设置为 True 时,表示按钮被按下。Value 属性值只能在程序运行期间使用。

2. 命令按钮的常用方法

(1) SetFocus 方法和 Move 方法

SetFocus 方法是命令按钮较常用的方法,该方法可以把光标(焦点)定位在指定按钮上。在窗体上建立了多个按钮以后,可以用该方法把光标置于所需要的按钮上。其格式如下:

[对象.]SetFocus

焦点表示命令按钮接受用户鼠标或键盘输入的能力。当对象具有焦点时,可以接受用户的输入。

例如:

Command1. SetFocus

将光标定位在命令按钮 Command1 上。

(2) Move(移动)方法

Move 方法也是命令按钮较常用的一种方法,用于改变命令按钮的位置或者改变命令按钮的大小。其调用格式如下:

对象名. Move Left[,Top[,Width[,Height]]]

其中,Left 和 Top 参数表示要移动命令按钮的目标位置的 x,y 坐标,Width 和 Height 参数表示移动目标位置后,命令按钮的宽带和高度,以此改变按钮的大小。

其他控件也大多支持 Move 方法,意义与用法与命令按钮一样。

3. 命令按钮的常用事件

命令按钮最常用的事件是单击(Click)事件。当单击一个命令按钮时,触发 Click 事件。注意,命令按钮不支持双击(DblClick)事件。

【例 2-3】命令按钮示例。如图 2-6 所示,在窗体上可以多次显示"单击按钮"字样。

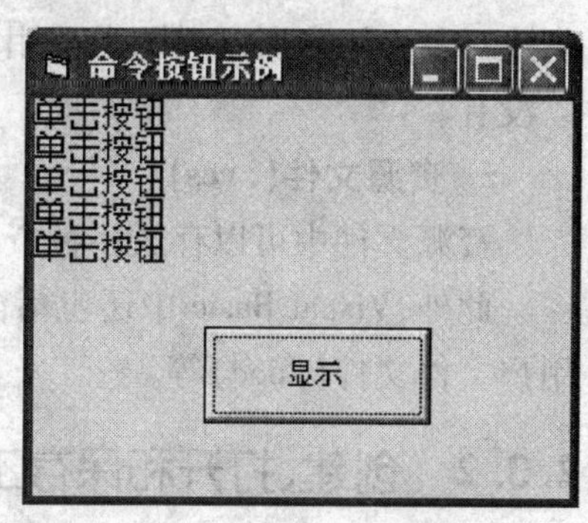

图 2-6 命令按钮示例

在窗体中添加按钮控件 Command1,将其 Caption 属性值设置为"显示"。Click 事件过程的代码如下:

```
Private Sub Command1_Click()
  Print"单击按钮"          '单击一次命令按钮,在窗体上显示一次"单击按钮"
End Sub
```

除 Click 事件之外,命令按钮还可以接受很多事件,如鼠标按下(MouseDown)事件、鼠标抬起(MouseUp)事件、键盘按下(KeyDown)或松开(KeyUp)事件。

2.3 工程管理

在使用 Visual Basic 开发应用程序时，可以创建一系列文件来保存应用程序的各种信息。Visual Basic 使用工程来管理应用程序中的所有文件。

2.3.1 工程的组成

Visual Basic 应用程序主要包括以下几类文件：

1. 工程文件(.vbp)和工程组文件(.vbg)

每个工程对应一个工程文件，该文件保存工程所需要的所有文件和对象清单。当一个应用程序包含两个以上工程时，这些工程就构成了一个工程组。

说明：工程是 Visual Basic 应用程序的基本单位。一般情况下，开发一个应用程序使用一个工程就可以了，但在开发复杂应用程序时就需要使用工程组，即一个应用程序由一个工程组内的所有工程构成。

为了便于学习，本书介绍的应用程序都只有一个工程。一个工程中可以建立一到多个窗体。

2. 窗体文件(.frm)

每个窗体对应一个窗体文件。窗体文件存放着窗体及其控件的属性、过程代码等。

3. 标准模块文件(.bas)

用于存放标准模块的文件，文件中保存用户自定义的过程、数据类型和全局变量等。标准模块文件独立于任何一个窗体，其他模块可以调用标准模块中的代码。一个工程中可以有多个模块文件，也可以没有。工程文件、窗体文件和标准模块文件都是纯文本文件，可以在一般的编辑软件中打开并进行修改。

4. 类模块文件(.cls)

VB 提供了大量预定义的类，同时允许用户根据需要定义自己的类。用户可以通过类来创建对象。用户所定义的类都用类模块文件来保存。一个工程中可以有多个类模块，也可以没有。

5. 资源文件(.res)

资源文件中可以存放多种资源，如文本、图片、声音等。

此外，Visual Basic 中还包括窗体的二进制数据文件(.frx)、ActiveX 控件的文件(.ocx)、用户文档文件(.doc)等。

2.3.2 创建、打开和保存工程

1. 创建新的工程

要创建新的工程，常用以下两种方法：

①启动 Visual Basic 后，在“新建工程”对话框中选择“标准 EXE”选项。

②在 Visual Basic 主窗口中选择“文件”菜单中的“新建工程”命令。

采用方法②时，系统将自动关闭当前工程，并提示用户保存修改过的文件，然后创建一个新工程。

2. 打开工程

要打开一个现有工程，一般有以下 3 种方法：

①选择“文件”菜单中的“打开工程”命令。

②单击工具栏上的“打开工程”按钮。

③在 Windows 文件中双击一个现有工程的图标。

3. 保存工程

设计好的应用程序需要保存工程，即以文件的方式保存到磁盘上。一般是先保存工程，然后再调试程序，这样可以避免由于意外错误造成程序的丢失。当然，也可以先对程序进行调试和运行，调试成功后再保存工程。

选择“文件”菜单中的“保存工程”（或“工程另存为”）命令，或单击工具栏上的“保存工程”按钮，可以保存当前工程。当第一次保存工程时，系统弹出“另存为”对话框，提示先保存窗体文件，默认文件名为 Form1. frm，系统默认文件夹为 VB98。

要注意，一个工程中往往包含多个不同类型的文件，这些文件是要分别保存的。应先分别保存窗体、标准模块等文件，再保存工程文件。在保存工程时，最好将同一工程所有类型的文件都放在同一文件夹中，以便日后修改和管理。

如果想保存磁盘上已有而修改过的工程文件，可直接单击工具栏上的“保存工程”按钮。此时系统还会同时保存与工程有关的修改过的窗体文件或标准模块文件等。

保存工程文件后，有的 Visual Basic 系统（已安装了“Microsoft Visual”选项配置）还会弹出“Source Code Control”对话框，在对话框中显示“Add this project to SourceSafe”，询问用户是否添加该工程到 SourceSafe 中。如果要添加，以实现多个工程之间共享文件，回答“Yes”；对于一般的使用，可回答“No”。

4. 关闭工程

选择“文件”菜单中的“移除工程”命令，可以关闭当前工程。

2.3.3 添加、删除和保存文件

1. 添加文件

要向工程中添加文件，可按照以下步骤进行：

①选择“工程”菜单中的“添加文件”命令，打开“添加文件”对话框。

②在对话框中选择一个现有文件，然后单击“打开”按钮。

2. 删除文件

要在工程中删除某一个文件，可按照以下步骤进行：

①在工程资源管理器窗口中选定要删除的文件。

②选择“工程”菜单中的“移除”命令。

此时该文件从工程中删除，但仍存在磁盘中。再采用 Windows 删除文件的方法，可以永久地删除该文件。

3. 保存文件

如果只保存文件而不保存工程,可采用以下方法:

①在工程资源管理器窗口中选定此文件。

②选择"文件"菜单中的"保存"命令。

2.3.4 程序的运行

VB 提供两种运行程序的方式:一是解释方式,二是编译方式。

1. 解释方式

选择"运行"菜单中的"启动"命令,或单击工具栏上的"启动"按钮或按 F5 键,系统以解释方式运行程序。此时,系统读取事件触发的那段事件过程代码,将程序代码逐句转换(翻译)为机器代码,译出一句就立即执行一句,边翻译解释边执行。由于转换后的机器代码不保留,需要再次运行程序,还要重新解释。

解释方式执行速度慢,但适用于程序的调试,编程人员可以随时发现程序运行中的错误,并及时修改源程序,因此在调试程序和初学阶段,一般都采用这种方式。

2. 编译方式

选择"文件"菜单中的"生成...exe"命令,系统将读取 Visual Basic 程序中的全部代码,将其转换(编译)为机器代码,并保存在扩展名为 .exe 的可执行文件(又称 Windows 应用程序)中,以后可以脱离 Visual Basic 环境,直接在 Windows 环境下运行该程序。

2.4 创建一个简单的 Visual Basic 应用程序的例子

【例 2-4】设计一个应用程序,由用户输入一个数,单击"计算"按钮就可计算出该数的平方数。

分析:要创建的应用程序界面如图 2-7 所示。窗体上含有 6 个控件:2 个标签、2 个文本框和 2 个命令按钮。标签用于显示文字,文本框用于输入数据和显示运算结果,命令按钮用来执行有关操作。运行程序时,用户在"输入数"文本框中输入数据,当单击"计算"命令按钮时,则在"平方数"文本框中显示运算结果。单击"结束"按钮,则结束程序的运行。

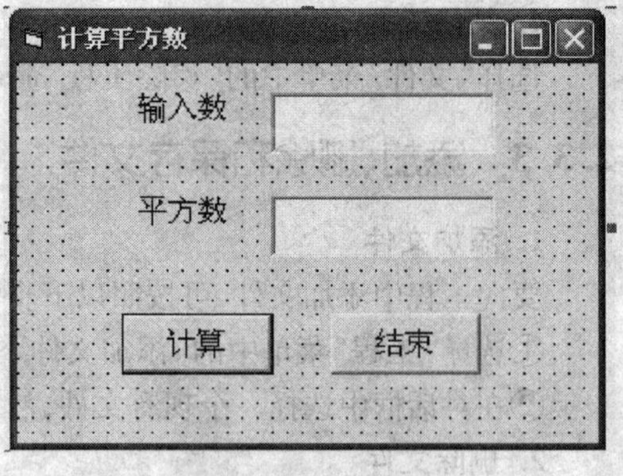

图 2-7 窗体界面设计

具体设计步骤如下:

1. 创建窗体

启动 Visual Basic 或选择"文件"菜单中的"新建工程"命令,从"新建工程"对话框中选择"标准 EXE",系统会默认提供一个窗体(Form1)。用户可在此窗体上添加控件,以构建用户界面。

2. 在窗体上添加控件

添加控件的方法：在 Visual Basic 工具箱中选择（单击）要添加的控件的按钮，此时鼠标指针变成“+”字形。将“+”形指针移动到窗体的适当位置，然后按下左键并拖动鼠标，可按所需大小放置一个控件。按照上述方法，可在窗体上添加以下控件：

①通过工具箱“Label”（图标“A”）放置 2 个标签框（简称标签）；

②通过工具箱“TextBox”（图标“abl”）放置 2 个文本框；

③通过工具箱“CommandButton”（图标“□”）放置 2 个按钮。

3. 设置对象属性

设置窗体上控件对象的属性，可以在“属性窗口”中进行。通常属性窗口处于主窗口的右侧中部，用户也可以选择“视图”菜单中的“属性窗口”命令来显示属性窗口。

设置对象属性的方法：用鼠标单击窗体上要设置属性的对象，使其处于选定状态。此时属性窗口中会自动显示该对象的属性列表框，列表框左半边显示所选对象的所有属性名，右半边显示属性值。找到需设置的属性，然后对该属性值进行设置或修改。按照上述方法，可以设置以下对象的属性：

①设置窗体 Form1 的 Caption 属性为“计算平方数”。

②设置标签 Lable1 的 Caption 属性为“输入数”。

③设置标签 Lable2 的 Caption 属性为“平方数”。

④设置标签 Text1 的 Text 属性为空白。

⑤设置标签 Text2 的 Text 属性为空白。

⑥设置标签 Command1 的 Caption 属性为“计算”，default 属性为“True”。

⑦设置标签 Command1 的 Caption 属性为“结束”。

⑧在格式菜单中调整各控件的大小及位置，最后锁定控件。

4. 编写程序代码，建立事件过程

在窗体中双击命令按钮 Command1，从对象窗口切换到代码窗口，在代码窗口中按以下代码添加事件过程 Command1_Click 的代码。类似的再添加事件过程 Command2_Click 的代码。

```
Private Sub Command1_Click()
   Dim x As Single
   x = Val(Text1. Text)
   Text2. Text = x * x
End Sub

Private Sub Command2_Click()
   End
End Sub
```

说明：

①Dim 语句的作用是定义（也称声明）一个类型为 Single（即单精度）的变量 x。

②函数调用 Val(Text1. Text)的作用是将用户在文本框 Text1 中输入的数字字符转换为数值。

③语句 Text2. Text = x * x 的作用是计算输入数的平方数,然后显示在文本框 Text2 中。

④End 表示结束程序的运行并退出。

5. 保存工程

本例只涉及一个窗体,因此只需保存一个窗体文件和一个工程文件。保存窗体文件为 vb0204. frm,保存工程文件为 vb0204. vbp,保存位置为“d:\ myvb”文件夹中。

6. 编译生成可执行文件

选择文件菜单中的“生成 exe”命令,系统弹出“生成工程”对话框,选择好保存位置后输入文件名(如 vb0204. exe),单击“确定”按钮,则对 VB 应用程序进行编译,生成可执行文件(. exe 文件)。可执行文件在没有启动 VB 的情况下,双击该可执行文件的图标,即可直接运行。

7. 以解释方式运行程序

①单击工具栏上的“启动”按钮,或者执行“文件”菜单中的“启动”命令。

②用户在“输入数”文本框 Text1 中输入一个数,如 12。

③单击“计算”按钮,或者直接按回车键,系统会启动事件过程 Private Sub Command1_Click(),即读取“输入数”文本框在的输入数,把计算结果显示在“平方数”文本框中,如图 2-8 所示。

④单击“结束”按钮,启动事件过程 Private Sub Command2_Click(),执行到 End 语句时,结束程序的运行。

至此,程序设计工作全部结束。

如果以编译方式运行程序,要先生成可执行文件,具体方法是:选择文件菜单中的“生成 exe”命令,系统弹出“生成工程”对话框,选择好保存位置后输入文件名(如 vb0204. exe),单击“确定”按钮,则对 VB 应用程序进行编译,生成可执行文件(. exe 文件)。可执行文件在没有启动 VB 的情况下,双击该可执行文件的图标,即可直接运行。

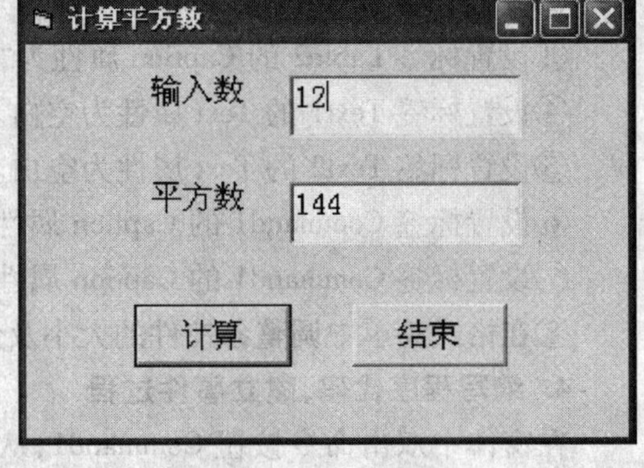

图 2-8 程序运行界面

习题二

一、选择题

1. 为了在按下回车键时执行某个按钮的事件过程,需要把该命令按钮的一个属性设置为 True,这个属性是(　　)。

A. Value　　B. Cancel　　C. Enable　　D. Default

2. 要把一个命令按钮设置成无效,应设置其哪一属性值(　　)。

A. Visible　　B. Enabled　　C. Default　　D. Cancel

3. 下列叙述正确的是(　　)。

A. 对象是包含数据又包含对数据进行操作的方法的物理实体

B. 对象的属性只能在属性窗口中设置

C. 不同的对象能识别不同的事件

D. 事件过程都要由用户点击对象来触发

4. 事件的名称(　　)。

A. 都要由用户定义　　B. 有的由用户定义,有的由系统定义

C. 都是由系统预先定义　　D. 是不固定的

5. 窗体的 Caption 属性的作用是(　　)。

A. 确定窗体的名称　　B. 确定窗体的标题

C. 确定窗体的边界类型　　D. 确定窗体的字体

6. Cls 方法可以清除窗体或图片框中的(　　)内容。

A. 在设计阶段使用 Picture 设置的背景位图　　B. 在设计阶段放置的控件

C. 在运行阶段产生的图形和文字　　D. 以上全部内容

7. 能够改变窗体边框线类型的属性是(　　)。

A. FontStyle　　B. BorderStyle　　C. BackStyle　　D. Border

8. 要使一个文本框具有水平和垂直滚动条,则应先将其 MultiLine 属性设置为 True,然后再将 ScrollBar 属性设置为(　　)。

A. 0　　B. 1　　C. 2　　D. 3

9. 要使文本框获得输入焦点,则应使用文本框控件的哪个方法(　　)。

A. GotFocus　　B. LostFocus　　C. KeyPress　　D. SetFocus

10. 能够获得一个文本框中被选取文本的内容的属性是(　　)。

A. Text　　B. Length　　C. SelText　　D. SelStart

11. 窗体的 Enable 属性的属性值是(　　)类型的数据。

A. 整型　　B. 字符型　　C. 逻辑型　　D. 实型

12. 下列各种窗体事件中,不能由用户触发的事件是(　　)。

A. Load 事件和 Unload 事件　　B. Click 事件和 Unload 事件

C. Click 事件和 Dbclick 事件　　D. Load 事件和 Initialize 事件

13. 控件是(　　)。

A. 建立对象的工具　　B. 设置对象属性的工具

C. 编写程序的编辑器　　D. 建立图形界面的编辑窗口

14. 当事件能被触发时,(　　)就会对该事件作出响应。

A. 对象　　B. 程序　　C. 控件　　D. 窗体

15. 当一个对象(如窗体或图片框)被移动或改变大小之后,或当一个覆盖该窗体被移开之后,如果要保持该所画图形的完整性,可以选择触发(　　)事件来完成图形的重画工作。

A. Paint　　B. Load　　C. Click　　D. Active

16. 标准工具箱中的控件(　　)。

A. 数目是固定不变的　　B. 数目可以增加或减少

C. 包含了 Visual Basic 所有控件　　D. 在窗体建立对象时不一定被使用

17. 当运行程序时,系统自动执行启动窗体的某个事件过程,这个事件过程是(　　)。

A. Load　　B. Click　　C. Unload　　D. GotFocus

18. 无论何控件,都具有一个共同属性,这个属性是(　　)。

A. Text　　B. Font　　C. Name　　D. Caption

19. 当窗体上的文字或图形被覆盖或最小化后能恢复原貌,需要设置窗体的属性是(　　)。

A. Appearance　　B. Visible　　C. Enable　　D. Autoredraw

20. Visual Basic 是一种面向对象的程序设计语言,构成对象的三要素是(　　)。

A. 属性、控件和方法　　B. 属性、事件和方法

C. 窗体、控件和过程　　D. 控件、过程和模块

二、填空题

1. 创建 Visual Basic 应用程序有 3 个主要步骤:创建应用程序界面,设置属性,________________。

2. 当开发一个应用程序时,可以使用一个工程来管理组成应用程序的________________。

3. 典型的 Visual Basic 应用程序包括若干模块,每个模块包含若干含有代码的过程,因而呈现________结构。

4. ________和控件是创建界面的基本构件,也是创建应用程序所使用的对象。

5. 在窗体上安排控件一般有两种方法:________________、________________。

6. "编译"是指:________________________________。

三、编程题

设计一个计算 3 门课程平均成绩的程序,界面如图所示,窗体中含有 4 个标签、4 个文本框、3 个命令按钮。程序运行后,用户在 3 门课程的文本框中分别输入 3 门课程的成绩后,单击"计算"按钮或按回车键,显示出平均成绩。单击"清除"按钮,则清除文本框中显示的内容。单击"退出"按钮,则结束程序的运行。

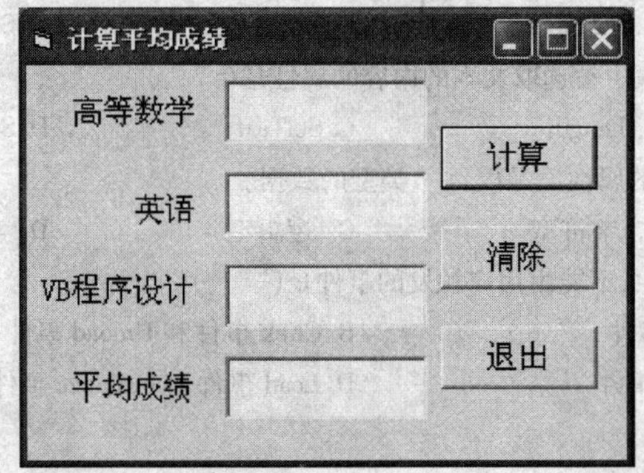

编程题图

第3章 Visual Basic 语言基础及常用的内部函数

本章介绍一些编写 Visual Basic 程序的基础知识，主要涉及构成 Visual Basic 程序的主要成分，以及语句、过程、函数等内容。学好并掌握这些内容，可以为我们编写高质量的程序打下一个较坚实的基础。

3.1 关键字与标识符

3.1.1 关键字

关键字在 Visual Basic 语言中有特定的用途，不能被重新定义。Visual Basic 有以下关键字：

As	Binary	ByRef	ByVal	Date	Else	Empty
Error	False	For	Friend	Get	Input	Is
Len	Let	Lock	Me	Mid	New	Next
Nothing	Null	On	Option	Optional	ParamArray	Print
Private	Property	Public	Resume	Seek	Set	Static
Step	String	Then	Time	To	True	WithEvents

上述关键字如何使用，我们将在后续内容中介绍。

3.1.2 标识符

标识符用于对变量、符号常量、数组、数据类型、过程、函数等命名，我们在程序中是通过标识符对它们进行引用的。Visual Basic 中标识符的命名规则如下：

①标识符必须以字母开头，后跟字母、数字或下划线。

②标识符的长度不能超过255个字符。

③标识符不能与关键字同名。

3.1.3 Visual Basic 程序书写规则

Visual Basic 作为一种程序设计语言，应当有其书写规则。其主要规则如下：

1. 程序代码中不区分大小写

为了提高程序的易读性，Visual Basic 会对程序代码进行自动转换。

①对于关键字，其中的单词会自动转换为首字母大写，其余字母小写的标准形式。

②不区分标识符中字母的大小写。对于一个标识符，以第一次出现的形式为准，以后输入的同一个标识符会自动转换为首次出现的形式。

2. 语句的书写格式自由

在不影响程序易读性的前提下，语句书写格式自由，这样可以减少对程序员的限制。

①在同一行上可以书写多条语句，语句之间用“:”分隔。

②单行语句可以分多行书写，在每个未完行的末尾加续行符“ _”(由一个空格和一个下划线组成)。

③一行最多含有255个字符。

3. 注释

注释就是在程序代码中添加说明文字，从而提高程序的可理解性。注释可以是对过程的说明，例如说明过程的作用和参数所传递的信息；对所声明的诸如变量、数组的用途加以说明；也可以对语句功能进行说明。在程序执行过程中，注释是不被执行的。

①注释以 Rem 开头，注释的内容构成一条语句。

②注释以“'”开头到本行末尾，注释的内容不作为一条语句。

③可以用 Visual Basic 的“编辑”工具栏设置或解除注释块。

3.2 数据类型、常量、变量及数组

在 Visual Basic 中，不同类型的数据所占存储单元的字节个数是不同的，数据类型实质上是数据的值域。每个常量表示一个数据，而变量用于存储一个数据，常量和变量具有某一种数据类型，从而也就决定了常量和变量的取值范围。我们在程序中还可以使用数组存储一组同类型的数据。

3.2.1 基本数据类型

1. 数值型

(1)整型(Integer)

整型数据占用2个字节的存储空间，值域为 -32768 ~ 32767 之间的整型数。

(2)长整型(Long)

长整型数据占用 4 个字节的存储空间，值域为 -2147483648 ~ 2147483647 之间的整型数。

(3)单精度浮点型(Single)

单精度浮点型数据占用 4 个字节的存储空间，值域为 -3.402823×10^{38} ~ 3.402823×10^{38} 之间的实型数。

(4)双精度浮点型(Double)

双精度浮点型数据占用 8 个字节的存储空间，值域为 $-1.79769313486232\times10^{308}$ ~ $1.79769313486232\times10^{308}$ 之间的实型数。

(5)货币型(Currency)

浮点型虽然可以表示绝对值很大的数,但是不能精确地表示数据,在运算时存在误差。对于精度要求较高的实型数据,可以采用货币型。

货币型数据占用8个字节的存储空间,最多可以包含15位整数和4位小数,值域为-922337203685477.5808~922337203685477.5807。

(6)字节型(Byte)

字节型数据占用1个字节的存储空间,一般用于表示一个二进制数据,值域为0~255之间的无符号整型数。

2. 字符串型(String)

字符串数据是由若干个字符构成的字符串。字符串型又分为定长和变长两种,定长字符串型数据所占存储空间长度是固定的,最多存放64K个字符,而变长字符串型数据所占存储空间长度不固定,所包含的字符个数是可变的。

3. 逻辑型、布尔型(Boolean)

逻辑型(布尔型)数据占用2个字节的存储空间,其值域只有两个值:True或Yes(真)和False或No(假),用于表示只有两种取值状态的情况。

4. 日期时间型(Date)

日期时间型数据占用8个字节的存储空间,可以表示日期、时间,或同时表示日期与时间。

除了上述类型之外,Visual Basic的基本数据类型还包括变体型和对象型,将在3.2.3小节中介绍。

3.2.2 常量

常量是指在程序运行过程中其值保持不变的量。常量有两种表示形式:直接表示,称为直接常量;用标识符表示,称之为符号常量。下面是各种类型的直接常量的表示方法。

1. 整型、字节型常量

整型、长整型、字节型常量可以用十进制表示,也可以用八进制或十六进制表示。

(1) 整型

十进制整型数的范围为-32768~32767。例如:12345,-9,0。

八进制整型数以“&O”(字母O)开头,后面是0~7。其范围为&O0~&O177777。例如:&O12,&O176,&O7776。

十六进制整型以“&H”开头,后面是0~9,A~F。其范围为&H0~&HFFFF。例如:&H3F,&HFFFF。

(2) 长整型

长整型常量的值如果未超出整型范围,需要加后缀“&”;超出整型范围,不需要加后缀“&”。例如:32000&,-16000&,32800,-40000,&O176&,&O200000,&HFF&,&H10000。

(3) 字节型

字节型常量是0~255的无符号数,所以不能表示负数。例如:95,200,0。

2. 浮点型常量

浮点型常量可以使用小数形式表示。如果整数部分或小数部分为0,可以省略这一部分,但要保留小数点。例如:3.14159,1.23,.34、56.,-0.06。

也可以用指数形式表示浮点型常量,mEn 和 mDn 分别表示 $m \times 10^n$ 的单精度和双精度数。例如:1.23E+5,123e10,1.23E-2,.5E-3,1.23D-10。

3. 字符串常量

字符串常量是用双引号括起来的一串字符,其中的字符可以是除双引号和换行符之外的任何字符或汉字,如果双引号之间没有任何字符,则称该字符串为空串。例如:"hello!","你好!","Visual Basic","12345",""。

4. 逻辑型常量

逻辑型常量只有两个:True 和 False。

5. 日期时间型常量

用"#"将日期、时间括起来表示日期时间型常量。例如:#3/18/2008#,#8:30:00AM#,#12/30/2007 5:10:02PM#。

3.2.3 变量

变量是指在程序运行过程中其值可以改变的量。变量所具有的数据类型,决定了变量在内存中所占有的字节数,以及变量的取值范围。每个变量具有唯一的变量名,在程序中使用变量名对变量的值进行存取。

在 Visual Basic 程序中所使用的变量,可以不加任何声明而直接使用,称为隐式声明。这样做虽然简单,但是在出现错误时系统会产生误解,例如程序员将一个变量拼写错误,Visual Basic 会认为是一个新的变量,所以不能够被检查出来。为了避免上述问题,对于变量应当采用"先声明,后使用"的显式声明方法。声明一个变量,意味着系统为该变量分配内存空间,从而在程序中可以使用这个变量了。所谓显式声明,是指任何变量必须事先声明,然后才能够使用,否则会出现错误警告。设置显式声明变量的方法有以下两种。

①在各种模块的声明部分添加显式声明变量的语句:

Option Explicit

②在"工具"菜单中选择"选项"命令,在选项对话框中选择"编辑器"选项卡,再将其中的"要求声明变量"的复选框选中即可。只是此种方法只能在以后生成的新模块中自动添加 Option Explicit 语句,对于已经存在的模块还需要程序员手工添加该语句。

声明变量时可以指定变量名、变量的类型以及变量的作用域和生存期。Visual Basic 应用程序的结构可以分为程序级、模块级和过程级3个层次,变量的作用域决定了变量的使用范围,而生存期是指变量所占用的存储单元何时释放。

1. 普通局部变量

普通局部变量只是在声明变量的过程中可以使用,属于过程级变量。在过程真正执行时才为普通局部变量分配存储空间,过程执行结束后释放变量所占用的存储空间。声明过程级变量的语句处于过程内的任意位置,但是只有在声明位置之后才能使用。声明此类变

量的形式为

Dim 变量名 As 数据类型名

2. 静态局部变量

静态局部变量也属于过程级变量。与普通局部变量的区别在于:在程序执行当中始终占据存储空间,在程序执行结束后释放存储空间,也就是说只是在程序执行结束时,变量的值才不复存在了。声明静态局部变量的形式为

Static 变量名 As 数据类型名

3. 模块变量

模块变量属于模块级变量,在声明变量的模块中的所有过程都可以使用,但其他模块内的过程不能使用。声明模块级变量的语句处于模块开始的声明部分(位于代码窗口最顶部,所有过程的前面)。声明模块变量的形式为

Private|Dim 变量名 As 数据类型名

在这里使用关键字 Private 和 Dim 都可以。为了与过程级变量相区别,最好还是使用 Private。

4. 全局变量

在某个模块中声明,在该模块以及其他模块的所有过程中均可以使用,也就是其作用域在整个应用程序中,属于程序级变量。使用如下形式声明全局变量:

Public 变量名 As 数据类型名

为了提高过程、模块的独立性,便于应用程序的开发和维护,应当遵循这样一个原则:能够使用过程级变量,就不要使用模块级变量;能够使用模块级变量,就不要使用程序级变量。

另一点需要说明的是,属于两个不同过程的过程级变量允许同名,因为过程级变量只是在一个过程中使用,与其他过程中的变量即使同名也不会产生混淆。不同模块中声明的模块级变量也允许同名,为了能够清晰辨别不同模块中的同名模块级变量,可以在变量名之前加模块名。例如,在模块 Module1 中声明了变量 a,在模块 Module2 中也声明的变量 a,在引用变量时,可以采用 Module1. a 和 Module2. a 来区分。

5. 字符串变量

一个字符串变量可以存放若干个字符,字符串变量分为变长字符串变量和定长字符串变量两种。

变长字符串变量的声明形式为

Public|Private|Dim|Static 变量名 As String

定长字符串变量的声明形式为

Public|Private|Dim|Static 变量名 As String * 字符串长度

字符串长度为正整数,规定了字符串变量最多可以容纳的字符或汉字的个数。例如:

```
Dim str1 As String                    '变长字符串变量
str1 = "程序设计"                      '值为"程序设计"
str1 = "程序设计语言"                   '值为"程序设计语言"
Dim str2 As String * 4                '定长字符串变量
```

```
str2 = "程序"                '值为"程序"
str2 = "程序设计"            '值为"程序设计"
str2 = "程序设计语言"        '值为"程序设计",自动截取前 4 个汉字
```

6. 对象型(Object)变量

对象型变量占用 4 个字节的内存空间,用于存放所引用的某个对象的 32 位地址。声明对象型变量的形式为

Dim 变量名 As Object | Control | 对象类型名

使用 Object 关键字声明对象型变量可以引用任何一种类型的对象;使用 Control 关键字声明对象型变量只能引用控件对象;使用具体的“对象类型名”(如 TextBox,CommandButton)声明对象型变量只能引用特定类型的对象。

在程序中通过 Set 语句使对象型变量引用某个具体的对象,然后通过对象型变量对某个对象进行操作。例如:

```
Dim ObjV1 As Object            '声明通用对象型变量
Dim ObjV2 As CommandButton     '声明特定对象型变量
Set ObjV1 = cmdOK              '将按钮对象赋给对象型变量
ObjV1. Caption = "确认"        '将按钮对象的 Caption 属性值置为"确认"
Set ObjV1 = txtEdit            '将文本框对象赋给对象型变量
ObjV1. Text = "你好!"          '将文本框对象的 Text 属性值置为"你好!"
Set ObjV2 = cmdQuit            '将按钮对象赋给特定对象型变量
ObjV2. Caption = "退出"        '将按钮对象的 Caption 属性值置为"退出"
```


7. 可变型(Variant)变量

可变型变量又称为变体类型变量,这种类型的变量几乎可以存储任何类型的数据(除定长字符串和自定义类型数据外)。可变型变量的声明形式为

Public|Private|Dim|Static 变量名 [As Variant]

可变类型是 Visual Basic 变量的默认类型,在声明可变类型变量时可以省略“As Variant”。当把某一种类型的数据赋给可变型变量时,Visual Basic 自动完成必要的转换,而不需要程序员在程序中进行转换。例如:

```
Dim a As Variant
a = "20"         '变量 a 的类型为字符串型,值为"20"
a = 20           '变量 a 的类型为整型,值为 20
Set a = cmdOK    '变量 a 的类型为对象型,值为 cmdOK 控件的引用
```

在 Visual Basic 中允许对变量不加任何声明而直接使用,即所谓的隐式声明。这种情况下所使用的变量也属于可变型变量,为了避免在程序中出现不必要的错误,最好不要使用隐式声明的可变型变量。

8. 一条语句声明多个变量

Visual Basic 允许在一条语句中声明多个变量。下面的一条语句声明了一个可变型变量(v),两个整型变量(i1 和 i2)和一个字符串型变量(str)。

Dim v,i1 As integer,i2 As Integer,str As String

注意,变量 v 并不是整型变量。

3.2.4 符号常量

符号常量就是用标识符代表一个常量。符号常量必须使用声明语句声明之后才能使用,在程序运行过程中,符号常量的值不能改变。符号常量与变量类似,其作用域也分为过程级、模块级和程序级。声明符号常量的形式举例如下:

```
Const pi =3.14159                          '声明过程级可变型符号常量
Private Const pi As Single =3.14159        '声明模块级单精度型符号常量
Public Const pi As Single =3.14159         '声明程序级单精度型符号常量
```

注意,不能在窗体模块或类模块中声明程序级符号常量。

使用符号常量有两个优点:

①用具有"见名知义"的标识符代替一个抽象的值,能够使程序易于理解,如用pi表示圆周率3.14159;

②程序易于修改,如修改pi所代替的值,只需要在声明符号常量的地方修改即可,不需要在所有使用圆周率的地方修改。

3.2.5 数组

数组用来存放同一种类型的多个数据,每个数组元素存放一个数据。数组中的元素在内存中占据一段连续的存储区域,元素在数组中的序号称为下标,下标是连续的整型数;下标的最小值称为数组的下界,最大值称为数组的上界,在程序中通过数组名和下标对数组元素进行访问。

数组的作用域也分为过程级、模块级和程序级3种。

通常我们所使用的数组可以是一维的,或者是二维的,三维或三维以上的数组一般不太使用。

数组一般来说应当先声明后使用。声明数组时如果给出数组的上、下界,称为固定数组;声明时不指定上、下界的数组称为动态数组。

1. 固定数组

在声明数组时除了给出数组名和类型之外,还要给出数组的维数和数组上、下界,声明之后数组元素的个数就固定不变了。声明一维数组的形式如下:

Dim | Private | Public | Static 数组名(n)As 数据类型名

其中,n 为整型或长整型常量及常量表达式。数组的下界为0,上界为 n,共有 $n+1$ 个数组元素。

也可以用下面的形式声明一维数组,指定数组的下界和上界:

Dim | Private | Public | Static 数组名(m To n)As 数据类型名

其中,m,n 为整型或长整型常量及常量表达式。数组的下界为 m,上界为 n,共有 $n-m+1$ 个数组元素。

下面是声明一维数组的一些例子:

```
Private A(9)As Integer              '声明一个长度为10的模块级整型数组A
Private B(1 To 10)As Integer        '声明一个长度为10的模块级整型数组B
Dim C(5)As Variant                  '声明一个长度为6的过程级可变型数组C
Static D(1 To 5)                    '声明一个长度为5的过程级静态可变型数组D
```

声明二维数组时需要给出数组的行数和列数。以下语句分别声明了一个5×5的二维数组。

```
Dim A(4,4)As Integer
Dim B(1 To 5,1 To 5)As Integer
```

2. 动态数组

通常把需要在编译阶段分配内存区域的数组称为静态数组(固定数组),而把需要在运行阶段分配内存区域的数组称为动态数组。

如果在声明数组时无法确定数组的大小和维数,可以声明为动态数组,在程序执行中根据具体的需要,使用 ReDim 语句指定数组的大小和维数。

声明动态数组的形式为

Dim | Private | Public | Static 数组名( )As 数据类型名

使用 ReDim 语句指定数组的大小、维数及上下界的形式:

ReDim [Preserve] 数组名([m1 To] n1,[m2 To] n2,…)

其中,*m*,*n* 可以是整型、长整型的常量或者是具有确定值的变量。

下面几点需要注意:

① ReDim 语句是一条可执行语句,只能出现在过程中,并且可以多次使用。

② 在过程中既可以多次使用 ReDim 语句改变数组的大小,也可以改变数组的维数。

例如:

```
Dim A()As Integer                   '声明动态数组
ReDim A(10)                         '指明数组A为一维数组
ReDim A(1 To 3,0 To 3)              '重新指明数组A为二维数组
```

③ 每次使用 ReDim 语句都会使原来数组中的值丢失,可以在 ReDim 后加 Preserve 来保留数组中的数据,但是这种情况下只能改变多维数组中最后一维的上界。

例如:

```
Dim a()As Integer                   '声明动态数组
Private Sub Form_click()
  ReDim a(1 To 10)                  '指明数组的维数和大小
  a(2)=5
  Print a(2)
  ReDim a(1 To 2,1 To 3)            '重新指明数组的维数和大小
  a(1,1)=10: a(1,2)=20
  Print a(1,1),a(1,2)
  ReDim Preserve a(1 To 2,1 To 5)   '修改二维数组最后一维的上界
```

```
  Print a(1,1),a(1,2)
End Sub
```

3.2.6 自定义数据类型

Visual Basic 所提供的基本数据类型是计算机处理数据的基本类型。但在实际工作中，往往一个变量要存储一组数据，并且这一组数据的类型可以不相同，例如表示学生信息的记录中包括学号、姓名、性别、出生日期等元素，就要考虑使用自定义数据类型。定义模块级自定义数据类型，必须在模块的声明段中。如果定义全局自定义数据类型，应当在标准模块的声明段中定义。自定义数据类型的定义形式如下：

```
[Private|Public] Type 自定义数据类型名
  元素名 1 As 数据类型名
  元素名 2 As 数据类型名
  …
End Type
```

其中，数据类型名可以是基本数据类型名，或者是已定义过的自定义数据类型名。

使用 Private 关键字定义的自定义数据类型是模块级的，只能在本模块中使用；而使用 Public 定义，则属于全局自定义数据类型。如果省略了 Private 或 Public，则认为是全局自定义数据类型。所以，在窗体模块中定义模块级自定义数据类型时，不能省略 Private 关键字。

自定义类型名可以用来声明变量或数组。下面的例子中定义一个模块级自定义数据类型，并声明一个模块级变量。

```
Private Type StudentType
  Number As String * 8
  Name As String * 4
  Sex As String * 1
  Birthday As Date
End Type
Private Student As StudentType
```


3.3 运算符和表达式

运算符与运算对象构成表达式，是对数据进行加工和处理的描述。运算对象又称为操作数，具有某种类型。表达式的计算结果称为表达式的值，也有相应的数据类型。

Visual Basic 所具有的运算符可以分为算术运算符、关系运算符、逻辑运算符和字符串运算符 4 类，分别构成算术表达式、关系表达式、逻辑表达式和字符串表达式。

3.3.1 算术运算符

算术运算符用于进行数学运算，操作数是数值型数据。表 3 - 1 给出了 Visual Basic 中的 8 个算术运算符。

表 3－1　Visual Basic 中的算术运算符

运算符	含　义	优先级	举　例	表达式的值
^	乘方	1	2^3	8
－	负号	2	－5	－5
*	乘	3	3 * 2	6
/	除	3	5/2	2.5
\	整除	4	5\2	2
Mod	取模	5	5 Mod 2	1
+	加	6	2 +9	11
－	减	6	3 －7	－4

在表 3－1 列出的 8 种算术运算符中，+（加）、－（减）、*（乘）、/（除）和－（负号）与数学中的运算规则相同。下面介绍其中几种算术运算符需要注意的问题。

1. ^（乘方）运算

乘方运算是用来计算乘方和方根的。例如：

```
10^2            '结果为 100
10^( -2)        '结果为 0.01
25^(1/2)        '结果为 5
2^2^2           '结果为 16(运算顺序从左到右)
( -25)^( 1/2)   '错误
```

2. \（整除）运算

整除运算的结果是取商的整数部分。例如：

```
10 \ 3          '结果为 3
27.75 \ 6.6     '结果为 4(先四舍五入再整除)
```

3. Mod（取模）运算

取模运算就是对两数进行除法运算后，取余数，也称为取余运算。a Mod b 等效于 a－(a\b) * b。例如；

```
10 Mod 3        '结果为 1
25.75 Mod 6.6   '结果为 5(先四舍五入再取模)
-5 Mod 2        '结果为 -1
-5 Mod -2       '结果为 -1
5 Mod -2        '结果为 1
```

3.3.2　关系运算符

关系运算符是对两个数值型或字符串型数据进行比较，结果是逻辑型值。当关系成立时，结果为 True；当关系不成立时，结果为 False。关系运算符的优先级低于算术运算符，各个关系运算符的优先级是相同的,结合顺序从左向右。关系表达式常用于条件语句和循环语句的条件判断。表 3-2 列出了 VB 中的关系运算符。

表 3-2 VB 中的关系运算符

运算符	含 义	举 例	表达式的值
=	等于	0 = 1	False
< >	不等	0 = 1	True
>	大于	"The" > "Then"	False
> =	大于等于	3 > = 3	True
<	小于	3 < 4	True
< =	小于等于	3 < = 4	True
Like	字符串匹配	"ABCDE" Like " * CD * "	True
Is	对象引用比较(比较对象变量引用的是同一个变量,结果为真,否则为假)	Dim Obj1, Obj2 As TextBox Set Obj1 = Text1 : Set Obj2 = Text1 Obj1 Is Obj2	True

如果两个操作数为数值型,则按其大小进行比较;如果两个操作数为字符串型,则按字符的 ASCII 码值从左到右逐个字符一一进行比较,直到出现不同的字符为止。

字符串匹配运算是比较一个字符串中是否存在模式串,在 strA Like strB 中,strA 称为字符串,strB 称为模式串。如果在 strA 中存在 strB,则运算结果为 True,否则为 False。模式串 strB 中可以含有一些特殊字符,其含义如表 3-3 所示。

表 3-3 模式串中的特殊字符

模式串中的特殊字符	含 义	举 例	表达式的值
?	代表任意一个字符	"ABCDE" Like "AB?? E"	True
*	代表任意多个字符	"ABCDE" Like "A * E"	True
#	代表任意一个数字字符	"a2b" Like "a#b"	True
[多个字符]	代表方括号中包含的任意一个字符	"a" Like "[bba]"	True
[! 多个字符]	代表不包含于方括号中的任意一个字符	"a" Like "[! bba]"	False
[字符 1 ~ 字符 2]	代表字符 1 ~ 字符 2 范围内的任意一个字符	"a" Like "[a ~ b]"	True
[! 字符 1 ~ 字符 2]	代表不在字符 1 ~ 字符 2 范围内的任意一个字符	"aN5B" Like "a[L ~ P]#[! C ~ E]"	True

3.3.3 逻辑运算符

逻辑运算符是对操作数进行逻辑运算,结果为逻辑型数据 True 或 False。逻辑运算符的优先级低于关系运算符。表 3-4 给出的逻辑运算符,其优先级按照从上到下的优先顺序排列。

表 3-4　Visual Basic 中的逻辑运算符

运算符	含　义	举　例	表达式的值
Not	非,取反(操作数为假时,结果为真;否则结果为假)	A = True Not A	False
And	与(两个操作数均为真时,结果为真;只要有一个为假,结果为假)	x = 6 x > 0 And x < 10	True
Or	或(两个操作数均为假时,结果为假;只要有一个为真,结果为真)	A = 10:B = 8:C = 6 B > A Or B > C	True
Xor	异或(两个操作数相同,结果为假;不相同,结果为真)	A = 10:B = 8:C = 6 A > B Xor B > C	False
Eqv	等价(两个操作数相同,结果为真;不相同,结果为假)	A = 10:B = 8:C = 6 A > B Eqv B > C	True
Imp	蕴含(第一个操作数为真,第二个操作数为假,结果为假;其他情况结果均为真)	A = 10:B = 8:C = 6 B > A Imp C > B	True

3.3.4　字符串连接运算符

字符串连接运算符包含“+”和“&”两个运算符,它们的功能是将两个字符串首尾连接成一个字符串。两个字符串连接运算符的区别在于:

“+”是直接将两个字符串从左向右原样连接,产生一个新的字符串。参与运算的两个操作数必须是字符串型数据。

“&”是将两个操作数强制性地按字符串类型连接在一起,生成一个新的字符串。参与运算的两个操作数可以是字符串型、数值型和可变型数据。

字符串连接运算符的优先级低于算术运算符,高于关系运算符。

下面举例说明这两个字符串连接运算符的异同。

```
"Visual Basic" + "程序设计语言"      '结果为"Visual Basic 程序设计语言"
"Visual Basic" & "程序设计语言"      '结果为"Visual Basic 程序设计语言"
"30" + "15"                          '结果为"3015"
30 & 15 - 5                          '结果为"3010"
30 & 15 > "5"                        '结果为 False
"30" & 15                            '结果为"3015"
"30" + 15                            '结果为 45(按算术运算符进行计算)
```

3.4　程序的基本结构

程序员为解决某个具体问题编写应用程序时,首先应该考虑程序采用什么结构,使用什么语句以及如何安排这些语句,这就涉及“算法”的概念。算法是指为解决某一问题所进行操作的方法和步骤。

解决某个问题,可能有多种算法,其中会有优劣之分。程序员总是希望采用好的算法,编写出高质量的程序。衡量算法优劣的标准通常包括运算简单、效率高、易于理解、易于调试和易于修改等方面。

为了描述一个算法,可以采用多种方法,常用的方法有流程图和 N-S 结构图等。下面我们给出用这两种方法描述的结构化程序设计的 3 种基本结构。

3.4.1 顺序结构

如图 3-1 所示,A 和 B 两个框是顺序执行的,即执行完 A 框所指定的操作后,再执行 B 框所指定的操作。顺序结构是最简单的一种基本结构。

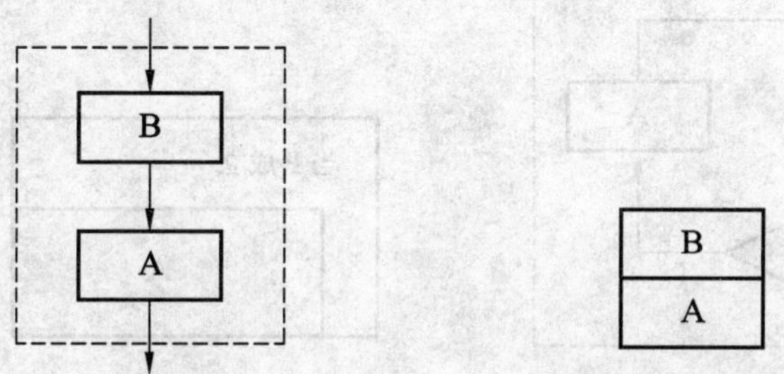

(a)顺序结构的流程图　　(b)顺序结构的 N-S 结构图

图 3-1　顺序结构

3.4.2 选择结构

选择结构又称为分支结构,如图 3-2 所示。当判定条件 p 成立(为 True)时,执行 A 框的操作;p 不成立(为 False)时,执行 B 框的操作或者什么也不执行。

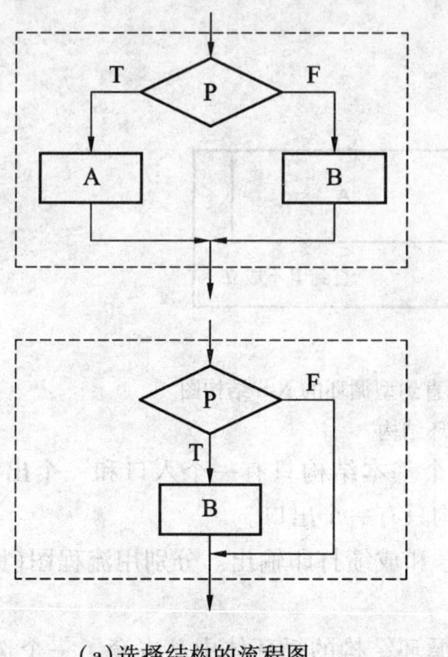

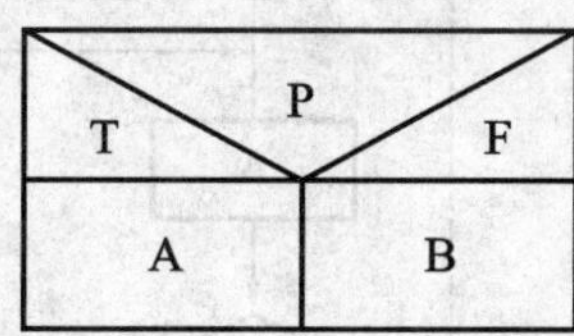

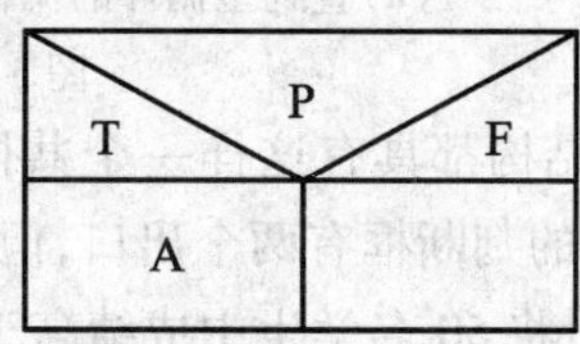

(a)选择结构的流程图　　(b)选择结构的 N-S 结构图

图 3-2　选择结构

3.4.3 循环结构

循环结构又称为重复结构，即重复执行某一部分的操作。有当型循环结构和直到型循环结构两类循环结构。

1. 当型循环结构

当型循环结构如图 3－3 所示，在执行 A 框（循环体）之前，首先判定条件 p。若 p 成立（为 True），则执行循环体 A；若 p 不成立（为 False），则结束循环。当然也可以是当 p 为假时执行循环体，为真时结束循环。

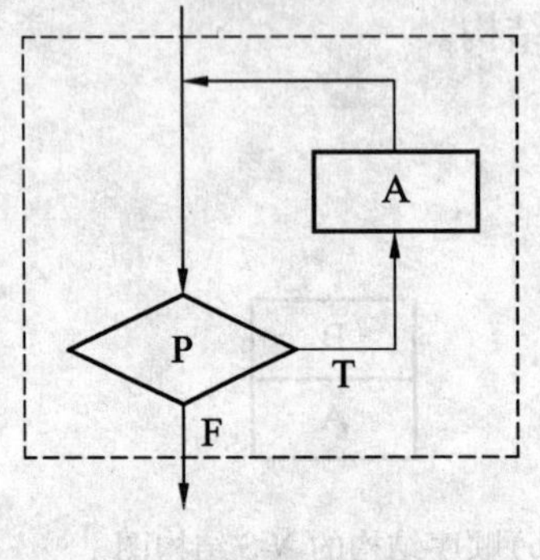

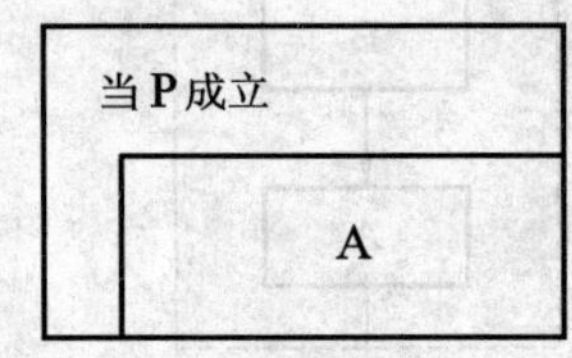

（a）当型循环的流程图　　（b）当型循环的 N-S 结构图

图 3－3　当型循环结构

2. 直到型循环结构

如图 3－4 所示，直到型循环结构先执行 A 框（循环体），然后判定条件 p。若 p 成立（为 True），则继续执行循环体 A；直到 p 不成立，结束循环。同样也可以是当 p 为假时继续执行循环体，直到 p 为真时结束循环。

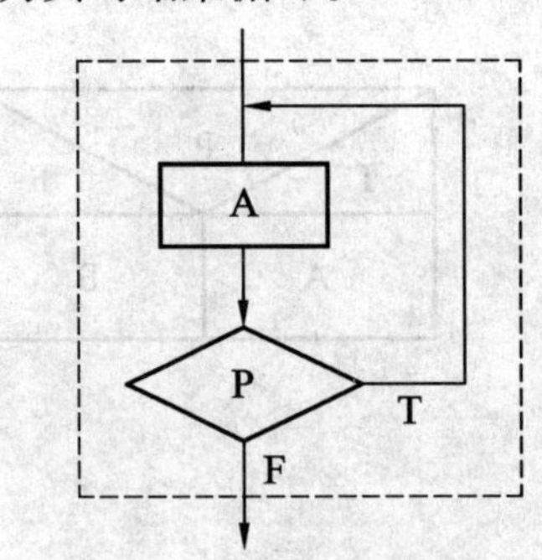

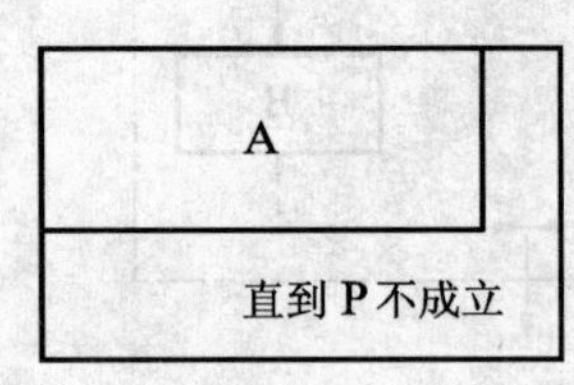

（a）直到型循环的流程图　　（b）直到型循环的 N-S 结构图

图 3－4　直到型循环结构

3 种基本结构都具有这样一个共同特点，即每个基本结构只有一个入口和一个出口。虽然选择结构的判断框有两个出口，但整个选择结构只有一个出口。

【例 3－1】将 50 名学生中成绩高于 80 分的学号和成绩打印输出。分别用流程图（图 3－5）和 N-S 结构图（图 3－6）表示算法。

显然在算法中含有一个直到型的循环结构，在循环结构的循环体中又嵌套了一个选择结构。

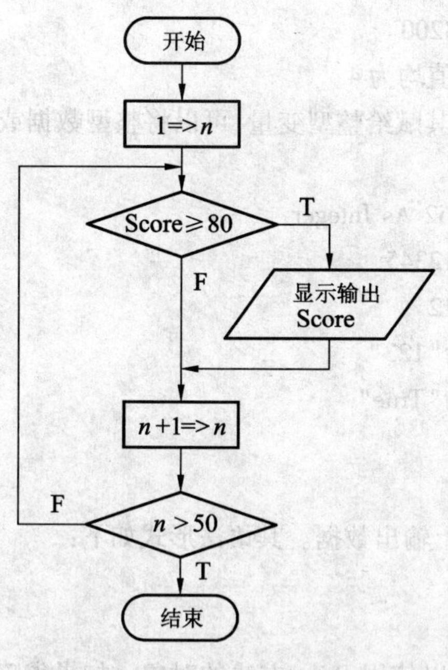

图3-5 例3-1的流程图

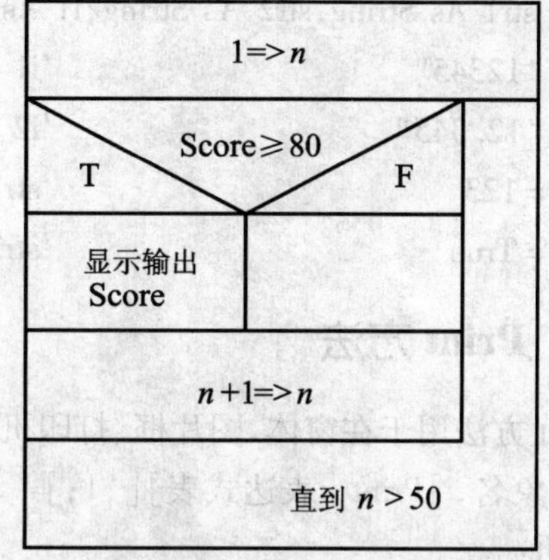

图3-6 例3-1的N-S结构图

3.5 顺序结构程序设计

所谓顺序结构，就是按照语句的顺序一条一条地执行。下面我们介绍有关顺序结构的语句和方法以及两个输入输出函数。

3.5.1 赋值语句

赋值语句能够为变量、数组元素提供数据。另外，若要在程序代码中设置对象的属性值，也要使用赋值语句。赋值语句的语法形式如下：

[Let] 变量 = 表达式

[Let] [对象名]. 属性名 = 表达式

执行赋值语句，首先计算表达式的值，然后将表达式的值赋给左边的变量、数组元素、对象的属性等。通常省略关键字"Let"。若对象名省略，则默认对象为当前窗体。

VB 允许在赋值语句中把一种类型的数据赋给另一种类型的变量、数组元素及对象的属性。在赋值过程中，会自动进行必要的类型转换。赋值类型转换主要有以下两种情况：

①整型数据赋给实型变量，数值的大小不变；实型数据赋给整型变量，小数部分按"四舍五入"取整，如果小数部分恰好是0.5，则向最近的偶数靠拢；长整型数据赋给整型变量，不能超出整型数据的范围。例如：

```
Dim s As Single,i1 As Integer,i2 As Integer,i3 As Integer,i4 As Integer
i1 =12.3                                'i1 的值为 12
s =1000                                 's 的值为 1000.0
```

```
i2 =3200&                      'i2 的值为 3200
i3 =4.5: i4 =3.5               'i3 和 i4 的值均为 4
```

②如果字符串的内容全部是数值信息,可以将其赋给整型变量;可以将整型数据或逻辑型数据赋给字符串型变量。例如:

```
Dim str1 As String,str2 As String,i1 As Integer,i2 As Integer
i1 ="12345"                    'i1 的值为 12345
i2 ="12.345"                   'i2 的值为 12
str1 =123                      'str1 的值为"123"
str2 =True                     'str2 的值为"True"
```

3.5.2 Print 方法

Print 方法用于在窗体、图片框、打印机等对象上输出数据。其语法形式如下:

[对象名.]Print [表达式表][,|;]

说明:

①"对象名"可以是窗体、图片框、打印机等可以使用 Print 方法的对象。如果省略对象名,则在当前窗体上输出。

②"表达式表"中的表达式是输出项,可以是算术表达式、字符串表达式、关系表达式和逻辑表达式,表达式之间用","或";"分隔。若没有表达式表及","或";",则只是输出一换行符。

③Print 方法有分区和紧凑两种输出格式。当表达式之间用","分隔时,按分区格式输出各输出项的值,每 14 个字符输出位置为一个分区。用";"分隔时,则按紧凑格式输出各输出项的值。

④Print 方法的末尾是","或";",则输出完之后不换行,下一个输出数据按照分区格式或紧凑格式输出。

⑤Print 方法在 Form_Load 事件过程中不起作用。

【例 3-2】使用 Print 方法在窗体上显示输出。

程序代码如下:

```
Private Sub Form_Click()
    Print "ab" & "cd",2 * 5
    Print "ab" & "cd"; 2 * 5
    Print
    Print Now     '显示系统当前日期和时间
    Print
    FontSize =16     '设置当前窗体输出的字号
    Print "30 * 3 ="; 30 * 5
    Print
    FontBold =True '设置当前窗体输出黑体
```

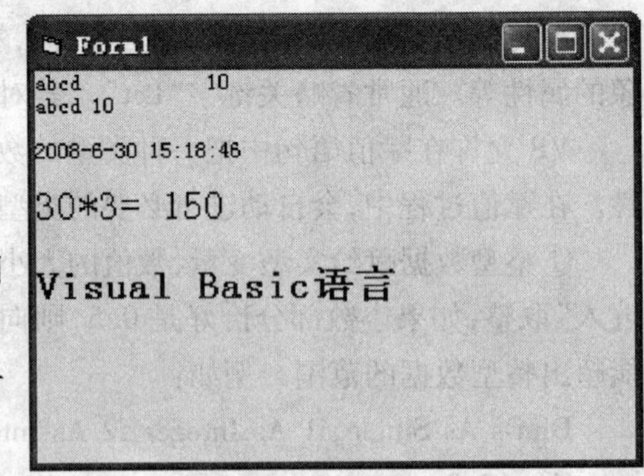

图 3-7 例 3-2 的执行界面

```
    Print "Visual Basic";
    Print "语言"
End Sub
```

程序的执行结果如图 3－7 所示。

3.5.3　用消息框(MsgBox 函数)输出数据

消息框是一类特殊的窗口,Visual Basic 中提供了一个函数 MsgBox,调用此函数会弹出一个消息框。消息框就是一个对话框,用户可以从中获取一些必要的信息,还可以让用户在对话框中进行相应的选择,并将选择结果传输给应用程序。

MsgBox 函数的使用形式:

MsgBox(提示信息[,按钮类型][,对话框标题])

说明:

①提示信息为必选参数,是字符串型表达式,用于显示对话框的提示信息,字符串的最大长度为 1024 个字符,多出部分将被截去。当字符串在一行内无法显示时,将自动换行,也可以用"Chr $(13) + Chr $(10)"强制换行。

②按钮类型为可选参数,是数值型数据。用来指定对话框中按钮数目及形式、图标的样式、哪个按钮为默认按钮,以及强制对该对话框作出反应的设置。参数值由上述四种控制的取值之和决定。

如表 3－5 所示,在这 4 类控制中,每一类都对应几种取值情况,每个取值既可以用具体的常量(按钮值)来表示,也可以用系统所声明的符号常量来表示。

表 3－5　"按钮类型"的设置值及含义

分　类	按钮值	符号常量	含　义
命令按钮类型	0	vbOKOnly	显示"确定"按钮
	1	vbOKCancel	显示"确定"和"取消"按钮
	2	vbAbortRetryIgnore	显示"终止""重试"和"忽略"按钮
	3	vbYesNoCancel	显示"是""否"和"取消"按钮
	4	vbYesNo	显示"是"和"否"按钮
	5	vbRetryCancel	显示 "重试"和"取消"按钮
图标类型	16	vbCritical	显示停止图标"×"
	32	vbQuestion	显示询问图标"?"
	48	vbExclamation	显示警告图标"!"
	64	vbInformation	显示输出图标"i"
默认按钮	0	vbDefaultButton1	第 1 个按钮为默认按钮
	256	vbDefaultButton2	第 2 个按钮为默认按钮
	512	vbDefaultButton3	第 3 个按钮为默认按钮
	768	vbDefaultButton4	第 4 个按钮为默认按钮

（续表）

分　类	按钮值	符号常量	含　义
强制返回类型	0	vbApplicationModal	当前应用程序挂起，直到用户对消息框作出响应才继续工作
	4096	vbSystemModal	所有应用程序挂起，直到用户对消息框作出响应才继续工作

③对话框标题为可选参数，参数值为字符串型表达式。字符串的内容作为对话框标题栏中的标题。

④函数返回一个整型数，通过该返回值可以确定用户单击了哪个按钮，即用户在对话框中作出了什么响应。表 3－6 给出了动作所对应的返回值。

表 3－6　MsgBox 函数的返回值

返回值	符号常量	按下的按钮
1	vbOK	"确定"按钮
2	vbCancel	"取消"按钮
3	vbAbort	"终止"按钮
4	vbRetry	"重试"按钮
5	vbIgnore	"忽略"按钮
6	vbYes	"是"按钮
7	vbNo	"否"按钮

⑤MsgBox 也可以写成语句调用形式：

MsgBox 提示信息[，按钮类型][，对话框标题]

MsgBox 语句和 MsgBox 函数的功能相同，只是没有返回值，通常用于简单的信息输出。

例如，下面的第一条语句使用 MsgBox 函数弹出的消息框显示"终止""重试"和"忽略"3 个按钮，设置第 2 个按钮为默认按钮，消息框如图 3－8(a)所示。第二条语句所弹出的消息框显示警告图标，如图 3－8(b)所示。

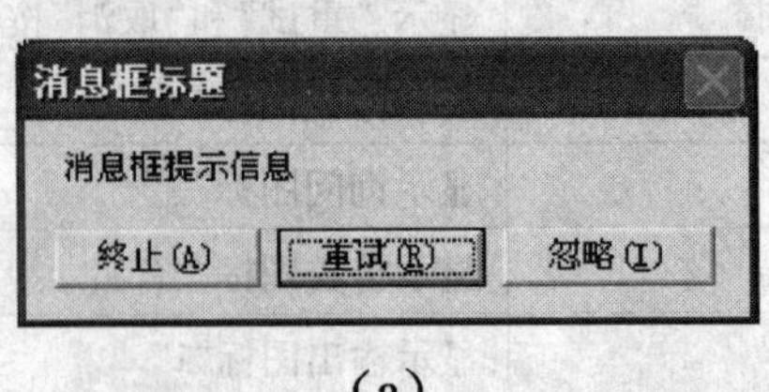

(a)

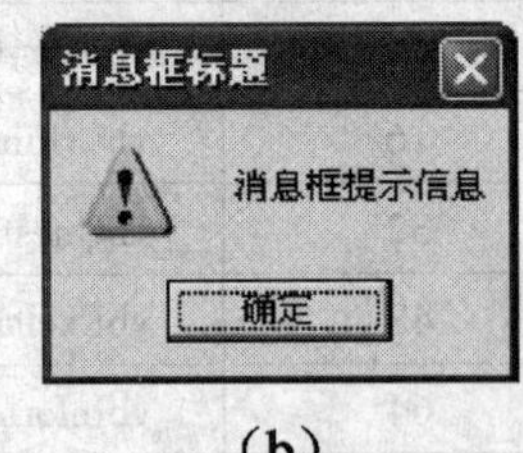

(b)

图 3－8　MsgBox 示例

```
a = MsgBox("消息框提示信息",vbAbortRetryIgnore + vbDefaultButton2,"消息框标题")
MsgBox "消息框提示信息",48,"消息框标题"
```

3.5.4 用输入框(InputBox函数)输入数据

在应用程序中调用InputBox函数将产生一个输入对话框,等待用户通过键盘输入数据,并返回所输入的数据。该函数可以返回数值型和字符串型两种类型的数据:

(1)返回一个数值型数据

函数的调用格式如下:

InputBox(提示信息[,对话框标题][,默认值][,X坐标,Y坐标])

在对话框中只能输入数据,不能输入字符串。

(2)返回一个字符串型数据

函数的调用格式如下:

InputBox $(提示信息[,对话框标题][,默认值][,X坐标][,Y坐标])

在对话框中可以输入数据,也可以输入字符串。

说明:

①提示信息为必选参数,是字符串型表达式,用于在输入对话框中显示输入提示信息,例如提示用户输入数据的格式和作用。提示信息字符串不应超过1024个字符,多出部分将被截去。当字符串在一行内无法显示时,将自动换行,也可以在适当的位置加"Chr $(13)+Chr $(10)"进行换行。

②对话框标题为可选参数,以字符串表达式的形式给出对话框的标题信息。参数缺省,为当前工程的名字。

③默认值为可选参数,用于在输入文本框中显示默认的输入值。一般用于给出常用的输入值,以方便用户输入。

④*X*坐标为可选参数,是整型表达式,用于指定对话框的左边界与屏幕左边的距离。参数省略,则对话框在水平方向居中。

⑤*Y*坐标为可选参数,也是整型表达式,用于指定对话框的上边与屏幕顶部的距离。参数省略,对话框在垂直方向中间偏上的位置。

【例3-3】通过输入对话框输入圆的半径,在窗体中输出圆的周长和面积。

程序代码如下:

```
Private Sub Form_Click()
  Dim r As Single, c As Single, a As Single
  Const pi As Single = 3.14159
  r = InputBox("请输入圆的半径:", "输入对话框")
  c = 2 * pi * r
  a = pi * r ^ 2
  Print "圆的周长:"; c
  Print "圆的面积:"; a
End Sub
```

输入对话框和输出窗体如图3-9所示。

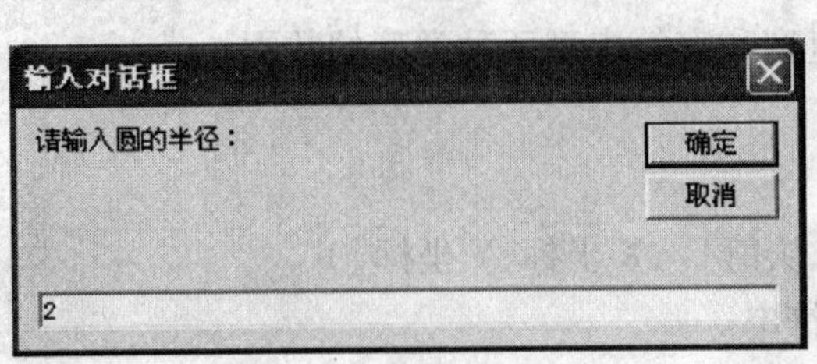

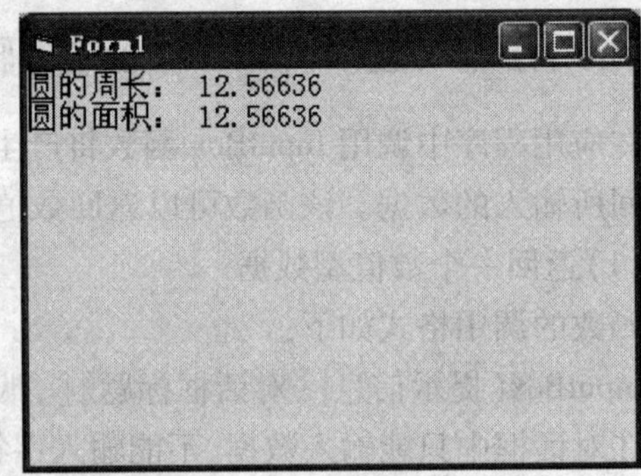

图 3-9　计算圆的周长和面积

3.5.5　Stop 与 End 语句

1. Stop 语句

Stop(暂停)语句用于暂停程序的执行。语句形式如下：

Stop

Stop 语句的作用类似于“运行”菜单中的“中断”命令，相当于在程序代码中设置断点。当程序执行到 Stop 语句时，会暂停程序的执行，并自动打开立即窗口，方便程序员调试跟踪程序。

执行 Stop 语句会保留所有变量的值，程序继续执行时，变量的值仍可以继续使用。

2. End 语句

End(结束)语句用于结束程序的执行。语句形式如下：

End

当程序执行到 End 语句时，将终止程序的执行，卸载所有窗体，所有变量的值都将重置，并关闭所有数据文件。

一个程序中如果没有 End 语句，对程序的运行并没有什么影响。但是如果没有结束语句，或者虽有结束语句但没有执行，则要依靠“运行”菜单中的“结束”命令来结束程序的执行。为了保证程序的完整性，应用程序中应当含有 End 语句，并通过该语句结束程序的执行。

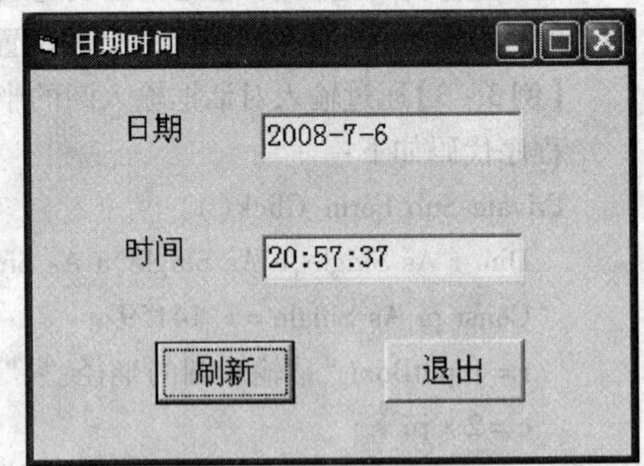

图 3-10　显示系统当前的日期和时间

【例 3-4】设计如图 3-10 所示的窗体，显示当前的日期和时间，在事件过程中执行 End 语句结束程序的执行。

程序代码如下：

```
Private Sub Command1_Click()
    txtDate. Text = Date        '显示日期的文本框的 Text 属性值设置为系统当前日期
    txtTime. Text = Time        '显示时间的文本框的 Text 属性值设置为系统当前时间
```

```
End Sub

Private Sub Command2_Click( )
  End           '终止应用程序的执行
End Sub
```

3.6 选择结构程序设计

选择结构是根据所给定的条件作出选择，执行不同的操作。Visual Basic 中的选择结构分为 If 语句和 Select Case 语句两种。

3.6.1 If 语句

If 语句又分为行 If 语句和块 If 语句两种形式。

1. 行 If 语句

一条行 If 语句应当写在一行上，语句的形式如下：

If 条件表达式 Then 语句组 1 [Else 语句组 2]

当条件成立时，执行语句组 1；条件不成立时，执行语句组 2。

说明：

①条件表达式一般为关系表达式或逻辑表达式，其结果是 True 或 False。

②语句组 1、2 中可以有多条语句，语句之间用"："分隔。

③可以没有 Else 部分。例如：

If x > y Then temp = x : x = y : y = temp

2. 块 If 语句

一条块 If 语句写在多行上，语句的形式如下：

```
If 条件表达式 Then
  语句组 1
Else
  语句组 2
End If
```

说明：

①条件表达式与行 If 语句中的条件表达式的用法相同。

②语句组 1,2 中可以是一条语句，也可以是多条语句，多条语句可以写在一行或多行上。

③可以没有 Else 部分。

④块 If 语句必须以 If 开始，以 End If 结束。

【例 3 - 5】输入一个整型数，判断它是奇数还是偶数。程序执行结果如图 3 - 11 所示。程序代码如下：

```
Private Sub Form_Click()
  Dim x As Integer
  x = InputBox("输入一个整型数:")
  If x Mod 2 = 1 Then
    Print x & "是奇数!"
  Else
    Print x & "是偶数!"
  End If
End Sub
```

图 3-11 判断奇偶数

3. If 语句的嵌套

If 语句的嵌套可以实现多分支选择结构。行 If 语句和块 if 语句都可以实现 If 语句的嵌套,但是行 If 语句必须写在一行上,不容易看清 If 语句的嵌套结构,因此多采用块 If 语句实现 If 语句的嵌套。

块 If 语句的嵌套就是在语句组 1 或语句组 2 中包含另一个块 If 语句。为了能够清晰地反映出块 If 语句的嵌套结构,通常将内层的块 If 语句作为 Else 子句。一种简单的块 If 嵌套语句的形式为

```
If 条件表达式 1 Then
  语句组 1
ElseIf 条件表达式 2 Then
  语句组 2
[ElseIf 条件表达式 3 Then
  语句组 3 ]
  …
[Else
  语句组 n ]
End If
```

注意:只有在条件不成立时再进行新的判断,才能够使用简单的 ElseIf 形式。Else 与 If 之间没有空格,并且整个块 If 嵌套只有一个 End If。

【例 3-6】某邮局对邮寄包裹有如下规定:若包裹的长、宽、高任一尺寸超过 1 米或重量

超过30千克,不予邮寄;对于可以邮寄的包裹,根据重量按照表3-7计算邮资,并且每件包裹加收手续费0.2元。

表3-7 邮资计算标准

重量/千克	收费标准/(元/千克)
weight < 10	0.80
10 ≤ weight < 20	0.75
20 ≤ weight ≤ 30	0.70

在文本框1,2,3,4中输入包裹的长、宽、高和重量。是否给予邮寄,在标签上输出。准予邮寄的邮资在文本框5中输出。窗体界面如图3-12所示。

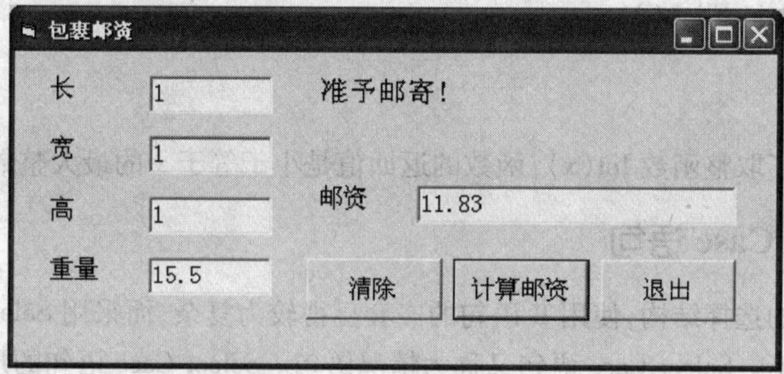

图3-12 计算包裹邮资的界面

程序代码如下:

```
Option Explicit                    '变量必须显示声明
Private Sub Clear_Click()
   Text1.Text = ""
   Text2.Text = ""
   Text3.Text = ""
   Text4.Text = ""
   Text5.Text = ""
End Sub
Private Sub Calculate_Click()
   Dim Length As Single, Width As Single, High As Single, Weight As Single, s As Single
   Length = Text1.Text: Width = Text2.Text: High = Text3.Text: Weight = Text4.Text
   If Length > 1 Or Width > 1 Or High > 1 Or Weight > 30 Then
      s = -1
   ElseIf Weight < 10 Then
      s = 0.8
   ElseIf Weight <= 20 Then
      s = 0.75
```

```
    Else
      s =0.7
    End If
    If s = -1 Then
      Label6.Caption = "不予邮寄!"
    Else
      Label6.Caption = "准予邮寄!"
      Text5.Text = Int((s * Weight +0.2) * 100 +0.5)/100 '四舍五入取两位小数
    End If
End Sub
Private Sub Quit_Click()
    End
End Sub
```

程序中使用了取整函数 Int(x),函数的返回值是小于等于 x 的最大整数。

3.6.2 Select Case 语句

对于多分支的选择结构,使用 If 语句的嵌套显得较为复杂,而采用 Select Case 语句将使程序的结构更清晰。Select Case 语句又称为情况语句。Select Case 语句的形式如下:


```
Select Case 测试表达式
  Case 表达式列表 1
    语句组 1
  Case 表达式列表 2
    语句组 2
  …
  Case 表达式列表 n
    语句组 n
  Case Else
    语句组 n 1
End Select
```

执行 Select Case 语句,首先计算“测试表达式”的值,然后顺序与各 Case 子句中的“表达式列表”进行比较,如果值相符,则执行该 Case 子句中的语句组,如果值都不相符,则执行 Case Else 子句中的语句组,然后执行 Select Case 之后的语句。

说明:

①“测试表达式”可以是数值表达式或字符串表达式。

②“表达式列表”与“测试表达式”的类型必须相同。

③“表达式列表”可以含有多个用“,”隔开的表达式,表达式的形式可以是以下几种:

· 用单个常量、变量、表达式等表示条件取值。如果测试表达式的值与给定的值相等,

就认为相符。例如:Case 1,2,3

·用"表达式1 To 表达式2"表示条件取值范围。如果测试表达式的值落到了给定的范围内,就认为相符。例如:Case "A" To "Z"

·用"Is"关键字及关系运算符表示条件取值范围。如果测试表达式的值属于这个范围,就认为相符。例如:Case Is <0,Is >0

·以上3种形式的组合。例如:Case 6,8 To 10,Is >= 12

【例3-7】用 Select Case 语句完成例3-6。给出 Calculate_Click 事件过程。

程序代码如下:

```
Private Sub Calculate_Click()
  Dim Length As Single,Width As Single,High As Single,Weight As Single,s As Single
  Length = Text1.Text: Width = Text2.Text: High = Text3.Text: Weight = Text4.Text
  If Length >1 Or Width >1 Or High >1 Then
    s = -1
  Else
    Select Case Weight
      Case Is <10
        s =0.8
      Case Is <20
        s =0.75
      Case Is <= 30
        s =0.7
      Case Else
        s = -1
    End Select
  End If
  If s = -1 Then
    Label6.Caption = "不予邮寄!"
  Else
    Label6.Caption = "准予邮寄!"
    Text5.Text = Int((s * Weight +0.2) * 100 +0.5)/100          '四舍五入取两位小数
  End If
End Sub
```

3.7 循环结构程序设计

所谓循环结构,就是反复执行程序的某一部分。在实际应用中,往往会遇到反复进行相同处理的问题,例如计算全班同学各科的平均成绩。这种情况用循环结构来解决就非常合适。

3.7.1 循环语句

Visual Basic 中提供了 3 种循环结构，分别是 For-Next 语句、While-Wend 语句和 Do-Loop 语句。

1. For-Next 语句

For-Next 语句属于计数型循环，按事先确定的循环次数执行循环体。语句的形式如下：

```
for 循环变量 = 初值 To 终值 [Step 步长]
   语句组(循环体)
Next [循环变量]
```

For-Next 语句的执行过程如下：

① 将初值赋给循环变量。

② 判断循环变量的值是否超过终值。若没有超过终值，则执行一次循环体；否则结束循环。

③ 执行 Next 语句，将循环变量增加一个步长的值，再转到②继续执行。

显然 For-Next 语句属于当型循环结构，即先判断条件，后执行循环体。

有关 For-Next 语句说明如下：

①循环变量用于控制循环的次数，必须是数值型变量，通常是整型变量。

②初值、终值和步长可以是数值型常量、变量和表达式。

③步长是循环变量的增量。步长的值为正，称为递增型循环；为负，称为递减型循环。步长为 1，可以省略“Step 1”。

④循环体执行的次数：$\frac{终值-初值}{步长}+1$。

⑤在循环体中可以包含 Exit For 语句，在某些情况下可以用该语句提前结束循环。

⑥循环正常结束时，循环变量保持它最终的取值。

【例 3-8】使用 For-Next 语句计算用户给定值 *n* 的阶乘值 *n*!。

程序代码如下：

```
Private Sub Form_Click()
   Dim i As Integer, n As Integer, t As Long
   n = InputBox("输入 n 的值:")
   t = 1
   For i = 1 To n
      t = t * i
   Next i
   Print n & "! = " & t
End Sub
```

【例 3-9】猴子吃桃问题。猴子第一天摘下若干个桃子，当即吃了一半，还不过瘾，又多吃了一个。第二天又将剩下的桃子吃掉一半，又多吃了一个。以后每天都吃了前一天剩下的一半零一个。到第10天想再吃时，就只剩一个桃子了。求第一天共摘了多少个桃子。

图3-13 猴子吃桃问题

采用递推方法求解此问题。根据第10天的桃子数量可以推出第9天的桃子数量，再根据第9天的桃子数量可以推出第8天的桃子数量，…，直到推出第1天的桃子数量。程序执行结果如图3-13所示。

程序代码如下：

```
Private Sub Form_Load()
  Show            '窗体的方法，显示一个已经装入内存的窗体
  Dim x0 As Integer, x As Integer, i As Integer
  x0 = 1
  For i = 9 To 1 Step -1
    x = (x0 + 1) * 2
    x0 = x
  Next i
  Print "第一天共摘桃子:"; x
End Sub
```

2. Do-Loop 语句

Do-Loop 语句的功能强大，而且灵活性高。它可以实现当型循环，也可以实现直到型循环；能够在循环条件为 False 时结束循环，也能够在循环条件为 True 时结束循环。Do-Loop 语句既适用于事先不知道循环体执行次数的情况，也适用于事先知道循环体执行次数的情况。

Do-Loop 语句有以下 4 种形式：

(1) Do while-Loop 循环

```
Do While 条件表达式
  语句组(循环体)
Loop
```

当"条件表达式"的值为 True 时执行循环体，为 False 时结束循环。

(2) Do Until-Loop 循环

```
Do Until 条件表达式
  语句组(循环体)
Loop
```

当"条件表达式"的值为 False 时执行循环体，为 True 时结束循环。

(3) Do-Loop While 循环

Do

　语句组(循环体)

Loop While 条件表达式

先执行循环体,后计算“条件表达式”的值。若条件为 True,继续执行循环体;条件为 False,结束循环。

(4)Do-Loop Until 循环

Do

　语句组(循环体)

Loop Until 条件表达式

先执行循环体,后计算“条件表达式”的值。若条件为 False,继续执行循环体;条件为 True,结束循环。

说明:

①Do While-Loop 和 Do Until-Loop 属于当型循环,即先判断条件,决定是否执行循环体,因此循环体有可能一次也不执行。Do-Loop While 和 Do-Loop Until 属于直到型循环,首先执行循环体,然后判断条件,循环体至少执行一次。

②对于 Do-Loop 语句,通常在循环之前应当给循环变量赋初值,在循环体内应当有改变循环变量值的语句。

③在 Do-Loop 语句中可以含有 Exit Do 语句,用来强迫结束循环。

【例 3-10】已知下式成立:

$$\frac{\pi}{4} \approx 1 - \frac{1}{3} + \frac{1}{5} - \frac{1}{7} + \cdots$$

根据此式计算 π 的近似值,当通项的绝对值小于 0.0001 时,认为满足精度要求,停止计算。程序的输出结果如图 3-14 所示。

程序代码如下:

```
Option Explicit
Private Sub Form_Click()
    Dim sign As Integer, n As Integer, item As Double, result As Double
    sign = 1: n = 1: result = 0
    Do
        item = 1/n
        result = result + sign * item
        n = n + 2
        sign = -sign
    Loop Until item < 0.0001
    result = result * 4
    Print "pi = "; result
```

图 3-14　计算圆周率

End Sub

【例3-11】输入两个正整数,求它们的最大公约数和最小公倍数。

求最大公约数采用辗转取余的算法:

① 以 m 作为被除数,n 作为除数,求余数 r。

② 如果 r 不为零,则将 n 赋给 m,r 赋给 n,再转到①;如果 r 为零,则 n 当前的值就是最大公约数。

最小公倍数是这两个正整数的乘积除以它们的最大公约数。

程序运行结果的窗体如图3-15所示。

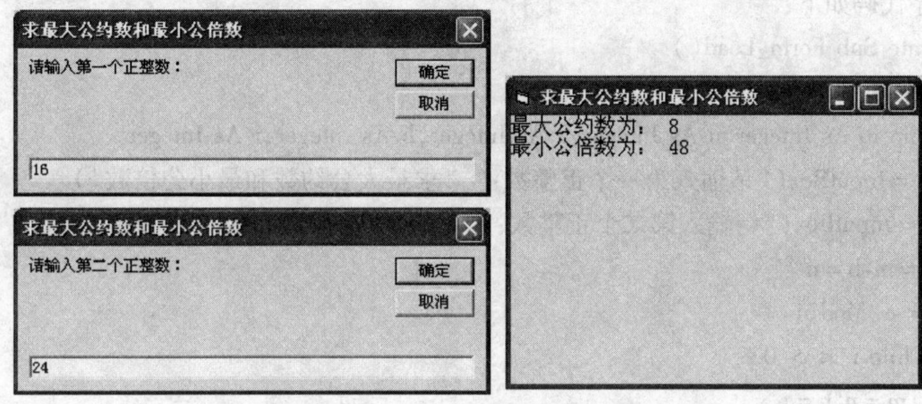

图3-15 求最大公约数和最小公倍数

程序代码如下:

```
Private Sub Form_Load()
  Show
  Dim m As Integer, n As Integer, a As Integer, b As Integer, r As Integer
  m = InputBox("请输入第一个正整数:","求最大公约数和最小公倍数")
  n = InputBox("请输入第二个正整数:","求最大公约数和最小公倍数")
  a = m: b = n
  r = m Mod n
  Do While r <> 0
    m = n: n = r
    r = m Mod n
  Loop
  Print "最大公约数为:"; n
  Print "最小公倍数为:"; a * b/n
End Sub
```

3. While-Wend 语句

While-Wend 语句适用于事先知道或不知道循环体执行次数的情况。语句的形式如下:

```
While 条件表达式
  语句组(循环体)
Wend
```

当“条件表达式”的值为 True 时执行循环体;为 False 时结束循环,执行 While-Wend 下面的语句。显然该语句也是属于当型循环结构。这条语句是早期 Basic 语言所具有的语句,Visual Basic 仍保留了该语句,它的功能已完全被 Do While-Loop 语句所包括,所以现在并不常用。

【例 3-12】用 While-Wend 语句完成例 3-11。

程序代码如下:

```
Private Sub Form_Load()
  Show
  Dim m As Integer,n As Integer,a As Integer,b As Integer,r As Integer
  m = InputBox("请输入第一个正整数:","求最大公约数和最小公倍数")
  n = InputBox("请输入第二个正整数:","求最大公约数和最小公倍数")
  a = m:b = n
  r = m Mod n
  While r <> 0
    m = n:n = r
    r = m Mod n
  Wend
  Print "最大公约数为:"; n
  Print "最小公倍数为:"; a * b/n
End Sub
```

3.7.2 循环的嵌套

在循环体内又包含另一个完整的循环结构,称为循环的嵌套,又称为多重循环。在循环嵌套的结构中,对嵌套的层数没有限制。

在循环嵌套的结构中,外循环执行一次循环体,内循环要完整地执行一遍。

有关循环嵌套的几点说明:

①外循环包含内循环,两者之间不能相互交叉。

对于 For-Next 结构的嵌套,多个 Next 语句可以合并为一个 Next,其中的循环变量按照从内到外的顺序排列。例如:

```
For i = ...
  For j = ...
    For k = ...
      ...
Next k,j,i
```

②在循环嵌套的结构中，内循环与外循环必须使用不同的循环变量。

③Exit For，Exit Do 和 Exit While 只是终止本层循环。

【例3－13】求100以内的，从3开始的20个素数。

素数是指只能够被1和该数自身整除，不能够被其他整数整除的自然数。判断 $n(\geqslant 3)$ 是否为素数的方法是这样的，如果 n 能够被 $2 \sim \sqrt{n}$ 之间的任何一个整数整除，则 n 是素数；否则 n 不是素数。图3－16是程序执行的结果。

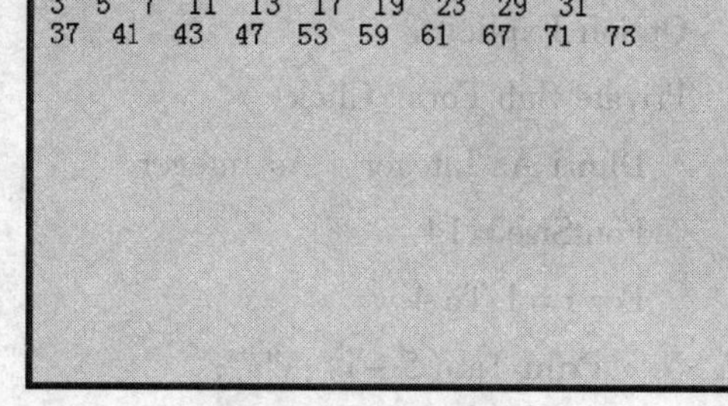

图3－16 求素数

程序代码如下：

```
Option Explicit
Private Sub Form_Click( )
  Dim n As Integer,i As Integer,k As Integer,count As Integer,flag As Boolean
  count = 0
  For n = 3 To 100                '外层循环
    If count = 20 Then Exit For
    k = Int(Sqr(n))
    flag = True
    i = 2
    Do While i < = k And flag = True          '内层循环
      If n Mod i = 0 Then
        flag = False
      Else
        i = i + 1
      End If
    Loop
    If flag = True Then
      count = count + 1
      If count Mod 10 = 0 Then
        Print n
      Else
        Print n;
      End If
    End If
  Next n
End Sub
```

本程序中使用了求平方根的函数 sqr(x) 计算 $\sqrt{n}$ 的值。

【例 3－14】在窗体中输出如图 3－17 所示的图形。

程序代码如下：

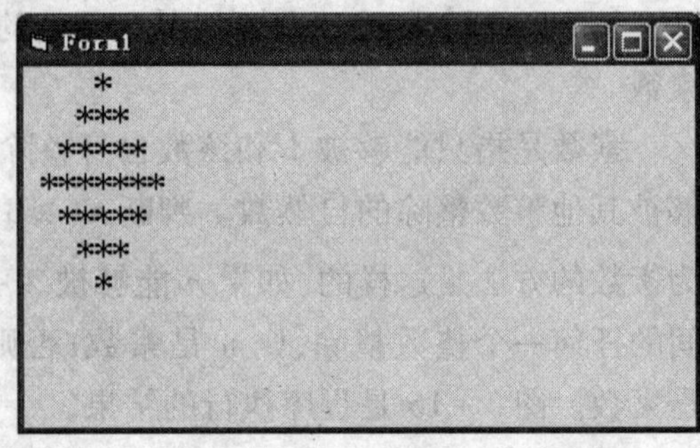

图 3－17　输出菱形

```
Option Explicit
Private Sub Form_Click( )
  Dim i As Integer,j As Integer
  FontSize = 14
  For i = 1 To 4
    Print Tab(5 - i); "";
    For j = 1 To 2 * i - 1
      Print " * ";
    Next j
    Print
  Next i
  For i = 1 To 3
    Print Tab(i + 1); "";
    For j = 1 To 7 - 2 * i
      Print " * ";
    Next j
    Print
  Next i
End Sub
```


3.8　With 语句

With 语句的作用是打开一个对象或一个自定义类型变量，从而在访问对象的属性或自定义类型变量的元素、调用对象的方法时，可以不必给出对象名或自定义类型变量名。With 语句的形式如下：

```
With 对象名或自定义类型变量名
  语句组
End With
```

With 语句的作用域是在语句组中，即在语句组范围内可以直接访问对象中的属性或自定义类型变量中的元素，以及直接调用对象中的方法。

With 语句还可以嵌套。

【例 3－15】With 语句使用举例。

修改对象的属性值，结果如图 3－18 所示。

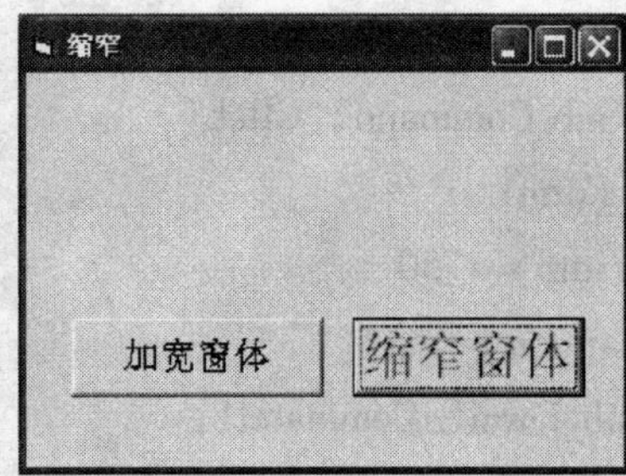

图3－18　例3－15的结果

程序代码如下：

(1)不使用 With 语句

```
Private Sub Command1_Click( )
  Form1. Width = 6000
  Form1. Caption = "加宽"
  Form1. Command1. FontSize = 20
  Form1. Command2. FontSize = 14
End Sub

Private Sub Command2_Click( )
  Form1. Width = 4750
  Form1. Caption = "缩窄"
  Form1. Command1. FontSize = 14
  Form1. Command2. FontSize = 20
End Sub
```

(2)使用 With 语句

```
Private Sub Command1_Click( )
  With Form1                          '打开对象 Form1
    . Width = 6000
    . Caption = "加宽"
    With Form1. Command1              '打开对象 Form1 中的对象 Command1
      . FontSize = 20
    End With
    With Form1. Command2              '打开对象 Form1 中的对象 Command2
      . FontSize = 14
    End With
  End With
```

```
End Sub

Private Sub Command2_Click( )
  With Form1
     . Width =4750
     . Caption = "缩窄"
     With Form1. Command1
        . FontSize =14
     End With
     With Form1. Command2
        . FontSize =20
     End With
  End With
End Sub
```

3.9 GoTo 语句

GoTo 语句又称为无条件跳转语句,它的一般形式如下:

GoTo 行号或行标号

当程序执行到 GoTo 语句时,会无条件地跳转到“行号或行标号”所标识的语句处继续执行。GoTo 语句只能够在一个过程中跳转。如果“行号或行标号”所指示的语句位于 GoTo 语句之前,可能会导致死循环。

在结构化程序设计中主张限制使用 GoTo 语句,因为滥用 GoTo 语句会破坏程序的结构,降低程序的易读性。一般来说,GoTo 语句可以有以下两种用途:

①与 If 语句一起构成循环结构。但在 Visual Basic 中有多种现成的循环语句。

②从循环体内跳转到循环体外。而我们完全可以使用 Exit For 和 Exit Do 语句。

以下程序段是采用 GoTo 语句计算 5! 的例子。

```
t =1
n =0
Do
  n =n +1
  If n >5 Then GoTo L1
  t =t * n
Loop
L1: Print t
```

3.10 过程

一个 Visual Basic 应用程序按功能分为若干个模块,每个模块又含有若干个程序段(语句块),这样的语句块称为过程。

Visual Basic 中的过程分为事件过程和通用过程。而通用过程又分为 Sub 过程和 Function 过程。

我们前面所涉及的过程称为事件过程。事件过程的作用是当某个事件被触发时,自动调用该事件的事件过程,从而对事件作出响应。

只有事件过程还不够,因为程序的功能越强大,其复杂程度也会随之增大,会造成事件过程过于庞大,因此需要将程序划分划分为若干个功能上相对独立、逻辑上又相互关联的通用过程。在程序中引入通用过程不仅可以便于设计、调试和修改程序,还有利于提高代码的重用性。

3.10.1 Sub 过程

Sub 过程又称为子程序过程。执行 Sub 过程会完成一组特定的操作,但没有返回值。

1. Sub 过程的声明

Sub 过程的声明形式如下:

```
[Private| Public][Static] Sub 过程名([形式参数表])
  语句块(过程体)
  [Exit Sub]
End Sub
```


说明:

①每个通用过程具有一个过程名,过程名应当符合标识符的命名规则。过程名可以任意命名,但同一模块中的过程不能同名。

②Private 表示该过程为私有过程(模块级过程),只能被本模块中的过程所调用;Public 为公有过程(全局过程),应用程序中的所有模块中的过程都可以调用,并且 Public 为默认的值,可以省略;Static 表示该过程是一个静态过程,过程内声明的变量均为静态变量,当过程调用结束时,变量的存储空间并不释放,其值在下次调用该过程时仍可以使用。

③Sub 过程可以有形式参数,简称形参;也可以没有形式参数,但必须有一对空的圆括号。

形式参数的语法形式如下:

[ByVal|ByRef]变量名或数组名( )[As 数据类型]

参数表中有多个形式参数,形参之间用“,”分隔。

ByVal 表示该参数按值传递,ByRef 表示参数按地址传递。如果在形参之前没有 ByVal 或 ByRef,则默认按地址传递。

形式参数为数组,参数不能够按值传递。

如果省略了数据类型,默认为 Variant 类型。

④Exit Sub 语句用于强行从 Sub 过程中退出,程序接着执行过程调用语句后面的语句。

⑤过程不能嵌套声明。

2. Sub 过程的调用

Sub 过程由过程调用语句来调用,过程调用语句有以下两种等效的形式:

①call 过程名([实际参数表])

②过程名 [实际参数表]

实际参数简称为实参。实参表中的实参与形参表中的形参在类型和个数上应当一一对应。形参所对应的实参可以是变量、数组元素、常量和表达式。对于用 ByRef 说明的形参,所对应的实参必须是变量才能够实现按地址传递;如果所对应的实参不是变量,则还是按值传递。

"值传递"只能实现实参到形参的单向传递,而"地址传递"可以实现实参与形参之间的双向传递。

【例 3-16】值传递与地址传递的比较。结果如图 3-18 所示。

程序代码如下:

```
Private Sub Form_Click()
  Dim x As Integer,y As Integer
  x=10: y=20
  Print x,y
  Call s1(x,y)
  Print x,y
  Call s2(x,y)
  Print x,y
End Sub

Private Sub s1(ByVal a As Integer,ByVal b As Integer)    '值传递
  Dim temp As Integer
  temp = a: a = b: b = temp
End Sub
Private Sub s2(ByRef a As Integer,ByRef b As Integer)    '地址传递
  Dim temp As Integer
  temp = a: a = b: b = temp
End Sub
```

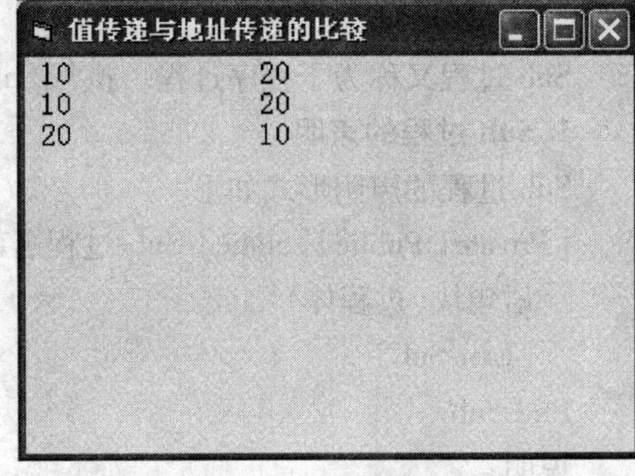

图 3-18 值传递与地址传递的比较

从图 3-18 所示的程序运行结果可以看出"值传递"只是单向传递,在过程中改变形参的值,实参的值不会被改变;而"地址传递"是双向传递,在过程中改变形参的值,实参的值会随着改变。

【例 3-17】输入一个十进制非负整数(0~32767),编写程序可以将其转换成二进制、八

进制或十六进制。程序的界面如图 3－19 所示。

部分程序代码如下：

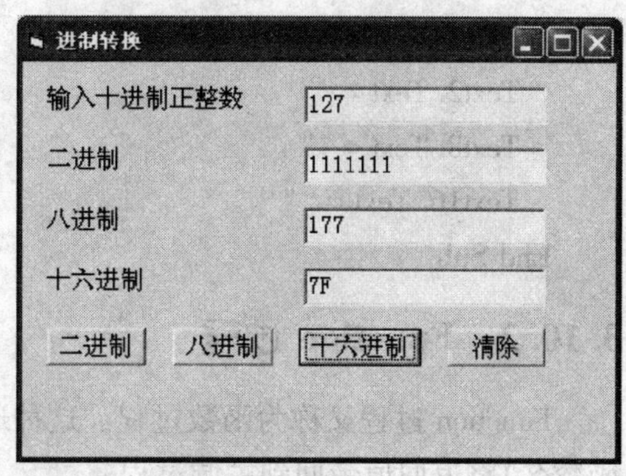

图 3－19　进制转换

```
Private Sub Command1_Click( )
  Dim num(0 To 15) As String
  Dim str As String
  Dim k As Integer, i As Integer
  Call convert(num( ), k, 2)    '调用过程
  For i = k To 0 Step -1
    str = str + num(i)
          '字符串连接,从高位到低位连接
  Next
  Text2.Text = str
End Sub

Private Sub convert(a( ) As String, ByRef p As Integer, ByVal b As Integer)
  '数组 a、变量 p 按地址传递,变量 b 按值传递
  Dim x As Integer
  Dim bit As String
  x = Val(txtInput.Text)
  p = -1
  Do
    bit = Chr((x Mod b) + 48)       '将 ASCII 码转换为字符
    If bit > "9" Then bit = Chr((x Mod b) + 55)  '考虑十六进制的转换
    p = p + 1
    a(p) = bit
    x = x \ b
  Loop While x <> 0
End Sub

Private Sub Command2_Click( )
  …
End Sub

Private Sub Command3_Click( )
  …
End Sub
```

```
Private Sub Command4_Click()
    txtInput.Text = ""
    Text2.Text = ""
    Text8.Text = ""
    Text16.Text = ""
End Sub
```

3.10.2 Function 过程

Function 过程又称为函数过程。这种通用过程具有返回值,它是通过函数过程名(简称函数名)将返回值带回到主调过程。

1. Function 过程的声明

声明 Function 过程的形式如下:

```
[Private| Public][Static] Function 过程名([形式参数表])[ As 返回值类型]
    语句块(过程体)
    [Exit Function]
End Function
```

Function 过程可以简称为函数,其参数传递与 Sub 过程相同,需要注意以下几个方面:

①函数具有返回值,在声明中需给出返回值的类型,如果不给出返回值类型,则默认为变体类型。

②在函数体内应当具有对函数名(Function 过程名)赋值的语句。

③由于在函数体内函数名作为变量使用,因此函数名不能与形参和过程级变量同名。

④调用函数后,当执行到 End Function 或 Exit Function 时函数执行结束,返回到调用者,并将函数名当前的值作为函数的返回值。

2. Function 过程的调用

Function 过程在表达式中调用,其返回值参与表达式的计算。

【例 3-18】采用 Function 过程计算两个正整数的最大公约数和最小公倍数。

程序代码如下:

```
Private Sub Form_Click()
    Dim m As Integer, n As Integer
    m = InputBox("请输入第一个正整数:", "求最大公约数和最小公倍数")
    n = InputBox("请输入第二个正整数:", "求最大公约数和最小公倍数")
    Print "最大公约数为:"; gys(m, n)
    Print "最小公倍数为:"; gbs(m, n)
End Sub

Private Function gys(ByVal x As Integer, ByVal y As Integer) As Integer
    Dim r As Integer
```

```
    r = x Mod y
    Do While r < > 0
        x = y: y = r
        r = x Mod y
    Loop
    gys = y
End Function

Private Function gbs(ByVal x As Integer,ByVal y As Integer) As Integer
    gbs = x * y/gys(x,y)
End Function
```

3.10.3 过程的递归调用

我们前面所涉及的过程调用是过程的嵌套调用。如果一个过程自己调用自己,或者两个过程相互调用,分别称为直接递归调用和间接递归调用。

一个问题采用递归的方法求解,应当满足以下两个条件:

①一个问题可以转化为一个新的问题,解决的方法相同,并且具有递增或递减的变化规律。

②具有递归结束的条件。

例如求 *n*!: n! => n(n-1)! => n(n-1)(n-2)! …

当 n = 1 时结束递归

【例 3-19】用递归的方法计算 *n*!。

程序代码如下:

```
Private Sub Form_Click()
    Dim n As Integer
    n = InputBox("请输入一个正整数","计算阶乘")
    If n > 0 Then
        Print n & "! = " & f(n)
    Else
        MsgBox "输入数据错误",vbOKOnly,"计算阶乘"
    End If
End Sub

Private Function f(ByVal n As Integer) As Long
    If n > 1 Then
        f = n * f(n - 1)
    Else
```

```
    f = 1
  End If
End Function
```

3.11 常用的内部函数

Visual Basic 提供了大量的内部函数，这些函数构成了函数库，供用户在程序中调用。内部函数除了前面所介绍的输入函数 InputBox 和输出函数 MsgBox 之外，还包括数学函数、字符串函数、日期时间函数和转换函数等。

1. 数学函数

数学函数又称为数值型函数，用于进行各种数学运算。

(1)三角函数 Sin(x),Cos(x),Tan(x),Atn(x)

这 4 个函数分别计算 x(单位为弧度)的正弦、余弦、正切和反正切函数值，返回值的类型为 Double 型。例如：

sin45°应写成 Sin(45 * 3.14/180)

VB 只提供了 4 个基本三角函数，其他三角函数(包括反函数、双曲函数等)都可以用基本三角函数推导出来。

(2)指数函数 Exp(x)

求 e^x 的值，参数 x 为数值型，函数值的类型为 Double 型。例如：

Print Exp(1)　　　结果为:2.7182

(3)对数函数 Log(x)

求 x 的自然对数，参数 x($x>0$)为数值型，返回值的类型为 Double 型。例如：

Print Log(2.7182)　　　结果为:1

(4)平方根函数 Sqr(x)

计算$\sqrt{x}$，参数 x($x\geqslant0$)为数值型，返回值的类型为 Double 型。例如：

Print Sqr(25)　　　结果为:5

(5)绝对值函数 Abs(x)

计算$|x|$，参数 x 为数值型。例如：

Print Abs(-5),Abs(5)　　　结果为:5　5

(6)取整函数 Int(x),Fix(x)

这两个函数都是对 x 取整，当 $x\geqslant0$ 时，函数的返回值都是 x 的整数部分；当 $x<0$ 时，Int(x)返回一个小于或等于 x 的最大整数，而 Fix(x)返回一个大于或等于 x 的最小整数。例如：

Print Int(4.5),Fix(4.5),Int(-4.5),Fix(-4.5)　　　结果为:4　4　-5　-4

Print Int(4.5253 + 0.5),Int(4.5253 * 100 + 0.5)/100　　　结果为:5　4.53(分别对 4.5253 四舍五入取整和四舍五入取两位小数)

(7)符号函数 Sgn(x)

求 x 的符号值,其中 x 是数值型参数。当 $x<0$ 时,函数的返回值为 -1; 当 $x=0$ 时,返回值为0;当 $x>0$ 时,返回的函数值为1。例如:

Print Sgn(25),Sgn(0),Sgn(-36)　　结果为:1　0　-1

(8)随机函数 Rnd[(x)]

函数返回一个[0,1)范围内的 Single 类型随机数。

产生随机数的算法,称为随机数生成器。让随机数生成器产生一个随机数,要为它提供一个"种子"。在同一个"种子"下,所产生的随机数相同。在 Rnd 函数调用中以参数作为"种子",具体如表 3-8 所示。

表 3-8　Rnd 函数的参数

参数 x 的值	函数 Rnd 的返回值
大于0	用前一次调用 Rnd 函数的返回值作为本次调用的种子
小于0	每次都使用参数的值作为种子,得到相同的随机数
等于0	返回前一次调用 Rnd 函数产生的随机数
省略	与大于0的情况相同

通常 Rnd 函数的实际参数取大于零的整数,或者省略实际参数。

【例 3-20】随机函数使用举例。程序运行结果如图 3-20 所示。

图 3-20　随机函数

程序代码如下:

```
Private Sub Form_click()
  Print Rnd(-1); Rnd(-2); Rnd(-1)
  Print Rnd(1); Rnd(2); Rnd(1)
  Print Rnd; Rnd
End Sub
```

2. 字符串函数

VB 中含有丰富的字符串函数,对字符串的处理功能较强大。

(1)求字符串长度函数 Len(s)

函数返回值为字符串表达式中所含字符的个数。例如:

Print Len("string"),Len("ABC" & "DE")　　结果为:6　5

(2)字符串比较函数 StrComp(s1,s2)

比较两个字符串。如果 s1 大于 s2,返回值为1;如果 s1 等于 s2,返回0;如果 s1 小于 s2,返回值为 -1。例如:

Print StrComp("The","Then"),StrComp("123" + "45","123")　　结果为:-1　1

(3)取子串函数 Mid(s,n1[,n2]),Left(s,n),Right(s,n)

Mid 函数取字符串 s 中第 n1 个字符开始的 n2 个字符作为函数的返回值,若 n2 省略,则

取 s 中第 n1 个字符开始的所有字符。例如:

Print Mid("ABCDEF",3,2),Mid("ABCDEF",4)　结果为:"CD"　"DEF"

Left 函数取字符串 s 中左边的 *n* 个字符作为函数的返回值。

Rightt 函数取字符串 s 中右边的 *n* 个字符作为函数的返回值。例如:

Print Left("ABCDEF",3),Right("ABCDEF",3)　结果为:"ABC"　"DEF"

(4)查找子串函数 InStr([n1,]s,sub[,n2])

在字符串 s 中查找第一次出现字符串 sub 的位置。如查找到,返回该位置值;查找不到,返回 0。n1 是开始查找的起始位置(默认值为 1)。n2 是查找比较的方式,若 n2 为 0(n2 的默认值),表示区分字母的大小写;若 n2 为 1,表示不区分大小写。例如:

Print InStr(3,"ABCDEFCD",“CD”,0)　结果为:3

(5)删除空格字符函数 LTrim(s)、RTrim(s)和 Trim(s)

3 个函数分别去掉字符串左边、右边、左右两边的空格,返回值为一个新的字符串。例如:

Print LTrim("　ABC　"),RTrim("　ABC　"),Trim("　ABC　")

结果为:"ABC□□"　"□□ABC"　"ABC"

(6)生成字符串函数 String(n,s)

函数返回值由字符串 s 的首字符组成的 *n* 个重复字符的字符串。在函数 String 中,字符也可以用 ASCII 码来表示。例如:

Print String(3,"ABCD"),String(3,97)　结果为:"AAA"　"aaa"

(7)生成空格函数 Space(n)

n 为数值型参数,函数的返回值是由 *n* 个空格组成的字符串。

【例 3-21】输入一个字符串,输出其逆置的字符串。如输入"ABCDEF",输出"FEDCBA"。程序运行结果如图 3-21 所示。

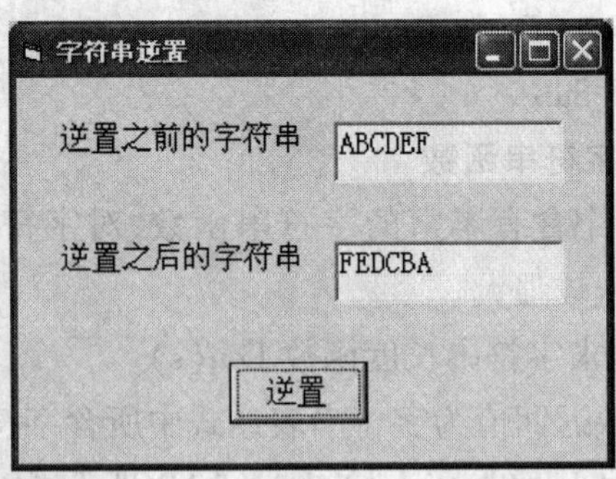

图 3-21　字符串逆置

程序代码如下:

```
Private Sub Command1_Click()
    Dim s1 As String,s2 As String,i As Integer
    s1 = Text1.Text
    s2 = ""
```

```
    For i = Len(s1) To 1 Step -1
        s2 = s2 + Mid(s1, i, 1)
    Next
    Text2.Text = s2
End Sub

Private Sub Form_Load()
    Show
    Text1.Text = InputBox("请输入一个字符串")
End Sub
```

3. 日期时间函数

①系统日期、时间、日期时间函数 Date( )或 Date,Time( )或 Time,Now( )或 Now 这 3 个函数都是无参函数,分别返回系统当前的日期、时间、日期时间。

此外,还可以对 Date 或 Time 赋值,修改系统的日期或时间。例如:

```
Print Date,Time          '结果为:2008-7-15   20:18:56
Print Now                '结果为:2008-7-15   20:18:56
Print #8/8/2008# - Date  '结果为:24
Date = #7/16/2008#       '将系统时间修改为 2008-7-16
```

②返回年、月、日以及星期函数 Year(d),Month(d),Day(d),Weekday(d)

这 4 个函数的参数为日期时间型数据,返回值都是数值型数据,分别返回参数 *d* 的年、月、日和星期。例如:

```
Print Year(Date); "年"; Month(Now); "月"          结果为:2008 年 7 月
```

③返回小时、分、秒函数 Hour(d),Minute(d),Second(d)

这 3 个函数的参数为日期时间型数据,返回值都是数值型数据,分别返回参数 d 的小时、分、秒。例如:

```
Print Hour(Now); "时"; Minute(Time); "分"          结果为:20 时 19 分
```

4. 转换函数

(1)大小写字母转换函数 LCase(s),UCase(s)

LCase 函数将字符串 s 中的大写字母转换为小写字母,其他字符不变。

UCase 函数将字符串 s 中的小写字母转换为大写字母,其他字符不变。例如:

```
Print LCase("AbcdeF"),UCase("AbcdeF")        结果为:"abcdef"    "ABCDEF"
```

(2)数值字符串转换函数 Str(n),Val(s)

Str 函数将数值 *n* 转换为相应的字符串。

Val 函数将包含数值信息的字符串 s 转换为数值。在从左到右转换的过程中,如果遇到非有效字符就结束转换。Val 函数认为组成数值的有效字符包括:0~9 的十个数字、正负号、小数点以及构成浮点数的 E,e,D,d 四个字符。转换时忽略空格、制表符和换行符。例如:

Print Str(123.45),Str(-123.45)　　结果为:"123.45"　"-123.45"

Print Val("123.45"),Val("-123.45"),Val("12H")

结果为:123.45　-123.45　12

(3)ASCII 码值字符转换函数 Asc(s),Chr(n)

Asc 函数将字符串 s 中的第一个字符转换为十进制 ASCII 码值。如果是 ASCII 字符,返回值在 0~255 之间;如果是汉字,返回值在 -32768~32767 之间。

Chr 函数与 Asc 函数正好相反,将十进制数值 *n* 转换为只有一个字符或汉字的字符串。例如:

Print Chr(65),Asc("ABC"),Chr(-17210),Asc("计算机")

结果为:"A"　65　"计"　-17210

(4)进制转换函数 Hex(n),Oct(n)

Hex 函数将十进制正整数 *n* 转换为十六进制数。

Oct 函数将十进制正整数 *n* 转换为八进制数。例如:

Print Hex(255),Oct(255)　　结果为:FF　377

5. 格式输出函数

格式输出函数的语法形式如下:

Format(表达式,格式字符串)

Format 函数将表达式的值,按格式字符串所指定的格式转换为字符串。表达式的类型可以是数值型、字符串型和日期型。格式字符串中的格式字符可以是数值格式、字符格式和日期型格式。

常用的格式如表 3-9 所示。

表 3-9　常用的格式字符串

格式控制字符串	作　用
"currency"	带有货币符号的数值,整数部分千分位格式,小数部分两位
"percent"	转换为乘以 100 的数值形式,小数部分两位,后面带有百分号
"standard"	数值整数部分千分位格式,小数部分两位
"scientific"	转换为标准科学计数法的表示形式
0 和小数点,如"0000.000"	指定 4 位整数、3 位小数。在前后补 0
#和小数点,如"####.###"	指定 4 位整数、3 位小数。不在前后补 0
"yes/no"	被转换的数值为 0,转换为"No";非 0,转换为"Yes"
"true/false"	被转换的数值为 0,转换为"False";非 0,转换为"True"
"on/off"	被转换的数值为 0,转换为"Off";非 0,转换为"On"

【例 3-22】格式输出函数举例。程序运行结果如图 3-22 所示。

程序代码如下:

```
Private Sub Form_Load()
    Show
    Print Format(1200000,"currency")
    Print Format(67.543,"percent")
    Print Format(1234.567,"standard")
    Print Format(1200000,"scientific")
    Print Format(123.45,"0000.000")
    Print Format(123.45,"####.###")
    Print Format(0,"yes/no")
    Print Format(-1,"true/false")
    Print Format(1,"on/off")
End Sub
```

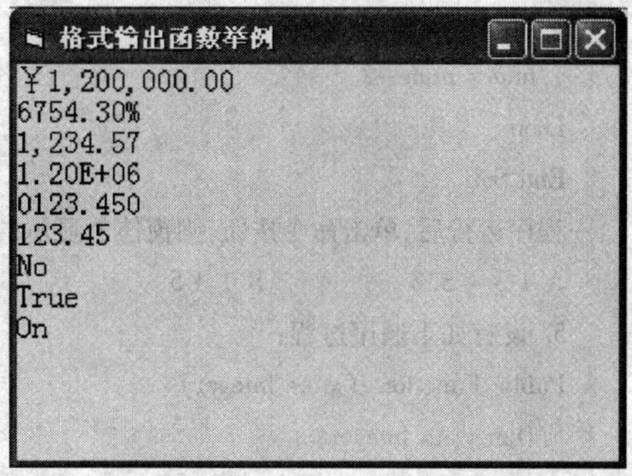

图3-22 格式输出函数

习题三

一、选择题

1. 以下可以作为 Visual Basic 变量名的是(   )。

A. A#A　　B. counstA　　C. 3A　　D. ? AA

2. 设有如下语句:

```
Dim a,b As Integer
c = "VisualBasic"
d = #7/20/2007#
```

以下关于这段代码的叙述中,错误的是(   )。

A. a 被定义为 Integer 类型变量　　B. b 被定义为 Integer 类型变量

C. c 中的数据是字符串　　D. d 中的数据是日期类型

3. 设有以下循环结构:

```
Do
  循环体
Loop While <条件>
```

则以下叙述中错误的是(   )。

A. 若"条件"是一个为0的常数,则一次也不执行循环体

B. "条件"可以是关系表达式、逻辑表达式或常数

C. 循环体中可以使用 Exit Do 语句

D. 如果"条件"总是为 True,则不停地执行循环体

4. 在窗体上画一个名称为 Command1 的命令按钮,然后编写如下事件过程:

```
Private Sub Command1_Click()
Dim num As Integer
num = 1
Do Until num > 6
```

```
    Print num;
    num = num + 2.4
  Loop
  End Sub
```

程序运行后,单击命令按钮,则窗体上显示的内容是(　　)。

A. 1 3.4 5.8　　B. 1 3 5　　C. 1 4 7　　D. 无数据输出

5. 设有如下通用过程:

```
Public Function f(x As Integer)
  Dim y As Integer
  x = 20
  y = 2
  f = x * y
End Function
```

在窗体上画一个名称为 Command1 的命令按钮,然后编写如下事件过程:

```
Private Sub Command1_Click()
  Static x As Integer
  x = 10
  y = 5
  y = f(x)
  Print x; y
End Sub
```

程序运行后,如果单击命令按钮,则在窗体上显示的内容是(　　)。

A. 10 5　　B. 20 5　　C. 20 40　　D. 10 40

6. 设有如下通用过程:

```
Public Sub Fun(a(), ByVal x As Integer)
  For i = 1 To 5
    x = x + a(i)
  Next
End Sub
```

在窗体上画一个名称为 Text1 的文本框和一个名称为 Command1 的命令按钮,然后编写如下的事件过程:

```
Private Sub Command1_Click()
  Dim arr(5) As Variant
  For i = 1 To 5
    arr(i) = i
  Next
  n = 10
  Call Fun(arr(), n)
  Text1. Text = n
End Sub
```

程序运行后，单击命令按钮，则在文本框中显示的内容是(　　)。

A. 10　　B. 15　　C. 25　　D. 24

7. 设有如下程序：

```
Private Sub Command1_Click( )
  Dim sum As Double,x As Double
  sum = 0: n = 0
  For i = 1 To 5
    x = n/i: n = n + 1: sum = sum + x
  Next i
End Sub
```

该程序通过 For 循环计算一个表达式的值，这个表达式是(　　)。

A. 1 + 1/2 + 2/3 + 3/4 + 4/5　　B. 1 + 1/2 + 2/3 + 3/4

C. 1/2 + 2/3 + 3/4 + 4/5　　D. 1 + 1/2 + 1/3 + 1/4 + 1/5

8. 以下关于过程的叙述中，错误的是(　　)。

A. 事件过程是由某个事件触发而执行的过程　　B. 函数过程的返回值可以有多个

C. 可以在事件过程中调用通用过程　　D. 不能在事件过程中定义函数过程

9. 以下能从字符串“VisualBasic”中直接取出子字符串“Basic”的函数是(　　)。

A. Left　　B. Mid　　C. String　　D. Instr

10. 设 x = 4, y = 6，则以下不能在窗体上显示出“A = 10”的语句是(　　)。

A. Print A = x + y　　B. Print" A = ";x + y

C. Print "A = " + Str(x + y)　　D. Print" A = "&x + y

二、填空题

1. 运算符是用来对__________进行各种运算的操作符号。

2. 下列语句的输出结果为__________。

```
Print Format(5689.36,"000,000.000")
```

3. 在声明形式参数时加“ByRef”，表示参数按__________传递。

4. 执行下面的程序段后，i 的值为__________，s 的值为__________。

```
s = 2
For i = 3.2 To 4.9 Step 0.8
  s = s + 1
Next i
```

5. 下列程序运行结果是__________。

```
Option Explicit
Private Sub Command1_Click( )
  Public Const a As Integer = 2
  Text1.text = a
End sub
```

6. 定义定长字符串，最长可达__________个字符。

7. 下列语句的输出结果是__________。

```
Print Format(Int(12345.6789 * 100 + 0.5)/100,"0000,0.00")
```

8. 在窗体上画 1 个命令按钮，其名称为 Command1，然后编写如下事件过程：

```
Private Sub Command1_Click()
  Dim arr(1 To 100) As Integer
  For i = 1 To 100
    arr(i) = Int(Rnd * 1000)
  Next i
  Max = arr(1): Min = arr(1)
  For i = 1 To 100
    If ________________ Then
      Max = arr(i)
    End If
    If ________________ Then
      Min = arr(i)
    End If
  Next i
  Print "Max = "; Max, "Min = "; Min
End Sub
```

程序运行后，单击命令按钮，将产生 100 个 1000 以内的随机整数，放入数组 arr 中，然后查找并输出这 100 个数中的最大值 Max 和最小值 Min，请在程序中填空。

三、编程题

1. 通过输入框输入姓名，然后在消息框中显示输出。
2. 求一元二次方程 $ax^2 + bx + c = 0$ 的根，其中 a,b,c 的值由输入框给出，在窗体中输出方程的根。
3. 通过随机函数产生 2 个二位正整数，求这两个数的和及差并显示出来。
4. 编写一个程序随机产生 10 个二位数，存放在数组中，从中找出最小值和最大值并在文本框中显示输出。
5. 求 $S = 12 + 22 + \cdots + 1002$ 的和。
6. 根据下面的近似公式计算 e 的近似值（精确到 10^{-6}）。

$$e \approx 1 + \frac{1}{1!} + \frac{1}{2!} + \frac{1}{3!} + \cdots + \frac{1}{n!}$$

7. 输出以下的杨辉三角形（要求输出 6 行）：

```
          1
        1   1
      1   2   1
    1   3   3   1
  1   4   6   4   1
1   5   10  10  5   1
```

8. 杨辉三角形的第一列和主对角线元素为 1，其他元素为上一行中的同一列和前一列两元素之和。必须采用二维数组来实现，单击窗体时开始计算，用 Print 方法显示在窗体上。
9. 编写一个程序，判断输入的任意一个整数是否为素数，是输出“Yes”，否输出“No”。

10. 编写程序,在Sub过程中分别统计一个字符串中字母、数字以及其他字符的个数,采用按地址传递的方法将统计结果带回到主调过程中。

11. 通过输入框输入一行字符,在程序中调用Function过程,统计其中有多少个单词。单词之间用空格分隔。

第 4 章　内部控件与控件数组

第 2 章已介绍了文本框、标签和命令按钮 3 个控件，本章再介绍一些 Visual Basic 的常用内部控件的属性、方法和事件，以及这些控件的使用方法，最后介绍控件数组的应用。

4.1　常用控件

4.1.1　单选钮

单选钮(又称选项按钮)是一种提供选择项的控件。如果在程序设计中有多个选项可供选择而只能选择一项时，就可以使用单选钮来处理“多选一”的问题。单选钮控件由一个圆形框和标题文字组成，在工具箱中的图标为 ◉ 。圆形框中空白表示该选项未被选中，圆形框中有黑点表示该选项被选中。

直接放置在窗体上的所有单选钮被认为是属于同一组，无论它们的相互位置及排列如何。但有些情况下，程序设计需要一个窗体中的多个单选钮按功能进行分组，那么就需要用到容器控件图片框或者框架，其中框架比较常用。同一容器中的单选钮控件为一组，若其中一个单选钮被选中，则其他单选钮就会自动调整成未选中状态。

1. 常用属性

(1) Name 属性

单选钮控件的对象名。默认的 Name 属性值为 Option1, Option2, …, 可以使用带有前缀 opt 的用户自定义属性值。

(2) Caption 属性

设置单选钮控件的标题文字。在这个属性中可以使用“&”号建立一个快捷键。

(3) Style 属性

Style 属性值决定单选钮的外观状态，其值为 0(默认值)时，单选钮以标准样式显示；为 1 时，以命令按钮样式显示(按下表示选中，弹起表示未选中)。

(4) Alignment 属性

该属性值为 0(默认值)时，单选钮的圆形框在标题文字左边；当该属性值为 1 时，圆形框在标题文字右边。

(5) Value 属性

单选钮的 Value 属性为逻辑型，它表示单选钮的选择状态。属性值为 False(默认值)时，表示未选中；为 True 时，则选中。对于同一组的多个单选钮，应该在设计时把其中之一的 Value 属性设置为 True。

2. 常用事件和方法

常用事件有 Click 事件和 DblClick 事件。

单选钮同时支持 Click 事件和 DblClick 事件，一般情况下用 Click 事件过程对用户作出的选择作出响应。当用户单击某个单选钮时，触发 Click 事件，执行相应的事件过程。多个单选钮之间的切换是控件自动完成的。

单选钮支持 Move 方法，用法与其他控件相同。

【**例 4－1**】利用单选钮改变文本框中文字的颜色。

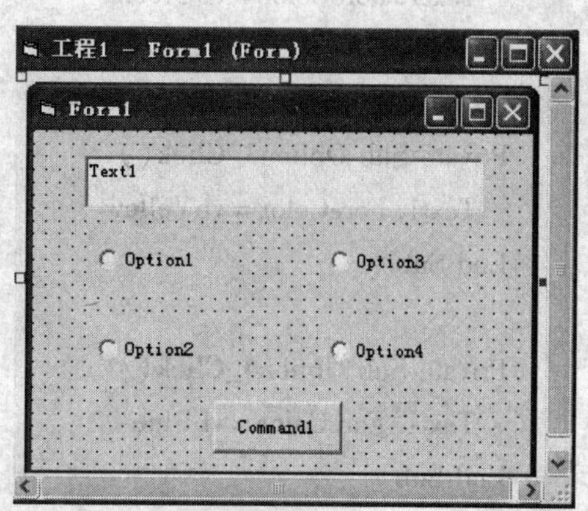

图 4－1　控件布局

设计步骤如下：

①在窗体上添加如图 4－1 所示的控件。

②设置对象的属性值，具体属性值如表 4－1 所示。

表 4－1　在属性窗口中需要修改的属性值

控　件	属　性	属性值
窗体 Form1	Caption	用单选钮改变文字颜色
文本框 Text1	Text	书山有路勤为径，学海无边苦作舟
	Font	小四
单选钮 Option1	Caption	红色
	Value	True
单选钮 Option2	Caption	绿色
单选钮 Option3	Caption	黄色
单选钮 Option4	Caption	蓝色
命令按钮 Command1	Caption	退出(&Q)

③编写事件过程代码。

```
Private Sub Command1_Click( )
  End
End Sub

Private Sub Option1_Click( )
  Text1. ForeColor = vbRed
End Sub
```

```
Private Sub Option2_Click( )
  Text1. ForeColor = vbGreen
End Sub

Private Sub Option3_Click( )
  Text1. ForeColor = vbYellow
End Sub

Private Sub Option4_Click( )
  Text1. ForeColor = vbBlue
End Sub
```

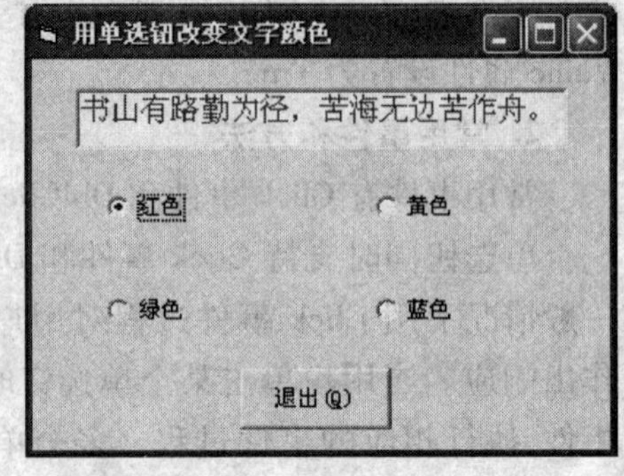

图 4－2　用单旋钮改变文字颜色

④运行结果如图 4－2 所示。

4.1.2　复选框

与单选钮相似，复选框也是成组地排列在窗体上供用户从中进行选择的控件。该控件由一个方形框和标题文字组成，在工具箱中的图标为☑。程序运行时，如果复选框中的方框为空白，用户用鼠标单击复选框，方框中会出现一个“√”符号，表示复选框处于已选中状态；如果复选框中的方框为“√”，单击后方框会变为空白，表示复选框处于未选中状态。

在多数情况下，一个窗体中会有多个复选框，并且按功能分组。在同一组中，用户可以根据需要选择其中的一个或多个。

1. 常用属性

(1) Name 属性

复选框控件的对象名。默认的 Name 属性值为 Check1，Check2，…，可以使用带有前缀 chk 的用户自定义属性值。

(2) Caption 属性

设置复选框的标题文字，其内容应当能够反映出复选框的功能，标题一般处于复选框的右方。在这个属性中可以使用“&”建立一个快捷键。

(3) Value 属性

Value 属性值决定复选框的选中状态，其值为数值型数据，可取 0，1，2，见表 4－2。

表 4－2　CheckBox 控件 Value 属性的取值

属性值	常　量	意　义
0	vbUnchecked	未选中(默认值)
1	vbChecked	选中
2	vbGrayed	灰色显示

注意要将 Value 属性值设置为 2，只能通过程序代码把 2 赋值给 Value 属性值，用户通过鼠标、键盘的操作不会导致复选框以灰色显示。复选框呈现“√”标志，并以灰色显示，表示

处于选中状态，但不允许用户修改它所处的状态。

(4) Alignment 属性

复选框的 Alignment 属性与单选钮相同。

2. 常用事件和方法

复选框的常用事件为 Click，当用户单击某个复选框时，触发 Click 事件，执行相应的事件过程。

复选框的方法很少使用。

【例 4-2】通过对复选框的操作，选择个人爱好。

设计步骤如下：

①创建用户界面，如图 4-3 所示。

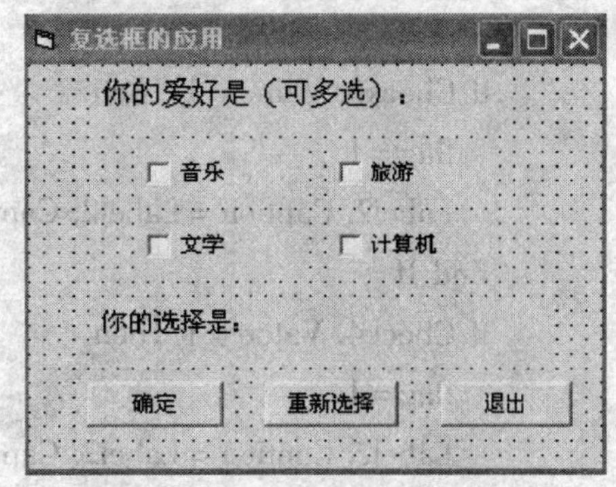

图 4-3　复选框应用界面设计

②设置控件的属性，具体属性值如表 4-3 所示。

表 4-3　在属性窗口中需要修改的属性值

控　件	属　性	属性值
窗体 Form1	Caption	复选框的应用
标签 Label1	Caption	你的爱好是(可多选)：
	Font	小四
复选框 Check1	Caption	音乐
复选框 Check2	Caption	旅游
复选框 Check3	Caption	文学
复选框 Check4	Caption	计算机
标签 Label2	Caption	你的选择是：
	Visible	False
命令按钮 Command1	Caption	确定
命令按钮 Command2	Caption	重新选择
命令按钮 Command3	Caption	退出

③编写事件过程代码。

```
Dim flag As Integer                    '标志用户是否选择

Private Sub Command1_Click( )
  If Check1. Value = 1 Then
    flag = 1                           '标志用户已经选择
    Label2. Caption = Label2. Caption + "音乐" + "  "
  End If
  If Check2. Value = 1 Then
    flag = 1                           '标志用户已经选择
```

```
        Label2. Caption = Label2. Caption + "旅游" + " "
    End If
    If Check3. Value = 1 Then
        flag = 1                          '标志用户已经选择
        Label2. Caption = Label2. Caption + "文学" + " "
    End If
    If Check4. Value = 1 Then
        flag = 1                          '标志用户已经选择
        Label2. Caption = Label2. Caption + "计算机"
    End If
    If flag = 0 Then
        Label2. Caption = "你没有选择!"
    End If
    Label2. Visible = True         '显示用户选择结果
    Command1. Enabled = False      '使"确定"按钮不能使用,单击"重新选择"按钮后才能
使用
End Sub

Private Sub Command2_Click( )
    Label2. Visible = False
    Check1. Value = 0
    Check2. Value = 0
    Check3. Value = 0
    Check4. Value = 0
    Label2. Caption = "你的选择是:"
    Command1. Enabled = True       '使"确定"按钮可用
End Sub

Private Sub Command3_Click( )
    End
End Sub

Private Sub Form_Load( )
    flag = 0
End Sub
```


④运行结果如图 4 -4 所示。

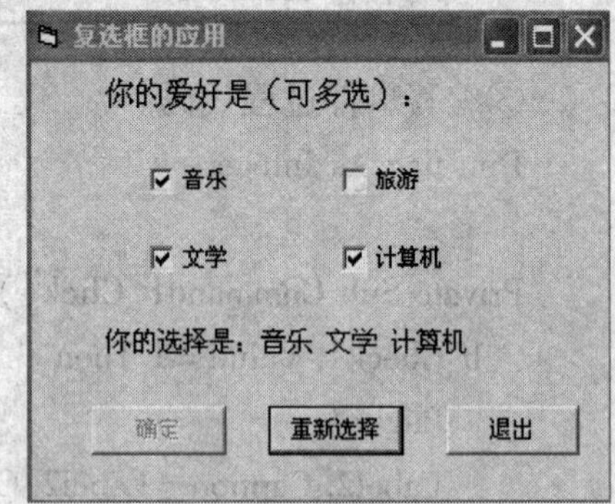

图 4 -4　复选框应用运行结果

复选框和单选钮控件都可以用来设计程序的选项功能,但复选框是独立的,彼此无关,适用于某一种事物有多种不同的选择状态,如字体同时具有字型、大小、颜色等多种属性。而单旋钮由于具有排他性,在同组的多个中只能选一个,可以防止误操作,所以适合在多个互斥的选择方案中使用。

4.1.3　框架

框架控件是一个左上角有标题文字的方框,它的作用是为控件提供可标识的分组,可以在功能上进一步分割一个窗体。将框架和框架里面的控件绑定,可以同时移动或删除框架和其中的控件。

使用框架设计界面时,为了将控件分组,可以采用两种方法:

方法一:首先需要绘制并激活 Frame 控件,然后再采用单击绘制(出现"+"指针)的方法添加 Frame 控件里面的控件。注意,如果采用双击工具箱上的工具自动添加控件的方式,控件将在 Frame 的上部,并不能实现框架与其中控件的邦定。

方法二:双击工具箱上的工具自动添加控件,然后将控件剪切(Ctrl + X)到剪贴板,再选中框架,使用(Ctrl + V)命令粘贴到框架内。

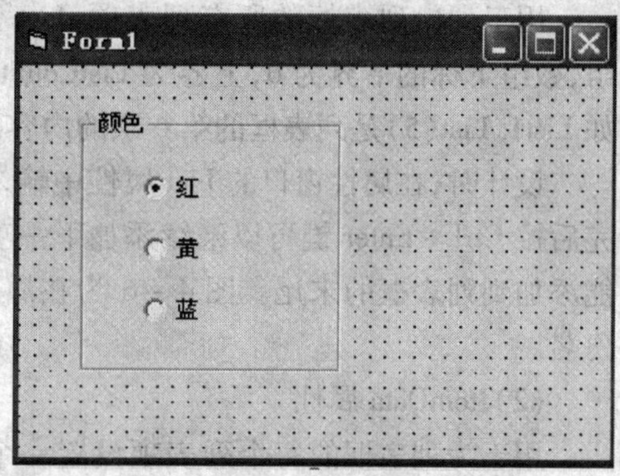

图 4-5　框架设计的外观

框架设计的外观如图 4-5 所示。

1. 常用属性

(1) Caption 属性

显示在框架左上角的标题。

(2) Enabled 属性

当该属性值为 False 时,对框架内的所有控件均不允许进行操作。

(3) Visible 属性

当值为 False 时,框架及其内部的控件均不可见。

2. 常用事件和方法

框架可以支持 Click 和 DblClick 事件,以及 Move 方法。一般不必对框架控件编写事件过程。

4.1.4　列表框和组合框

在实际应用中,常常会出现这样的情况:有大量的选项需要同时列出,供用户选择。这时就不能采用单选钮或是复选框来设计选项了,而是要用列表框和组合框控件解决这个问题。

列表框和组合框控件在有限的空间里为用户提供了大量选项的有效方法。它们把较多的项目在一个列表中显示出来,提供给用户选择,免去了输入的繁琐,也减少了输入错误。

按照默认规定,选项以垂直单列方式显示,也可以设置成多列方式。如果项目数量超过列表框或组合框所能显示的数目,滚动条会自动出现在控件上,通过移动滚动条可以使列表框或组合框中的内容上下左右移动,以便用户能够看到所有选项内容。

组合框控件类似一个文本框和列表框的组合,所以用户既可以在它的文本框内利用键盘直接输入信息,又可以在它提供的列表框选项中选择一个自己需要的项目,作为输入信息。

1. 列表框的常用属性

(1) List 属性

用于列出列表框的所有列表项,List 是一个字符型数组,数组下标的下界为 0,上界为 ListCount 属性值减 1。例如 List1. List(5)是列表框的第 6 项的内容。

设计时,在属性窗口的 List 属性中输入列表项,一项输完后按 Ctrl + Enter 键可以继续添加下一项,新的列表项只能添加到列表框的末尾。图 4 – 6 为在属性窗口中添加省份名。

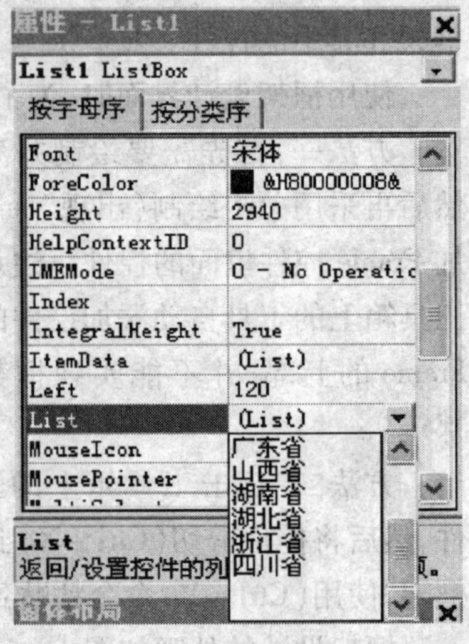

图 4 – 6 List 属性

(2) ItemData 属性

用于为列表框的每个列表项设置一个对应的数值,是一个整型数组,每个数组元素对应列表框中的一个列表项,数组大小与列表项的个数一致,并与 List 属性的元素一一对应,通常作为列表项的索引或标识。

(3) Columns 属性

设置列表框的列表项按几列显示。

表 4 – 4 Columns 属性的取值

属性值	意 义
0	按单列显示,列表项较多时出现垂直滚动条(默认)
1	按单列显示,列表项较多时出现水平滚动条
2	按多列显示,先填第一列,再填第二列,到第 *n* 列;出现水平滚动条

例如,在图 4 – 6 中将 List1 的 List 属性设置为省份名,ItemData 设置为区号,Columns 分别设置为 0,1 和 2 时的界面显示如图 4 – 7 所示。

(4) ListCount 属性

用于返回在列表框中的列表项数,是一个只读属性,只能在运行时使用。

(5) ListIndex 属性

当前选中的列表项或组合框的索引,只能在运行时使用,在设计时不可用。 – 1 为当前没有选择项目,*n* 为当前选择项目的索引。项目的索引编号从 0 开始。

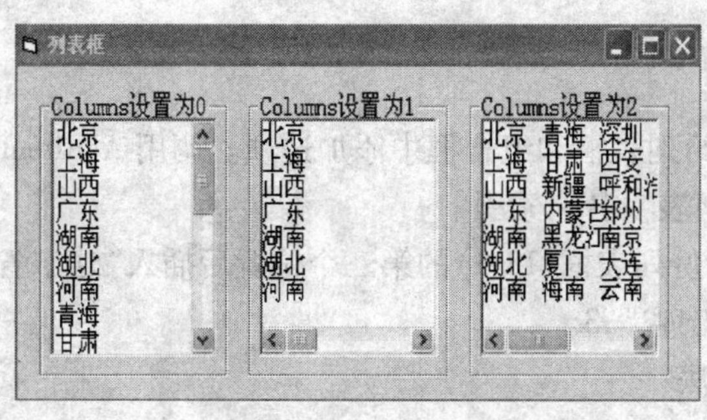

图 4-7 Columns 属性

(6) Sorted 属性

设置列表框中的各列表项在运行时是否自动排序。True 为自动排序,False(默认)为不排序,按列表项的原始先后顺序显示。

(7) Text 属性

用于得到当前列表项的内容。

(8) MultiSelect 属性

用于设置是否允许同时选择多个列表项。0 为不允许(默认);1 为允许,通过鼠标单击或按下空格键在列表中选中或取消选中项;2 为允许,按 Shift 并单击鼠标或按 Shift + 箭头键将扩展选择到当前选中项。按 Ctrl 键并单击鼠标可单个选中或取消选中项。

2. 组合框的常用属性

组合框的常用属性中 List, ListIndex, ListCount, Sorted 与列表框(ListBox)相同。这里主要介绍它的 Style 属性。Style 属性用于确定组合框的类型和显示方式。其值及意义如表 4-5 所示。

表 4-5 Style 属性的取值

属性值	意　义
0(默认)	程序运行后,只能看到文本框看不到列表;可直接在文本框中输入内容,也可通过按 Alt + ↓ 键来打开列表框选择列表项
1	为简单组合框,由一个文本框和一个标准列表框组成,列表框下拉项一直显示在屏幕上;此时,可直接在文本框中输入内容,也可通过按键"↓"和"↑"来选择列表项
2	为下拉列表框,不允许用户直接输入文本,只能从下拉列表框选择

图 4-8 为组合框 Text 属性为"教务处",Style 属性分别设置为"0","1"和"2"时,运行时的显示结果。

3. 常用事件

列表框和组合框的主要事件有 Click(单击)和 DblClick(双击)。

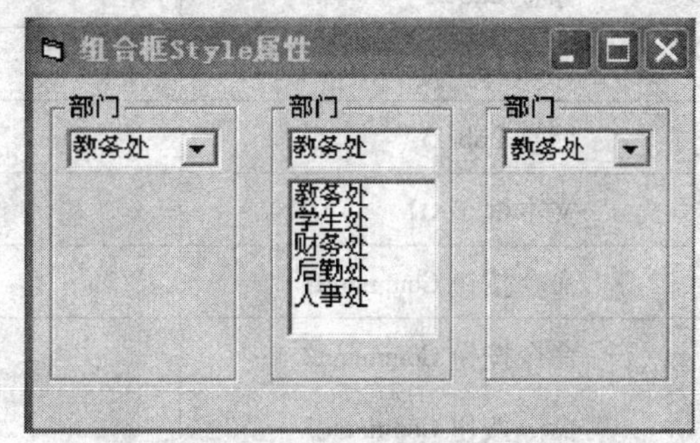

图 4-8 组合框的 Style 属性

4. 常用方法

(1)AddItem 方法

AddItem 方法可以给列表框和组合框中添加选项。调用 AddItem 方法的语法形式如下:

[对象]. AddItem 列表项名[,索引]

例如,给图 4-6 省份列表框(Listl)的第三个位置后插入“辽宁省”,其代码如下:

List1. AddItem "辽宁省",3

(2)RemoveItem 方法

RemoveItem 方法用于删除列表框和组合框的列表项。调用 RemoveItem 方法的语法形式如下:

[对象]. RemoveItem 索引

例如,删除图 4-6 省份列表框(Listl)中第三个位置上的“山西省”,其代码如下:

List1. RemoveItem 2

注意:

① 增加或删除列表项时,其索引从 0 计起。

② 添加新列表项时,如果省略索引,则在列表框的最后插入新列表项;如果有索引,则在索引指定的位置插入新列表项。

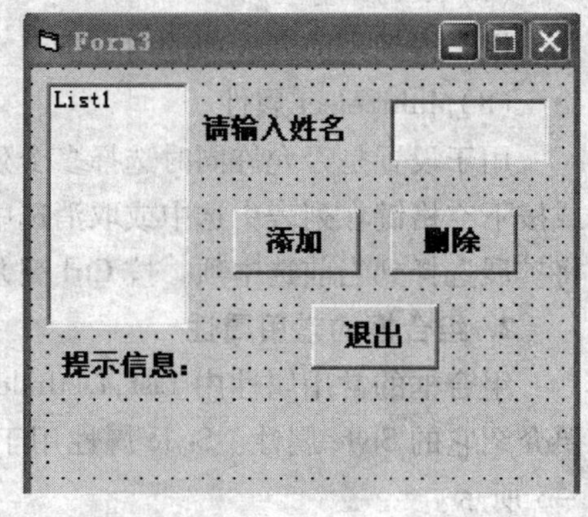

图 4-9　用户界面设计

【例 4-3】编写一个程序,要求用户能给列表框添加新的姓名或删除已有姓名。

设计步骤如下:

①创建用户界面,如图 4-9 所示。

②设置控件的属性,具体属性值如表 4-6 所示。

表 4-6　在属性窗口中需要修改的属性值

控　件	属　性	属性值
窗体 Form3	Caption	列表框的应用
复选框 Check3	Caption	文学
标签 Label1	Caption	请输入姓名
标签 Label2	Caption	提示信息:
标签 Label3	Caption	
文本框 Text1	Caption	计算机
命令按钮 Command1	Caption	添加
命令按钮 Command2	Caption	删除
命令按钮 Command3	Caption	退出

③编写事件过程代码。

```
Private Sub Command1_Click( )
   If Trim(Text1. Text) = "" Then
      Label3. Caption = "没有输入姓名,不能添加,请重新输入!!"
                                              '判断是否添加空内容
   Else
      List1. AddItem Text1. Text
      Text1. Text = ""                        '给列表框添加新项
   End If
End Sub

Private Sub Command2_Click( )
   If List1. ListIndex = -1 Then
      Label3. Caption = "没有选定姓名,不能删除,请重新选定!!"
                                              '判断删除前是否选定内容
   Else
      List1. RemoveItem List1. ListIndex
   End If
End Sub

Private Sub Command3_Click( )
   End
End Sub

Private Sub Form_Load( )
   List1. AddItem "杨勇"
   List1. AddItem "陈海涛"
   List1. AddItem "张凯"
   List1. AddItem "李晓丽"
   List1. AddItem "赵娜"
   List1. AddItem "高文力"
End Sub
```

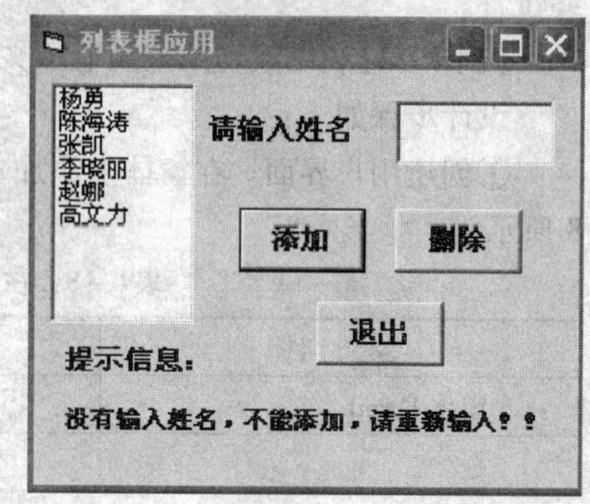

图4-10　列表框应用

运行结果如图4-10所示。

4.1.5　滚动条

滚动条控件提供了一种能够移动表示信息的方法,它可以作为信息的输入控制,也可以作为状态指示。滚动条控件有两种:水平滚动条(HscrollBar)和垂直滚动条(VscrollBar),它们不同于 Windows 内部或者 Visual Basic 中那些附加在文本框、列表框等控件上的滚动条。这两种滚动条主要用在那些不具备滚动功能的控件中，给这些控件提供滚动功能。它们与配合使用的控件都是相互独立的控件，但又相互配合完成某项操作。

在工具箱中有水平滚动条的图标和垂直滚动条的图标。这两种滚动条除了方向不同外，其功能和操作都是一样的。在滚动条两端各有一个滚动箭头，在滚动箭头之间有一个滚动块。滚动块从一端移至另一端时，其值在不断变化。

下面所介绍的所有属性、方法及事件对水平滚动条和垂直滚动条都适用。

1. 常用属性

滚动条的常用属性如表 4－7 所示。

表 4－7　滚动条常用属性

属　性	定　义
Value	滚动框在滚动条中的位置，Max 和 Min 之间
Max	位于滚动条的最右侧或最底端的值，在 -32768 ~ 32767 之间
Min	位于滚动条的最左侧或最顶端的值，在 -32768 ~ 32767 之间
SmallChange	用鼠标单击滚动框箭头时，滚动框每次移动的大小
LargeChange	用鼠标单击滚动框区域时，滚动框每次移动的大小

2. 滚动条的常用事件

· Scroll：拖动滚动块时触发该事件，用于跟踪滚动条在滚动过程中 Value 的动态变化。

· change：单击滚动条或滚动箭头以及释放滚动框时触发。可以用来得到滚动条的最终位置。

【例 4－4】利用滚动条控制显示文字的颜色。

设计步骤如下：

①创建用户界面。在窗体上添加 4 个标签 Label，3 个水平滚动条，其属性设置如表 4－8 所示。

表 4－8　在属性窗口中需要修改的属性值

控　件	属　性	属性值
窗体 Form1	Caption	应用滚动条控制文字颜色
标签 Label1	Caption	三人行必有我师！！
	字体	华文行楷
	字体样式	粗体
	大小	二号
标签 Label2	Caption	红色：
标签 Label3	Caption	绿色：

（续表）

控　件	属　性	属性值
标签 Label4	Caption	蓝色：
水平滚动条 HScroll1	LargeChange	16
	Max	255
	Min	0
	SmallChange	4
水平滚动条 HScroll2	LargeChange	16
	Max	255
	Min	0
	SmallChange	4
水平滚动条 HScroll3	LargeChange	16
	Max	255
	Min	0
	SmallChange	4

②编写事件过程代码。

```
'滚动条 1(红色)的值改变时,其颜色反映到显示的字体上
Private Sub HScroll1_Change( )
  Label1. ForeColor = RGB( HScroll1. Value, HScroll2. Value, HScroll3. Value)
End Sub

'跟踪滚动条 1 的值的变化过程,将其颜色实时地反映到显示的字体上
Private Sub HScroll1_scroll( )
  Label1. ForeColor = RGB( HScroll1. Value, HScroll2. Value, HScroll3. Value)
End Sub
'滚动条 2(绿色)的值改变时,其颜色反映到显示的字体上
Private Sub HScroll2_Change( )
  Label1. ForeColor = RGB( HScroll1. Value, HScroll2. Value, HScroll3. Value)
End Sub

'跟踪滚动条 2 的值的变化过程,将其颜色实时地反映到显示的字体上
Private Sub HScroll2_scroll( )
  Label1. ForeColor = RGB( HScroll1. Value, HScroll2. Value, HScroll3. Value)
End Sub
```

```
'滚动条3(蓝色)的值改变时,其颜色反映到显示的字体上
Private Sub HScroll3_Change()
  Label1.ForeColor = RGB(HScroll1.Value,HScroll2.Value,HScroll3.Value)
End Sub

'跟踪滚动条3的值的变化过程,将其颜色实时地反映到显示的字体上
Private Sub HScroll3_scroll()
  Label1.ForeColor = RGB(HScroll1.Value,
HScroll2.Value,HScroll3.Value)
End Sub
```

运行结果如图 4-11 所示。

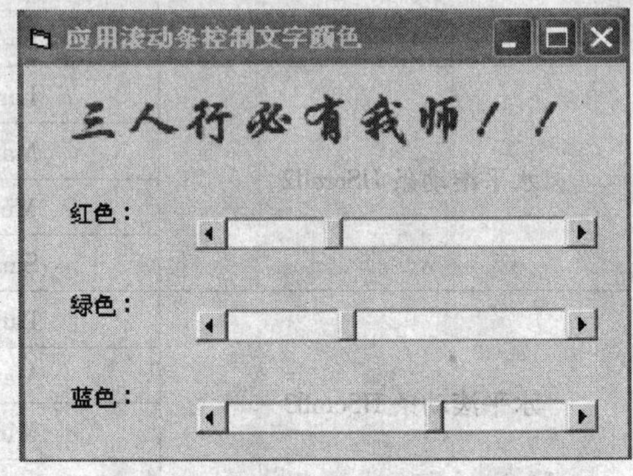

图 4-11　滚动条应用运行结果

其实,滚动条也是一种很好的“模糊”输入装置,当用户不需要输入精确的数据时,使用滚动条控件可以给出一个大概的范围,而且还能清楚地看到当前显示内容占总内容的比例。

4.1.6　定时器

定时器是 Visual Basic 中由 Windows 系统内部产生的激发计时事件的控件。它的动作类似一个闹钟,制定一定的时间间隔,当这个时间间隔到达时就会产生一个 Timer 事件。用户可以通过控制定时器的时间间隔来控制触发频度。

工具箱中的秒表就是定时器控件的图标。它是一个无法调整大小的控件,而且在后台工作,当程序执行时,在界面上看不到它。

1. 常用属性

(1)Interval 属性

定时器最重要的属性是 Interval,用于设置定时器事件之间的时间间隔,单位为毫秒(ms),取值在 0~65535 之间。若将 Interval 属性值设置为 1000,则每秒钟产生一次 Timer 事件。若需要在 1 秒钟内产生 n 个 Timer 事件,则必须将属性值设置为 $1000/n$ 的值。如果将 Interval 设置为 0,则表示定时器无效。

(2)Enabled 属性

设置定时器是否可用。只有 Enabled 属性值为 True,且 Interval 属性值大于 0,定时器才可以工作。

2. 主要事件

定时器只支持 Timer 事件,当达到 Interval 属性规定的时间间隔就触发该事件,执行 Timer 事件过程。

【例 4-5】利用定时器控件设计一个计时器。

设计步骤如下:

①创建用户界面,如图 4-12 所示。

在窗体上设置 1 个框架 Frame1、1 个定时器 Timer1、2 个文本框 Text1 和 Text2、1 个命令按钮 Command1。其中，Text1 在 Frame1 中，其属性设置如表 4 - 9 所示。

图 4 - 12　计时器界面

表 4 - 9　在属性窗口中需要修改的属性值

控　件	属　性	属性值
窗体 Form1	Caption	计时器
定时器 Timer1	Interval	500
	Enabled	False
文本框 Text1	Text	空
	ToolTipText	请输入分钟
	ForeColor	Blue
文本框 Text2	Font	设置相关项目
	Text	倒计时钟
命令按钮 Command1	Caption	开始
	Default	True

②编写事件过程代码。

```
Private Sub Command1_Click( )
   Timer1. Enabled = True                '打开定时器
   Timer1. Tag = Text1. Text * 60        '转换成秒
   Frame1. Caption = "开始计时"          '在框架上显示计时状态
End Sub

Private Sub Timer1_Timer( )
   Timer1. Tag = Timer1. Tag - 1         '倒计时
   m = Timer1. Tag
   If m < 0 Then
      Timer1. Enabled = False            '关闭定时器
      Beep                               '鸣叫
      Text1. Text = ""
      Exit Sub
   End If
   ms = Format( m Mod 60,"00" )          '秒
   fzs = Format( ( m \ 60) Mod 60,"00:" ) '分钟
   xss = Format( m \ 3600,"00:" )        '小时
   Text1. Text = xss & fzs & ms
End Sub
```

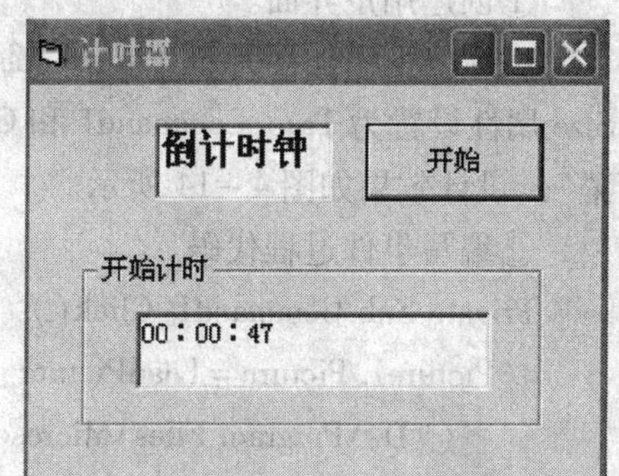

图 4 - 13　计时器运行结果

程序执行时，需要在空白文本框 Text1 中输入分钟数，然后点击开始按钮，开始倒计时。计时时间到后，会鸣叫提示，如图 4 - 13 所示。

4.1.7 图片框和图像控件

在 Visual Basic 中不仅能处理文字信息,而且还可以处理图形信息,例如在指定的位置放入一幅图片等,这时可以使用图片框或图像控件。

1. 图片框的主要用途

图片框的主要作用是显示图片,它可以显示位图(.bmp)文件、图标(.ico)文件、光标(.cur)文件、元(.wmf)文件、GIF(.gif)文件、JPEG(.jpg)文件等。要在程序运行时显示或替换图片,可以利用 LoadPicture 函数加载图片。图片框也可以作为其他控件的容器,即可以在图片框上加载其他控件。

2. 图片框的常用属性

(1)Picture 属性

用于设置在图片框中要显示的图片文件名。可以在设计时通过属性或在运行时调用 LoadPicture 函数来设置。设置格式如下:

图片框对象名.Picture = LoadPicture("图片文件名")

例如:Picture1.Picture = LoadPicture("c:\Office\bitmaps\Styles\Stone.bmp")

(2)AutoSize 属性

AutoSize 属性用于确定图片框的大小是否能够根据图片的大小自动调整。False(默认值)为保持原始尺寸,当图形比图片框大时,超出的部分被截去;True 为可以自动调整。

(3)Align 属性

Align 属性用于设置图片框在窗体中的显示方式。0 或 vbAlignNone(默认)为无特殊显示;1 或 vbAlignTop 为与窗体一样宽,位于窗体顶端;2 或 vbAlignBotton 为与窗体一样宽,位于窗体底端;3 或 vbAlignLeft 与窗体一样高,位于窗体左端;4 或 vbAlignRight 为与窗体一样高,位于窗体右端。

【例 4-6】设计一个能显示两幅图片的应用程序。

设计步骤如下:

①创建用户界面。

在窗体上添加图片框 Piture1、命令按钮 Command1 和 Command2。把 Picture1 的 AutoSize 属性设置为 True;Command1 和 Command2 的 Caption 属性分别设置成“显示鸟”和“显示猫”。设计效果如图 4-14 所示。

②编写事件过程代码。

```
Private Sub Command1_Click()
   Picture1.Picture = LoadPicture_
      ("D:\Program Files\Microsoft Office\MEDIA\CAGCAT10\鸟 1.jpg")
End Sub

Private Sub Command2_Click()
   Picture1.Picture = LoadPicture_
```

("D:\Program Files\Microsoft Office\MEDIA\CAGCAT10\猫1.jpg")

End Sub

当程序运行时，单击“显示猫”按钮，其结果如图4-15所示。

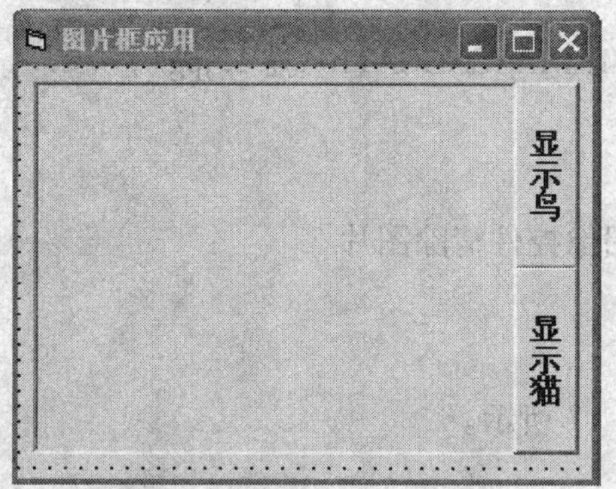

图4-14　图片框应用窗体设计　　　　图4-15　图片框运行结果

3. 图像控件的主要用途

图像控件也可以用来装载图形文件，具体的使用方法与图片框类似。既可以在设计阶段给图像控件的 Picture 属性赋值，也可以在运行阶段通过 LoadPicture 函数装入图形文件。

4. 图像控件的常用属性

(1)Picture 属性

用于设置在图像控件中要显示的图像文件名，用法与图片框的 Picture 属性一样。

(2)stretch 属性

Stretch 属性用于确定图像控件如何与图像相适应。True 为图像将适应图像控件的大小；False（默认值）为图像控件将适应图像的大小。

【例4-7】用图像控件显示一幅图片。

设计步骤如下：

①创建用户界面如图4-16所示，设置图像控件 Image1 的 BorderStyle 属性为1，以显示图像控件的边界。

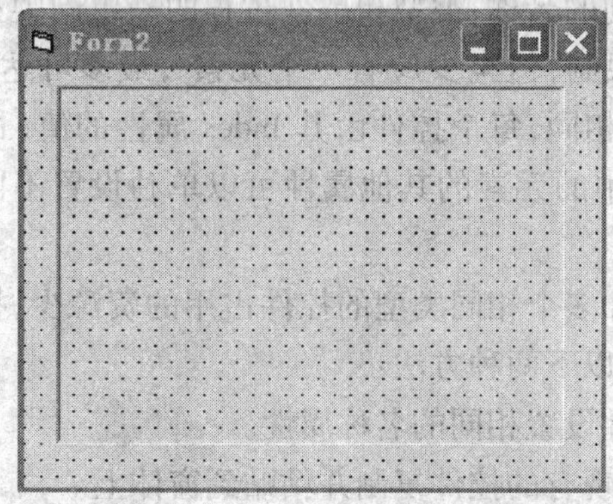

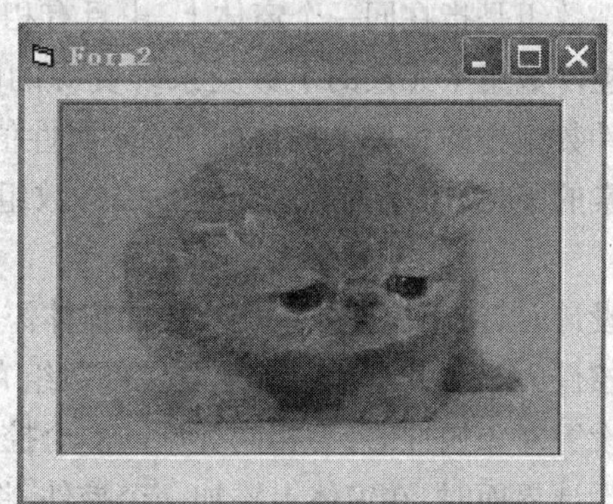

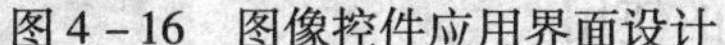

图4-16　图像控件应用界面设计　　　　图4-17　图像控件运行结果

②编写事件代码。

```
Private Sub Image1_Click( )        '单击图像控件显示图片
  Image1. Stretch = True
  Set Image1. Picture = LoadPicture_
    ("D:\Program Files\Microsoft Office\MEDIA\CAGCAT10\猫 1. jpg")
End Sub

Private Sub Image1_DblClick( )        '双击图像控件清除图片
  Image1. Picture = LoadPicture
End Sub
```

程序运行时,单击图像控件其结果如图 4 - 17 所示。

5. 图片框和图像控件的区别

① 图像控件比图片框占用内存少。为了节省内存,一般应尽量使用图像控件,除非图像控件不能满足使用要求。

② 图片框内部还可以包括其他控件。例如,在图片框内画一个命令按钮,命令按钮会成为图片框的一个组成部分。当移动图片框时,命令按钮会随之一起移动。

如果在图像控件内部画一个命令按钮,这个命令按钮和图像控件则是彼此独立的,二者之间没有固定的联系。当移动图像控件时,命令按钮不会随图像控件移动,而是留在原来的位置。

③ 将图形文件装入图片框时,图形不能随图片框的尺寸自动调整大小。而图像控件在其 stretch 属性为 True 时,图形能自动变化大小以适应图像控件的尺寸。

4.2 控件数组

4.2.1 控件数组的建立

控件数组是指在同一个窗体上,由具有相同的名称、类型和事件过程的一组同类型控件组成。控件数组中元素的个数受系统资源的限制,但至少应有一个元素 ,最多可达 32767 个。控件数组中的每一个控件的 Name 属性值相同,每个控件由其 Index 属性的值(即控件数组元素的下标)唯一的确定。同一控件数组中的元素的其他属性可以单独设置不同的属性值。

在设计时,使用控件数组比直接向窗体添加多个相同类型的控件占用的资源少,控件数组中的控件元素可共享代码。建立控件数组有以下两种方法:

①设置对象属性时,为相同类型的多个控件设置相同的名称属性。

②设计界面时,在窗体上添加一个控件,将现有的控件复制并粘贴到窗体上。

我们通过下面的例题进一步说明控件数组的使用。

【例 4 - 8】按图 4 - 18 设计窗体,其中一组(共 6 个)单选按钮构成控件数组,要求当单击某个单选按钮时，能够改变文本框中文字的大小。

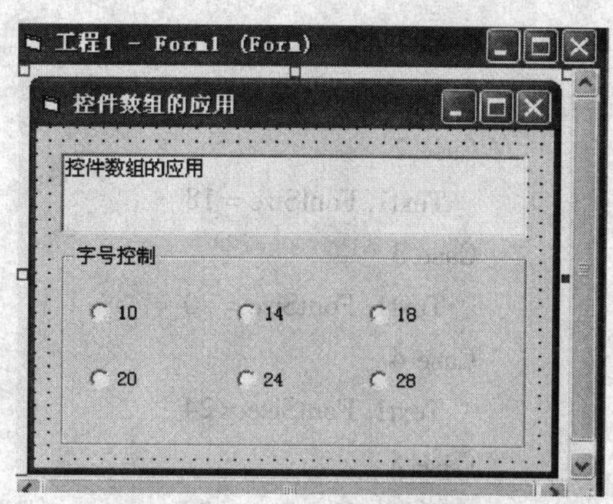

图4-18　含有控件数组的窗体设计

设计步骤如下：

(1)创建用户界面。在窗体上添加一个文本框Text1，其Text属性设置为"控件数组的应用"。再添加一个框架，其Caption属性值为"字号控制"。框架中添加控件数组Option1，其中包含6个单选钮对象。

按照以下步骤创建单选钮控件数组：

① 在框架中画出第一个单选钮控件，名称采用默认的Option1。此时该控件处于选定状态。

② "复制"单选钮Option1。

③ "粘贴"单选框钮Option1，此时系统弹出一个如图4-19所示的对话框。

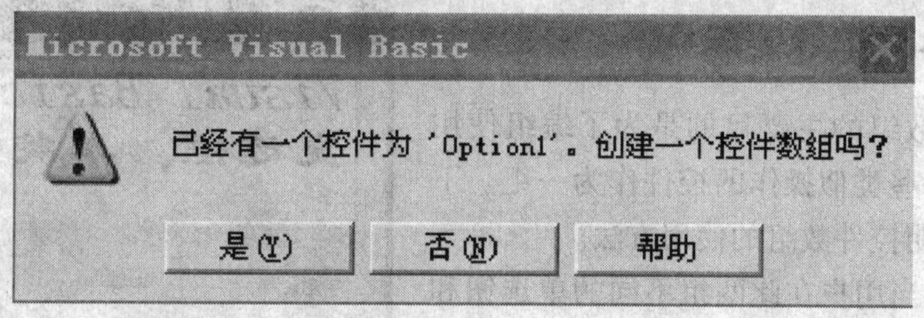

图4-19　创建控件数组的提示对话框

单击"是"，就建立一个控件数组元素，其Index属性为1，而已画出的第一个控件的Index属性值为0。通过鼠标拖放可以调整新控件的位置。

④ 重复第②~第③的操作，可得到控件数组中的其他4个控件数组元素，其Index属性值分别为2,3,4,5，即控件数组元素的下标分别为0,1,2,3,4,5。

⑤ 设置控件数组各元素(Option1(0)~Option1(5))的Caption属性值分别为10,14,18,20,24,28。

(2)编写事件过程代码。

```
Private Sub Form_Load()
  Option1(0). Value = True                    '选定第一个单选按钮
  Text1. FontSize = 10                        '设定文本框中的字号
End Sub

Private Sub Option1_Click(Index As Integer)
  Select Case Index                           '系统自动返回Index值
    Case 0
      Text1. FontSize = 10
```

```
    Case 1
      Text1. FontSize = 14
    Case 2
      Text1. FontSize = 18
    Case 3
      Text1. FontSize = 20
    Case 4
      Text1. FontSize = 24
    Case 5
      Text1. FontSize = 28
  End Select
End Sub
```

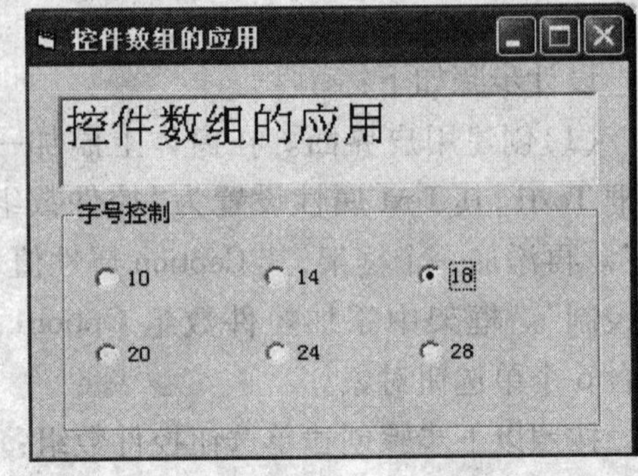

图 4-20　含有控件数组的窗体运行结果

程序运行后，文本框中的文字会根据选项的不同更改字体的大小，运行结果如图 4-20 所示。

4.2.2　控件数组的使用

使用控件数组的主要目的是为了编组使用控件，将完成一些类似操作的控件作为一组。下面通过示例说明控件数组的使用方法。

【例 4-9】当用户在此两组不同的单选钮和一组复选钮上作出选择后，文本框中正文的字形、字号和字体会发生相应的变化。程序运行结果如图 4-21 所示。

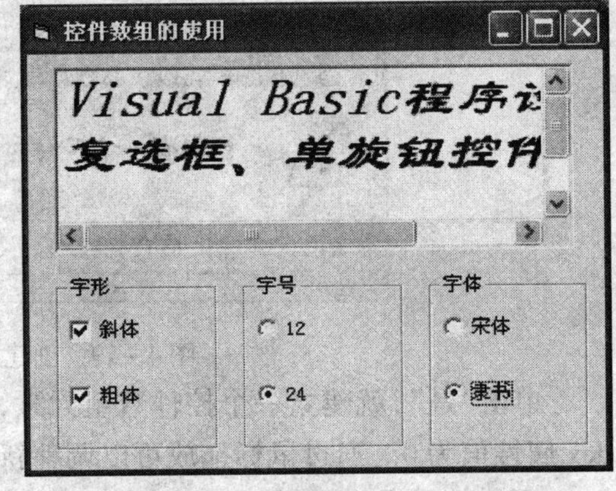

图 4-21　控件数组的使用

设计步骤如下：

①在窗体中添加控件及控件数组，并修改属性值。在表 4-10 中给出了窗体中所具有的控件和控件数组，以及需要修改的属性值。

表 4-10　在窗体中需要添加的控件和控件数组及需要修改的属性值

对　象	属　性	属性值
Form1	Caption	控件数组的使用
Text1	Text	空
	MultiLine	True
	ScrollBars	3
Frame1	Caption	字形
Frame2	Caption	字号
Frame3	Caption	字体
Check1(0)	Caption	斜体

（续表）

对　象	属　性	属性值
Check1(1)	Caption	粗体
Option1(0)	Caption	12
Option1(1)	Caption	24
Option2(0)	Caption	宋体
Option2(1)	Caption	隶书

②编写事件过程代码。

```
Private Sub Check1_Click(Index As Integer)
  Select Case Index                    '设置字形
    Case 0
      If Check1(0).Value = vbChecked Then
        Text1.FontItalic = True
      Else
        Text1.FontItalic = False
      End If
    Case 1
      If Check1(1).Value = vbChecked Then
        Text1.FontBold = True
      Else
        Text1.FontBold = False
      End If
  End Select
End Sub

Private Sub Option1_Click(Index As Integer)
  Select Case Index                    '设置字号
    Case 0
      Text1.FontSize = Option1(0).Caption
    Case 1
      Text1.FontSize = Option1(1).Caption
  End Select
End Sub

Private Sub Option2_Click(Index As Integer)
  Select Case Index                    '设置字体
```

```
        Case 0
            Text1. Font = Option2(0). Caption
        Case 1
            Text1. Font = Option2(1). Caption
    End Select
End Sub
```

习 题 四

一、选择题

1. 复选框的 Value 属性为 1 时,表示(　　)。

A. 复选框未被选中　　B. 复选框被选中

C. 复选框内有灰色的勾　　D. 复选框操作有错误

2. 单选按钮处于选中状态时,它的 Value 属性值是(　　)。

A. False　　B. True　　C. 0　　D. 1

3. 若要清除列表框的所有内容,可用来实现的方法是(　　)。

A. RemoveItem　　B. Cls　　C. Clear　　D. 以上均不可以

4. 假如列表框(List1)有 4 个数据项,那么把数据项"China"添加到列表框的最后,应使用的语句是(　　)。

A. List1. AddItem3,"China"　　B. List1. AddItem"China",List1. ListCount - 1

C. List1. AddItem"China",3　　D. List1. AddItem"China",List1. ListCount

5. 下列关于组合框的叙述中,正确的是(　　)。

A. 组合框有 Click 事件,没有 Change 事件　　B. 组合框有 Change 事件,没有 Click 事件

C. 组合框既有 Click 事件,也有 Change 事件　　D. 组合框没有 Click 事件和 Change 事件

6. 要使时钟控件 Timer1 的 Timer 事件不起作用,以下正确的语句是(　　)。

A. Timer1. Visible = False　　B. Timer1. Enabled = False

C. Timer1. Interval = 1000　　D. Timer1. Index = 0

7. 下列操作中,能够触发滚动条的 Scroll 事件的是(　　)。

A. 单击滚动条两端的滚动箭头　　B. 单击滚动条上滑块两侧的空白处

C. 单击滚动条上的滑块　　D. 拖动滚动条上的滑块

8. 设置(　　)属性,可以使图片显示在图片框或图像控件中。

A. Picture　　B. Image　　C. Icon　　D. DownPicture

9. 下列叙述中正确的是(　　)。

A. 图片框和图像控件中添加的图片都能自动调整图片大小以适应控件尺寸

B. 计时器的 Interval 属性必须设为 1000

C. 单选按钮的 value 值有两个,而复选框的 value 值有 3 个

D. 计时器的大小可以改变

10. 下列有关控件数组与一般控件的区别的叙述中,最合理的是(　　)。

A. 控件数组一定由多个同类型的控件组成,一般控件只有一个控件

B. 控件数组的 Index 为 0,而一般控件的 Index 为空

C. 控件数组的 Index 为 1,而一般控件的 Index 为 0

D. 控件数组的建立通过 Dim 语句声明,而一般控件不必声明

二、填空题

1. 将__________属性设置为 1,单选按钮和复选框的标题显示在左边。

2. 将__________属性设置为 1,单选按钮和复选框以图形方式显示。

3. 在程序运行时,如果将框架的__________属性设为 False,则框架的标题呈灰色,表示框架内的所有对象均被屏蔽,不允许用户对其进行操作。

4. 列表框中项目的序号是从__________开始的。

5. __________表示列表框中最后一项的序号。

6. 滚动条响应的重要事件有__________和 Scroll。

7. 如果要每隔 15 秒产生一个计时器事件,则 Interval 属性应设置为__________。

8. 窗体中包含 3 个同名命令按钮——cmdNum,其 Caption 分别等于对应下标值 0,1,2;依次单击这 3 个按钮,窗体中的输出结果是__________。

```
Private Sub cmdNum_Click( Index as Integer)
  Print Index
End Sub
```

9. 在窗体上画一个名称为 Label1 的标签和一个名称为 List1 的列表框。程序运行后,在列表框中添加若干列表项。当双击列表框中的某个项目时,在标签 Label1 中显示所选中的项目文本,并在窗体上显示所选项目的序号。请将程序补充完整。

```
Private Sub Form_Load( )
  List1. AddItem “数学”
  List1. AddItem “物理”
  List1. AddItem “VB 程序设计”
  List1. AddItem “外语”
End Sub
Private Sub ________________
  Print List1. ________________  '显示列表项序号
  Label1. Caption = ________________  '显示列表项文本
End Sub
```

10. 在图像控件 Image1 中加载图片后,为使图像控件能够自动调整大小而显示整幅图片,可以使用语句__________________。

三、编程题

1. 设计一个通过滚动条配置三元色,并将所配置颜色应用到文本上的程序。(提示:用户单击 3 个滚动条两端的箭头按钮、直接拖动滚动条上的滑块或单击滚动条的滑杆,可以调整 RGB( )函数中对应的颜色值,从而使“颜色区”显示出不同的颜色)

2. 用图片框控件设计一个模拟开关灯的程序。

3. 用计时器控件设计一个红绿灯程序,要求亮 25 秒绿灯、30 秒红灯、5 秒黄灯。

4. 使用控件数组的方法设计例 4 - 2 的界面并编程。

第 5 章　绘图与鼠标、键盘事件

在 Visual Basic 中，除了窗体等控件的图形图像特征以外，还有一系列基本的图形函数、语句和方法，支持在窗体上编制图形、图像，设置颜色、线型和填充样式等属性，控制对象的位置和外观。在使用绘图控件时不用编写代码，但它提供的绘图样式选择有限，只能完成简单功能，如果要实现更高的功能，则需要采用绘图方法。

在 Visual Basic 程序设计中，鼠标应用的设计相当重要。鼠标应用的设计主要是如何检测鼠标的输入操作和响应由鼠标的输入操作而引起的事件过程。而键盘事件则是由操作者通过键盘的操作行为引发的事件。

5.1 绘图

5.1.1 坐标系统

Visual Basic 中的图形操作，如调整图片大小，移动图片位置，用绘图语句直接绘图，都要使用绘图区的坐标系统。充分利用坐标系统，不仅可以达到很好的绘图效果，而且它可以定义窗体在应用程序中的位置、控件在窗体中的位置，以及诸多控件之间的相互关系。

Visual Basic 的坐标系统为所有对象都定义了一个二维网络，通过 X 和 Y 在这个二维网络中的值表示对象在屏幕、窗体或是其他容器中的位置。其中 X 值是沿 X 轴（横向）点的位置，最左端是缺省位置 0，Y 值是沿 Y 轴（纵向）点的位置，最上端是缺省位置 0，坐标系统的缺省坐标原点为(0,0)。

1. 缺省坐标系

Visual Basic 有 8 种坐标系统，如表 5－1 所示。坐标度量单位由容器对象的 ScaleMode 属性决定。缺省的坐标系统采用缇（Twip）为单位，每英寸 1440 个 Twip，20 个 Twip 为一磅。在显示器上，窗体缺省坐标为长 7485 缇，宽 4425 缇。

常用的坐标系统如图 5－1 所示。

如果在坐标系统中使用角度（比如弦、曲线等），则需注意角度的单位是弧度，且按逆时针方向旋转，如图 5－2 所示。

表5-1　ScaleMode 属性值

ScaleMode 属性值	常　量	坐标单位
0	vbUser	用户自定义坐标单位，当设置 ScaleWidth 和 ScaleHeight 后，ScaleMode 将自动设置为0
1	vbTwips	(缺省)以缇(Twip)为单位，1 Twip = 1/20Point = 1/1440 英寸
2	vbPoints	以磅(Point)为单位，1 磅 = 1/72 英寸
3	vbPixels	以像素(Pixel)为单位。像素是监视器或打印机的最小单位，每英寸里像素的数目由设备的分辨率决定
4	vbCharacters	以字符(Character)为单位，打印时每个字符高1/6英寸，宽1/12英寸
5	vbInches	以英寸(Inch)为单位
6	vbMillimeters	以毫米(Millimeter)为单位
7	vbCentimeters	以厘米(Centimeter)为单位

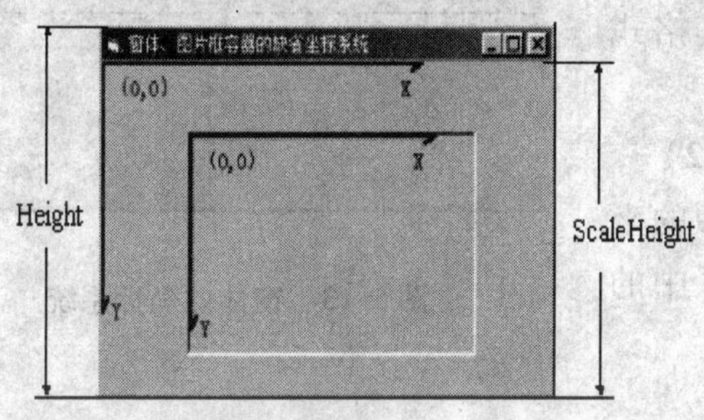

图5-1　坐标系统示意图

图5-2　坐标系统的角度方向

2. 自定义坐标系统

在 Visual Basic 中用户可以用 ScaleTop，ScaleLeft，ScaleWidth，ScaleHeight 属性决定窗体对象的坐标系统。其中，Scale 表示刻度；Top，Left 表示窗体的位置，Width，Height 表示窗体的大小。建立的新坐标系统称为自定义坐标系统。

(1)定义新的坐标系统格式如下：

[对象名.]ScaleLeft = X

[对象名.]ScaleTop = Y

其中，*X* 是距离对象左边界的距离，*Y* 是距离对象顶部的距离。如果省略“对象”，则在窗体内设置坐标原点，有了原点还必须有“刻度”，即水平方向、垂直方向的设置值，这样才能确定一个点的位置，建立起坐标系统。

【例5-1】将坐标原点定位在(100,50)。

ScaleLeft = 100

ScaleTop = 50

(2)水平方向、垂直方向的刻度属性分别用 Scalewidth，Scaleheight 属性来设置，其格式如下：

[对象名.] ScaleWidth = 宽度

[对象名.] ScaleHeight = 高度

说明:

① 当设置容器对象(例如,窗体或图片框)的 ScaleMode 属性值 >0,将使容器对象的 ScaleLeft 和 ScaleTop 自动设置为 0,ScaleHeight 和 ScaleWidth 的度量单位也将发生改变。

② 用 ScaleMode 属性只能改变刻度单位,不能改变坐标原点及坐标轴的方向。

③ 4 个属性的值可以是正值,也可以是负值。

【例 5-2】将窗体的坐标系统的原点定义在其中心,*X* 轴的正向向右,*Y* 轴的正向向上,窗体高与宽分别为 200 和 300 单位长度,如图 5-3 所示。

通过 ScaleTop,ScaleLeft,ScaleWidth 和 ScaleHeight 属性实现。

```
Form1.ScaleLeft = -150
Form1.ScaleTop = 100
Form1.ScaleWidth = 300
Form1.ScaleHeight = -200
```

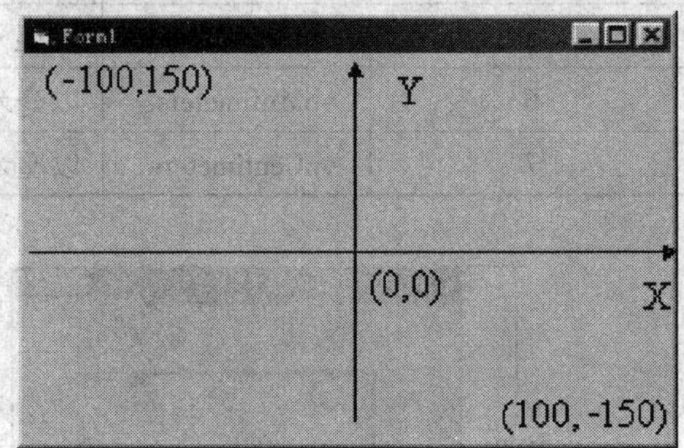

图 5-3　窗体的坐标系统

(3)可以用 Scale 语句定义新坐标,其格式如下:

[对象名.] Scale(X1,Y1) - (X2,Y2)

(X1,Y1)为对象左上角在新坐标系中的坐标值。(X2,Y2)为对象右下角在新坐标系中的坐标值。

(4)大小设置格式如下:

[对象名.]Width

[对象名.]Height

【例 5-3】将使命令按钮在水平方向上增加宽度 200,在垂直方向上增加高度 100。

```
command1.width + 200
command1.height + 100
```

5.1.2　使用颜色

计算机领域中一般采用 RGB 颜色模型,该模型认为任何颜色都是由红(R)、绿(G)、蓝(B)3 种颜色按不同比例混合的结果。因此,设定一种颜色,只要指定其红、绿、蓝分量的大小即可,Visual Basic 中颜色的表示就是基于这个概念。要得到一种颜色有下列 5 种方法:

1. 使用 RGB 函数

可以使用 Visual Basic 的内部函数 RGB 返回一个颜色值,此函数要求 3 个参数,取值范围都是 0~255,分别表示所要颜色中红(R)、绿(G)、蓝(B)分量的大小。如:RGB(0,0,0)返回黑色,RGB(255,0,0)返回红色,RGB(255,255,0)返回黄色。

2. 使用长整数

其实,RGB 函数返回的只是一个长整型数。在 Visual Basic 中颜色就是由长整型数表示的，所以可以直接用长整型数来指定一个颜色。

在 Visual Basic 中表示一个颜色的长整型数中的 4 个字节里，从高位到低位，第一个字节的所有位都为 0；第二个字节表示蓝色（B）分量的大小；第三个字节表示绿色（G）分量的大小；第四个字节表示的是红色（R）分量的大小。每个分量值的十六进制形式都是 &H00 ~ &HFF，十进制为 0 ~ 255。

用十六进制的长整型常量表示一个颜色值是很直观的，每个颜色分量占两个十六进制位：

&H00BBGGRR

哪一个颜色分量数值越大，则它对应的颜色成分就越大。当 3 个分量数值相等时，则得到的颜色为灰色。这种表示方法总共能表示 256 × 256 × 256 = 16M 种颜色。

例如，下面就是一些表示颜色的长整型数。

&H00000000（黑色）　&H00FFFFFF（白色）　&H00FF0000（浅蓝）
&H00800000（深蓝）　&H0000FFFF（浅黄）　&H00008080（深黄）

在源程序中输入长整型数时，编辑器会自动删除前面不必要的 0。

3. 使用系统颜色

如果一个表示颜色的长整型数最高位为 1，即它的第一字节值为 &H80 时，则不表示一个具体的 RGB 颜色值，而是一个系统颜色。系统颜色是由用户在 Windows 控制面板的“显示器”属性中设定的各界面元素（如菜单、按钮表面、桌面等）的颜色。同一个系统颜色在不同计算机上的具体设置可能不同。系统颜色目前有 25 个，&H80000000 ~ &H80000018，它们的具体意义如表 5 - 2 所示。

表 5 - 2　系统颜色值

长整数	常　量	表示颜色
&H80000000	vbScrollBars	滚动条颜色
&H80000001	vbDesktop	桌面颜色
&H80000002	vbActiveTitleBar	活动窗口的标题栏颜色
&H80000003	vbInactiveTitleBar	非活动窗口的标题栏颜色
&H80000004	vbMenuBar	菜单背景色
&H80000005	vbWindowBackground	窗口背景色
&H80000006	vbWindowFrame	窗口框架颜色
&H80000007	vbMenuText	菜单文本颜色
&H80000008	vbWindowText	窗口文本颜色
&H80000009	vbTitleBarText	标题、调整框和滚动箭头的文本颜色
&H8000000A	vbAcitveBorder	活动窗口边框颜色
&H8000000B	vb InactiveBorder	非活动窗口边框颜色
&H8000000C	vbApplicationWorkspace	多文档界面（MDI）应用程序的背景色
&H8000000D	vbHighlight	控件中选中项目的背景色

（续表）

长整数	常　量	表示颜色
&H8000000E	vbHighlightText	控件中选中项目的文本颜色
&H8000000F	vbButtonFace	命令按钮表面阴影颜色
&H80000010	vbButtonShadow	命令按钮边缘阴影颜色
&H80000011	vbGrayTtxt	无效文本颜色
&H80000012	vbButtonText	按钮文本颜色
&H80000013	vbInactiveCaptionText	非活动标题文本颜色
&H80000014	vb3DHighlight	三维显示元素的突出显示颜色
&H80000015	vb3DDShadow	三维显示元素的最深阴影颜色
&H80000016	vb3DLight	vb3DHighlight 之外最亮的三维颜色
&H80000017	vbInfoText	工具提示文本颜色
&H80000018	vbInfoBackground	工具提示背景色

4. 使用颜色常量

表 5－3 给出了 Visual Basic 为一些常用颜色定义的内部常量，颜色常量的特点是直观、容易记忆。

表 5－3　内部颜色常量对照表

常　量	值	颜　色	常　量	值	颜　色
vbBlack	&H0	黑色	vbRed	&HFF	红色
vbGreen	&HFF00	绿色	vbYellow	&HFFFF	黄色
vbBlue	&HFF0000	蓝色	vbMagrnta	&HFF00FF	紫红
vbGyan	&HFFFF00	青色	vbWhite	&HFFFFFF	白色

5.1.3　图形控件

Visual Basic 提供了绘制图形的基本工具，可以直接画直线、矩形、正方形、圆、椭圆等，并由这些基本元素组成各种图形。这些控件不支持任何事件，只用于表面装饰，可以在设计时通过设置其属性来确定显示某种图形，也可以在程序执行时通过修改属性来动态显示图形。

1. 形状控件(Shape)

Shape 控件预定义了 6 种形状，使用 Shape 控件可在窗体、框架或图片框中创建矩形、正方形、椭圆形、圆形、圆角矩形或圆角正方形等图形。

形状控件在工具箱中的图标为　。使用形状控件的方法是：单击工具箱中的形状控件图标，然后按下鼠标左键并在窗体上拖动，在适当的位置释放鼠标，窗体上出现一个矩形框，就是形状控件。为该控件设置不同的属性值，可以得到不同的形状。

(1) Shape 属性

用于设置几何图形的类型，表 5－4 列出了形状控件 Shape 属性的相关值。

表 5－4　形状控件 Shape 属性值

属性值	描　述	属性值	描　述
0——Rectangle	矩形	3——Circle	圆形
1——Square	正方形	4——RoundeRectanglee	圆角矩形
2——Oval	椭圆形	5——RoundeSquare	圆角正方形

当用户在窗体上放置一个 Shape 控件后，设置 Shape 属性就可以得到相应的图形，如图 5－4 所示。

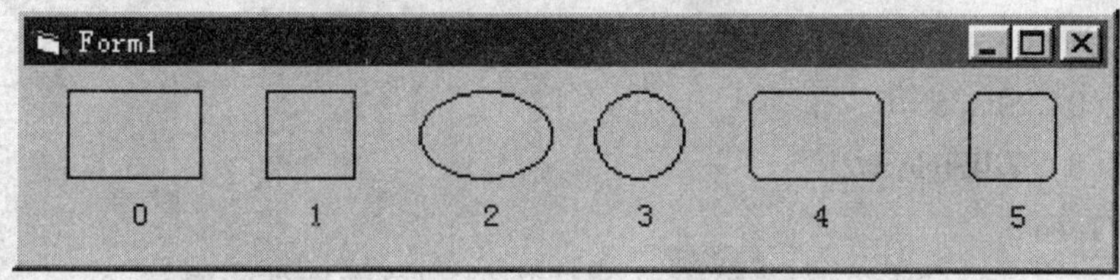

图 5－4　Shape 属性取不同值对应的形状

也可以在运行时改变 Shape 属性值。其语法形式如下：

[对象.]Shape[= Value]

(2) BackStyle 属性

属性值确定形状是否能被颜色填充。0 表示形状透明，1 表示能被颜色填充。

(3) FillStyle 属性

通过设置属性的值来确定形状内的填充样式。属性值的含义如表 5－5 所示。

表 5－5　形状控件 FillStyle 属性值

属性值	说　明	属性值	说　明
0——Solid	实心	4——UpwardDiagonal	左上对角线
1——TransParent	透明	5——DownwardDiagonal	右下对角线
2——HorizontalLine	水平线	6——Cross	交叉线
3——VerticalLine	垂直线	7——DiagonalCross	对角交叉线

图 5－5 是形状控件的 FillStyle 属性设置为 0～7 时的填充样式。

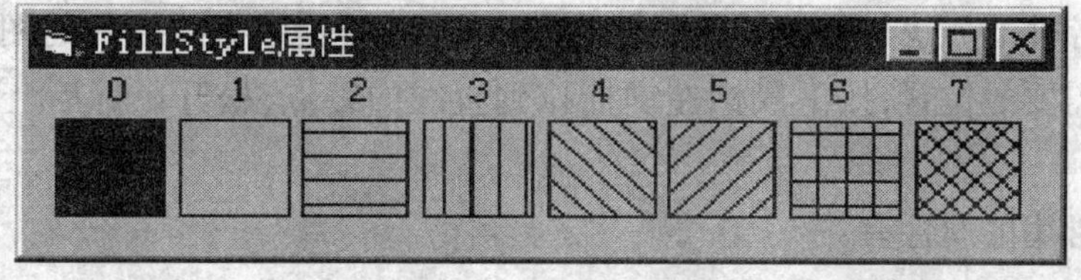

图 5－5　FillStyle 属性取不同值的填充样式

对于窗体和图片框对象，FillStyle 属性设置后，并不能看到其填充效果，而只能在使用

Circle 和 Line 方法生成图形时，在圆和方框中显示其填充样式。

(4) FillColor 属性

确定形状内填充的颜色，当 FillStyle 属性值为 1 时，该属性无效。

【例 5-4】编写程序显示 Shape 控件的 6 种形状，并设置不同的填充样式。

设计步骤如下：

①在窗体上建立 Shape 控件数组 Shape1(0) ~ Shape1(5)。

②编写事件代码。

```
Private Sub Form_Activate()
  Dim i As Integer
  Print
  Print  "  0   1   2   3   4   5  "
  Shape1(0).Shape = 0
  Shape1(0).FillStyle = 2
  For i = 1 To 5
  Shape1(i).Left = Shape1(i - 1).Left + 1000        '确定控件位置
  Shape1(i).Shape = i                               '通过 Shape 属性改变控件形状
  Shape1(i).FillStyle = i + 2                       '通过 FillStyle 属性改变填充样式
  Shape1(i).Visible = True
  Next i
End Sub
```


程序运行结果如图 5-6 所示。

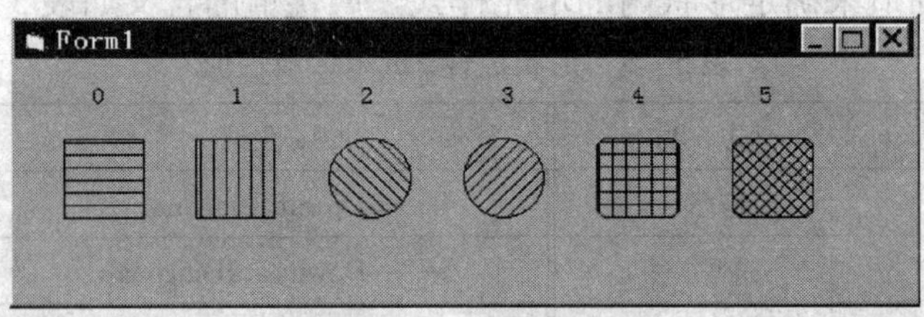

图 5-6　Shape 控件的 6 种形状及填充样式

2. 直线控件(Line)

Visual Basic 还提供了画线的直线控件(Line)，它在工具箱中的图标为 ╲ 。

使用直线控件的方法与使用其他控件相同，单击工具箱中直线控件的图标，然后把鼠标移到窗体中所需要的位置，按下鼠标左键拖拉到直线的终点，松开鼠标后，窗体上就出现一条直线。

直线控件常用的属性有：

(1) X1, Y1, X2, Y2 属性

设置直线的两个端点坐标，可以通过改变 X1, Y1, X2, Y2 的值改变线的位置。

(2) BorderColor 属性

设置直线的颜色，默认颜色为黑色。

(3) BorderWidth 属性

设置直线的宽度，默认值为 1 。

(4) BorderStyle 属性

设置直线的线型，如表 5 - 6 所示。

表 5 - 6　直线控件 BorderStyle 属性值

属性值	说　明	属性值	说　明
0——TransParent	透明	4——Dash - Dot	点画线
1——Solid	实线	5——Dash - Dot - Dot	双点画线
2——Dash	虚线	6——Inside Solid	内收实线
3——Dot	点线		

只有 BorderWidth 为 1 时才可以用以上 7 种类型的线，如果 BorderWidth 不为 1，则上述 7 种类型中只有 0 和 6 有效。

【例 5 - 5】在窗体上使用直线控件画 7 条实心直线，编写一个事件过程改变它们的颜色及类型。窗体设计如图 5 - 7 所示。

设计步骤如下：

①在窗体上建立 Shape 控件数组 Line1(0) ~ Line1(6)，属性设置如表 5 - 7 所示。

表 5 - 7　在属性窗口中需要修改的属性值

控　件	属　性	属性值
直线控件数组 Line1	Name	Line1(0)
	Name	Line1(1)
	Name	Line1(2)
	Name	Line1(3)
	Name	Line1(4)
	Name	Line1(5)
	Name	Line1(6)
命令按钮 Command1	Name(名称)	CmdLine
	Caption	画直线
命令按钮 Command2	Name(名称)	CmdExit
	退出	Caption

①编写事件代码。

```
Private Sub CmdLine_Click()
  For i = 0 To 6
  Line1(i). BorderColor = QBColor(i)          '确定控件颜色
  Line1(i). BorderStyle = i                   '通过属性改变控件形状
```

```
    Next i
End Sub

Private Sub CmdExit_Click( )
    End
End Sub
```

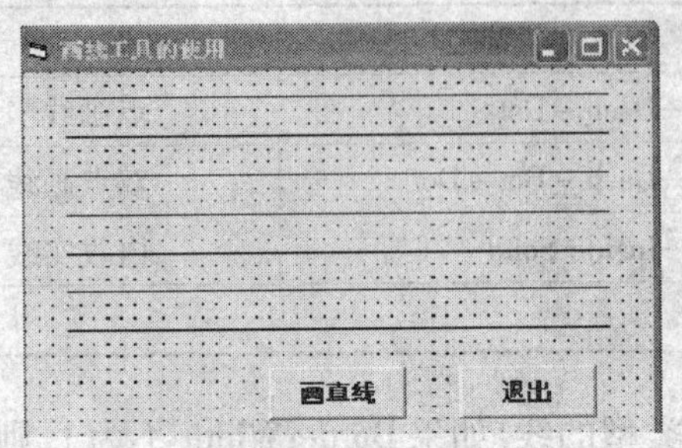

图 5-7 例 5-7 窗体设计

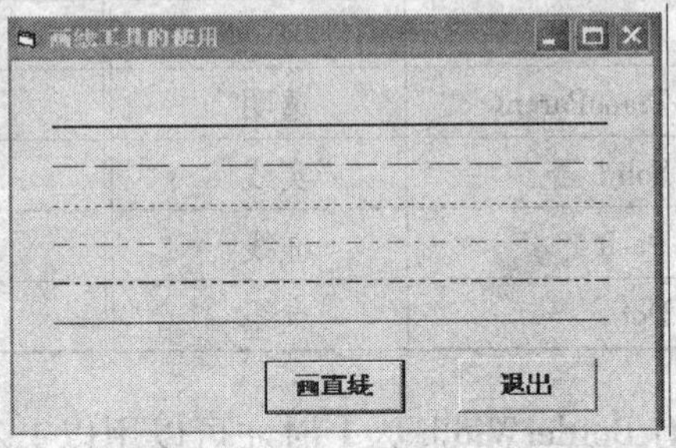

图 5-8 例 5-7 运行结果

QBColor 是颜色函数，当参数 *i* 为不同值时，给出不同的颜色。运行程序时，单击“画直线”命令按钮，即将窗体上的 7 条直线分别改变为不同颜色和不同线型的直线。程序运行结果如图 5-8 所示。

5.1.4 与绘图有关的属性及方法

Visual Basic 的窗体和许多控件都有一些与图形有关的属性和方法，利用这些方法和属性不但能够绘制出丰富多彩的图形，还可以设置颜色、线型和填充效果。

1. 常用属性

表 5-8 给出了对象的常用绘图属性。

表 5-8 对象的绘图属性

类 型	属 性
显示处理	ClipControls，AutoRedraw
当前绘图位置	CurrentX，CurrentY
绘图技术	DrawStyle，DrawWidth，BorderStyle，BorderWidth，DrawMode
填充技术	FillStyle，FillColor
颜色	ForeColor，BackColor，BorderColor，FillColor

(1) AutoRedraw 属性

每个窗体和图片框都具有 AutoRedraw 属性。AutoRedraw 属性值是 Boolean 型，只有 True 和 False 两种可能。

在 Windows 环境下，当一个窗口移到其他窗体上时，可暂时隐藏其他窗体。移过后，被覆盖的窗体和它的内容需要重新显示，但是 Windows 控制和管理程序只负责窗体和其他控件的重新显示，而窗体内部图形的重新显示则是窗体自己控制的。

当窗体和图片框的 AutoRedraw 属性为 True 时，会把窗体内图形输出保存在内存里，当窗体和图片框改变时，将用内存中的图形自动重画，故图形不会丢失。

AutoRedraw 属性的缺省值是 False，这样可以节省内存，但图形将不会被自动重画。为了重建图形，可将所有想要重画的线、图、点的代码，保存在窗体或图片框的 Paint 事件中。

(2) DrawMode 属性

DrawMode 属性决定由图形方法或 Shape 控件及 Line 控件所绘制的线条的真实颜色。

用 DrawMode 属性绘图时，系统将当前的 ForeColor，BackColor，DrawMode 所决定的方式组合起来，其结果为最后的绘图颜色。DrawMode 属性的取值范围是 1 ~ 16。常用 DrawMode 属性值及其说明如表 5 - 9 所示。

表 5 - 9　常用 DrawMode 属性值及其说明

常　数	值	说　明
vbBlackness	1	像素变黑色
vbNotCopyPen	4	像素变成前景色 ForeColor 的补色，即所有颜色数据取反(0 变 1,1 变 0)
vbInvert	6	像素变成其补色，即所有颜色数据取反(0 变 1,1 变 0)
vbXorPen	7	将像素当前颜色与 ForeColor 进行异或操作
vbNop	11	空操作，即像素保持原色不变，效果相当于关闭绘图
vbCopyPen	13	像素变成前景色 ForeColor，不管原来是什么颜色，这是 DrawMode 属性的缺省值
vbWhiteness	16	像素变白色

相比较而言，对于绘图和动画来说，7 是 DrawMode 属性的最有用的一个设置值。在这种绘图模式下，一条线划出两次，就可使这条线消失，并精确地还原出画线之前的现实内容。这样就可以创建一个在背景上移动却不会破坏背景的对象。

(3) DrawWidth 属性和 DrawStyle 属性

DrawWidth 属性和 DrawStyle 属性用来指定采用图形方法输出时线的宽度和样式。DrawWidth 可以用来设置绘图线的宽度，设置值以像素为单位，设置后会影响 Pset，Line 和 Circle 方法等，取值范围是 1 ~ 32767，缺省值为 1。也就是说，画出的线是 1 个像素宽。

DrawStyle 属性用于指定图形方法创建的线是实线还是虚线。DrawStyle 属性的取值范围为 0 ~ 6，用来产生不同间隔的实、虚线。其缺省值为 0(实线)。

当 DrawWidth = 1 时，DrawStyle 属性的设置值全部起作用；当 DrawWidth > 1 时，DrawStyle 属性的 1 ~ 4 设置值不起作用，此时绘出的都是实线。

2. 与绘图方法相关的事件

如果在程序代码中有绘图方法的绘图语句，Paint 事件就很有用，而且窗体和图片框都支持 Paint 事件。在设计应用程序时，最有效的方法是将所有的绘图方法 (Pset，Line，Circle) 都放在 Paint 中。该方法能保证必要的图形都得以重现，如窗体最小化后，恢复到正常大小时，窗体内所有图形都能重画。

需要注意的是，当窗体或图片框的 AutoRedraw 属性值为 True 时，不引发 Paint 事件，即不执行 Paint 事件过程中的代码，图形会自动重画。

3. 绘图方法

Visual Basic 中,可以用在窗体和图片框中的绘图方法有 Pset 方法、Line 方法、Circle 方法等。

(1)Pset 方法

Pset 方法的语法形式如下:

[对象.] Pset [Step](x,y)[,颜色]

功能:在窗体或图片框的指定位置上使用指定颜色画一个点。

说明:

① 对象是对象表达式,用来指定作图对象。缺省值为具有焦点的窗体。

② Step 为可选项,选择该项说明坐标(x,y)是相对坐标,否则为绝对坐标。相对坐标是指相对于当前作图对象的 CurrentX 和 CurrentY 属性提供的当前坐标。

③(x,y)用来说明点的水平(x 轴)和垂直(y 轴)坐标。该参数不能缺省。

④ 颜色表示画点的颜色。缺省值为 ForeColor(前景色)属性值。

【例 5-6】用 Pset 方法绘制任意颜色的"随机点、圆",运行结果如图 5-9 所示。

设计步骤如下:

①在窗体上添加计时器控件 Timer1,设置其 Interval = 1000。

②在计时器的 Timer1_Timer 事件中完成以下代码:

```
Private Sub Timer1_Timer()
  Form2. DrawWidth = Int(Rnd * 100) + 1          '产生随机数用于线宽
  PSet (Rnd * Form2. Width, Rnd * Form2. Height), RGB(Int(Rnd * 255), Int(Rnd_ *
      255), Int(Rnd * 255))          '在任意位置画点,较大的线宽则会显示为圆
End Sub
```

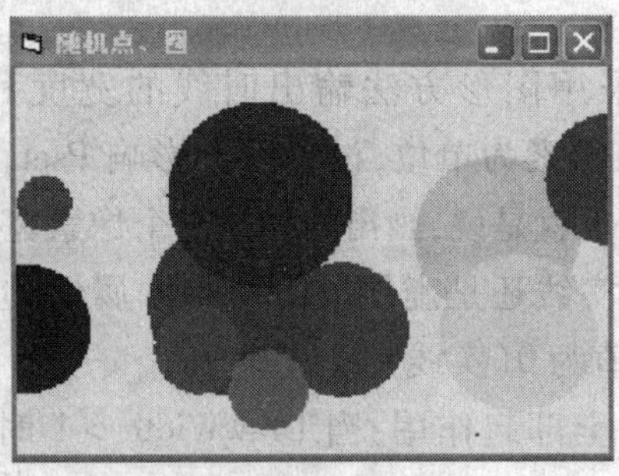

图 5-9 任意颜色的随机点、圆

Pset方法的使用

图 5-10 用 Pset 方法绘制的数学曲线图

【例 5-7】采用 Pset 方法绘制数学曲线 $y = \cos(x) + 2\sin(3x)$ 的图像,如图 5-10 所示。

在窗体的事件中输入以下代码:

```
Private Sub Form_paint()
  pi = 3. 1415926                    '设置 π 的值
  r = ScaleWidth/(4 * pi)            '设整个 x 轴的总长度为 4π
  For xt = 0 To 4 * pi Step 0. 001
```

```
    x = xt * r
    y = ScaleHeight/2 + 300 * Cos(xt) + 300 * 2 * Sin(3 * xt)
                                      '300 为 y 轴的放大比例
    PSet(x,y),vbBlue
  Next xt
End Sub
```

(2)Line 方法

Line 方法的语法形式如下：

[对象名.] Line [Step](x1,y1) - [Step](x2,y2)[,颜色][,B[,F]]

功能：

在窗体上从坐标(x1,y1)到坐标(x2,y2)画一条线，或以坐标(x1,y1)和(x2,y2)为对角顶点画一个矩形。

说明：

①(x1,y1)和(x2,y2)。(x1,y1)为直线的起点坐标，(x2,y2)为直线的终点坐标。若不指定起始点，则以当前坐标位置(CurrentX，CurrentY 属性值指定的坐标)为起点。

② Step 为可选项。若选择该项说明指定的坐标是相对坐标。

③ 颜色为可选项，用于设置画线或矩形所使用的颜色。缺省值为 ForeColor 属性值。

④ B 为可选项，表示以坐标(x1,y1)和(x2,y2)为对角线顶点画一个矩形框。

⑤ F 为可选项，使用 F 时必须用 B，表示以矩形边框的颜色填充。如果不用 F 只用 B，则矩形用当前的 FillColor 和 FillStyle 填充。FillStyle 的缺省值为 Transparent。

【例 5 -8】绘制如图 5 - 11 所示的不同宽度的线。

在窗体的 Paint 事件中输入如下代码：

```
Private Sub Form_paint()
  DrawWidth = 1   '设置图形输出时线的宽度
  Line(800,500) - (4000,500)
                  '设置直线的起始点
  DrawWidth = 5
  Line(800,1100) - (4000,1100)
  DrawWidth = 8
  Line(800,1700) - (4000,1700)
End Sub
```

图 5 - 11　用 Line 方法画不同宽度的线

【例 5 -9】使用 Line 方法绘制如图 5 - 12 所示的不同填充样式。

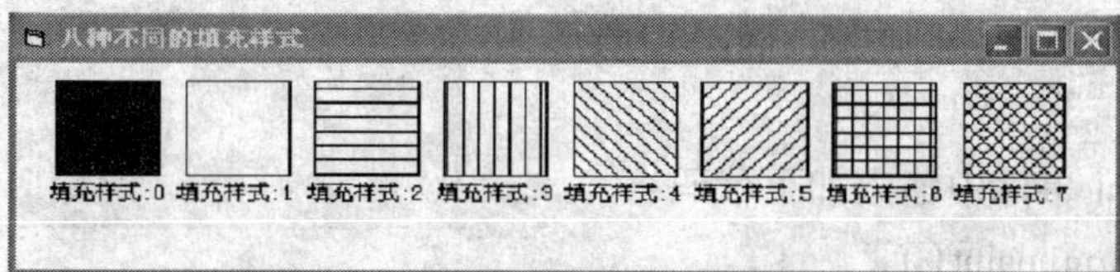

图 5 - 12　8 种不同的填充样式

在窗体的 Paint 事件中输入如下代码：

```
Private Sub Form_paint()
  Dim x As Integer,y As Long
  BackColor = vbWhite
  For x = 0 To 7
    FillStyle = x
    y = (1000 * x) + 300   '(1000 * x)设置图形间隔,300 设置图形距离 Y 轴的距离
    Line(y,150) - Step(800,800), B        '用 Line 方法绘制矩形
    strtemp = "填充样式:" & x
    CurrentY = 1000
    CurrentX = y - TextWidth(strtemp)/2 + 400      '图形对应文本的位置
    Print strtemp
  Next x
End Sub
```

(3) Circle 方法

方法的语法形式如下：

[对象名.] Circle [Step](x,y)radius,[,color,start,end,aspect]

功能：

以给定的圆心和半径画一个圆、椭圆或是一段圆弧。

说明：

①(*X*,*Y*)为圆心坐标。若选择 Step,则为相对坐标,否则为绝对坐标。

② radius 为圆、圆弧或者椭圆(*X* 轴)的半径。

③ color 为可选项。用于设置画圆、椭圆或圆弧所使用的颜色。缺省值为 ForeColor 属性值。

④ start,end 可确定所画图形的起始角度和终止角度,单位为弧度,取值范围在 $-2\pi \sim 2\pi$ 之间。缺省值分别为 0 和 2π,弧度值的增大方向是逆时针方向。(当起始角、中止角均为正值时,只能画圆弧;当两者之一或均为负值时,不仅可以画弧,还能从圆心到负值的点画一条直线,即画扇形)

⑤ aspect 为 *Y* 轴半径与 *X* 轴半径之比。缺省值为 1,系统将画出一个标准圆。若纵横比小于 1,则以 *X* 轴半径为主轴半径画椭圆;若纵横比大于 1,则以 *Y* 轴半径为主轴半径画椭圆。

【例 5-10】在窗体上画圆、弧、椭圆和扇形,如图 5-13 所示。

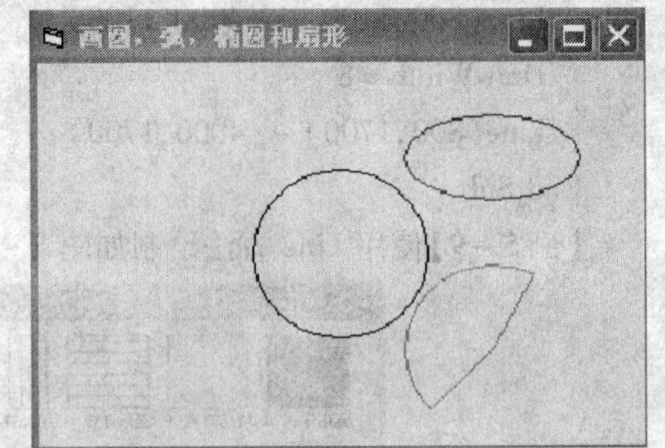

图 5-13　Circle 方法的使用

在窗体的 Paint 事件中输入如下代码：

```
Private Sub Form_paint()
  ScaleMode = 6   '以毫米为单位
```

```
    Const pi = 3.1415926
    x = ScaleWidth/2: y = ScaleHeight/2
    Circle(x,y),12,vbBlue                          '画一个半径12蓝色的圆
    x = 3 * ScaleWidth/4: y = ScaleHeight/4
    Circle(x,y),12,vbRed,,,1/2                     '画一个红色椭圆
    x = ScaleWidth/4: y = 3 * ScaleHeight/4
    Circle(x,y),12,vbYellow,pi/3,5 * pi/4          '画一段黄色圆弧
    x = 3 * ScaleWidth/4: y = 3 * ScaleHeight/4
    Circle(x,y),12,vbGreen, - pi/3, - 5 * pi/4     '画一个绿色扇形
End Sub
```

(4) Cls 方法

方法的语法形式如下：

[对象名.] Cls

功能：清除运行时窗体或图片框所生成的图形和文本。

说明：

① 对象名为对象表达式，缺省值为带有焦点的窗体。

② Cls 方法可以清除图形和打印方法在运行时所产生的文本和图形，清除后的区域以背景色填充（设计时在窗体中使用 Picture 属性设置的背景位图和放置的控件不受 Cls 影响；调用 Cls 前，如果 AutoRedraw 属性值为 False，则 Cls 不能清除 AutoRedraw 属性值为 True 时产生的图形和文本；调用 Cls 后，object 的 CurrentX 和 CurrentY 属性复位为 0）。

【例 5-11】修改例 5-10，用 Cls 方法清除窗体上绘制的各种图形，如图 5-14 所示。

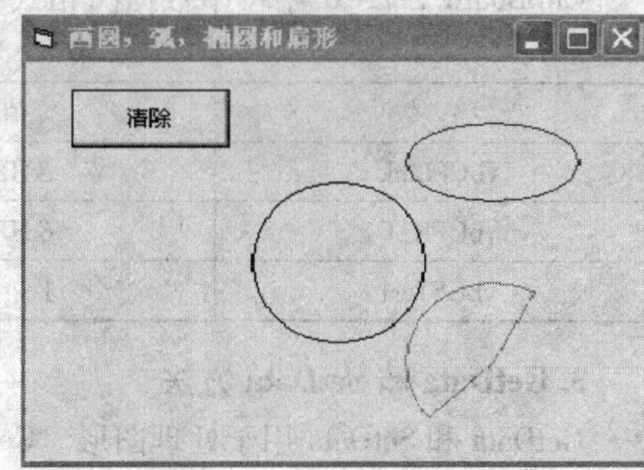

图 5-14　Cls 方法的使用

设计步骤如下：

①在例 5-10 窗体上添加一个命令按钮，命名为“清除”。

②在命令按钮的单击事件中输入如下代码：

```
Private Sub Command1_Click()
    Form1.Cls
End Sub
```

单击清除按钮后，可以清除在窗体上所绘制的图形。

5.2　剪贴板

Visual Basic 应用程序的图片和文本可以显示在窗体（Form）上、图片框（PictureBox）内和图像控件（Image）内。图片可以是下列任何格式的图片文件：位图（.bmp、.dib、.cur）、图标（.ioc）、元图文件（.wmf）、增强型元图文件（.emf）、JPEG 或 GIF 文件。

在设计或运行应用程序时,可以采用不同的途径把图片和文本添加到窗体、图片框或图像控件内,例如,通过剪贴板将图形和文本添加到窗体或控件中。剪贴板是内存的一部分区域,所有应用程序都能使用剪贴板中的信息。在 Visual Basic 中,所有与剪贴板有关的操作都是通过剪贴板对象(ClipBoard)来实现的。

剪贴板对象是用于暂时保存图形和文本的一种特殊的控件,它是 Visual Basic 中预先定义好的控件组。ClipBoard 没有任何属性和事件,但通过它的一些方法可以对剪贴板进行访问(即发送和接收数据)。

5.2.1 剪贴板对象的方法

1. Clear 方法

Clear 用于清除剪贴板中的内容,在复制任何信息到剪贴板中之前,应使用 Clear 方法清除剪贴板中的内容。

Clear 方法的语法形式如下:

[ClipBoard.] Clear

2. GetText 和 SetText 方法

GetText 和 SetText 是最常用的两种 Clipboard 方法,用于处理文本。GetText 用于从剪贴板中返回文本,也可将它作为函数使用。SetText 将文本复制到剪贴板上,替换先前存储在那里的文本,可将它作为一条语句使用。

GetText 和 SetText 方法的语法形式如下:

ClipBoard. GetText([格式])

ClipBoard. SetText 字符串数据[,格式]

表 5-10 格式设置值

常 数	值	描 述
vbCFLink	&HBF00	DDE 对话信息
vbCFRTF	&HBF01	RTF 格式(.rtf 文件)
vbCFText	1	(默认值)文本

3. GetData 和 SetData 方法

GetData 和 SetData 用于处理图形。GetData 方法用于从剪贴板中返回一个图形,SetData 方法是使用指定的图形格式将图片放到剪贴板上,语法形式与 GetText 和 SetText 相同。

4. GetFormat 方法

GetFormat 用于判断 ClipBoard 中存放的是哪种格式的数据。

GetFormat 方法的语法形式如下:

ClipBoard. GetFormat(格式)

如果 ClipBoard 中存放的是与指定格式相匹配的数据,则返回 True,否则返回 False。

5.2.2 文本的复制、剪切和粘贴

当使用 ClipBoard 时,文本框和组合框具有可以选定文本的属性,这些属性与 ClipBoard

对象联合使用,可以实现文本的复制、剪切和粘贴操作。

用于选定文本的属性有 SelLength,SelStart 和 SelText。

· SelLength 是所选定文本的字符数。

· SelStart 是选定文本的起点;如果没有文本被选中,则指出插入点的位置。

· SelText 是所选择的文本,为字符串型;如果没有字符被选中,则为空字符串。

【例 5-12】在窗体文本框 Text1 中复制文本,将复制的内容粘贴到文本框 Text2 中,界面如图 5-15 所示。

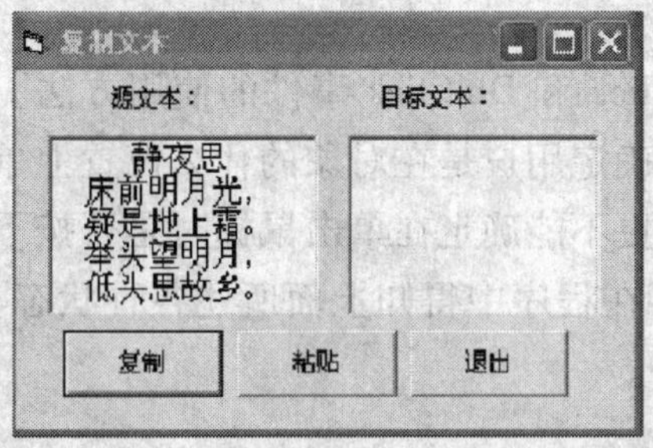

图 5-15　复制文本的界面设计

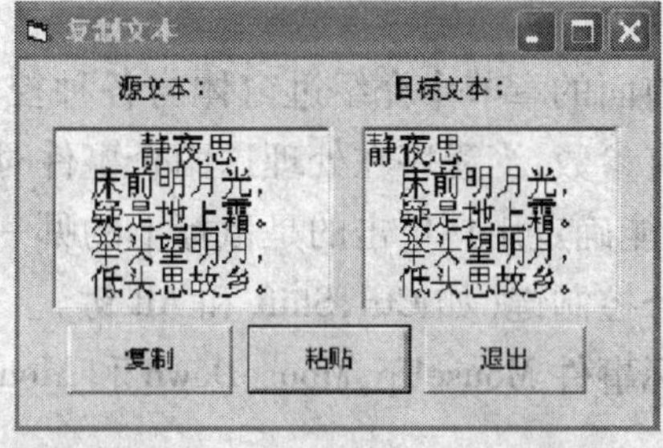

图 5-16　复制文本的运行结果

设计步骤如下:

①界面设计。添加两个文本框分别为 Text1 和 Text2 ,3 个按钮 cmdCopy,cmdPaste,cmdEnd 分别用于复制、粘贴和退出。在文本框 Text1 中选择文本,单击"复制"按钮复制到剪贴板。单击"粘贴"按钮将剪贴板的文本粘贴到 Text2 中当前插入位置。

②输入程序代码。

在"复制"命令按钮的单击事件中输入如下代码:

```
Private Sub CmdCopy_Click( )
    Clipboard. Clear              '复制选中的文本到剪贴板上
    Clipboard. SetText Text1. SelText
End Sub
```

在粘贴命令按钮的单击事件中输入如下代码:

```
Private Sub CmdPaste_Click( )
Dim Location As Integer
    Dim str1 As String,str2 As String
    Dim Length As Integer
    Location = Text2. SelStart
    Length = Len(Text2. Text)
    str1 = Left(Text2. Text,Location)
    str2 = Right(Text2. Text,Length - Location)
    Text2. Text = str1 & Clipboard. GetText( ) & str2
End Sub
```

在退出命令按钮的单击事件中输入如下代码:

```
Private Sub CmdEnd_Click()
    End
End Sub
```

③程序运行后,先选中 Text1 中的文本,再单击复制及粘贴按钮即可完成文本的复制,运行结果如图 5-16 所示。

5.3 常用的鼠标事件

在前面的章节中介绍过窗体与各种控件的 Click 和 DblClick 事件的使用方法。这两个事件没有参数,当程序在处理这两个事件时,不能确定用户是在对象的什么位置上单击的鼠标,也不能确定用户单击的是鼠标上的哪一个键,更不能确定在单击鼠标时是否按下了键盘上的某个控制键(如 Ctrl,Shift 和 Alt 键)。如果要在程序中得知上面所述各种状态,就需要使用鼠标事件 MouseUp,MouseDown 和 MouseMove。

5.3.1 MouseUp 事件、MouseDown 事件和 MouseMove 事件

当鼠标事件发生时,如果鼠标指针位于窗体就由窗体来识别鼠标事件;如果鼠标指针位于控件上,就由控件来识别。如果按下鼠标不放,则对象将继续识别所有鼠标事件,直到用户释放鼠标为止(即使指针已离开对象仍继续识别)。

不能将 Click 和 DblClick 事件与鼠标事件混为一谈,鼠标事件的特别之处是可以区分鼠标的左、右、中键与 Shift,Ctrl,Alt 键,并可识别和响应各种鼠标状态。鼠标事件过程事件语法的一般形式如下:

```
Private Sub 对象_鼠标事件(Button As Integer,Shift As Integer,X As Single,Y As Single)
```

说明:

① Button 表示是哪个鼠标键被按下或释放。用 3 个二进制位表示鼠标的左、右、中键,每位用 1 或 0 分别表示鼠标键被按下或抬起,3 位二进制转换成十进制的值就是参数 Button 的值。表 5-11 列出了 Button 参数值与按下的鼠标键之间的对应关系。

表 5-11　Button 参数值与按下的鼠标键之间的对应关系

十进制	二进制	常　量	按下的鼠标键
0	000		无
1	001	vbLeftButton	左键
2	010	vbRightButton	右键
3	011	vbLeftButton + vbRightButton	左、右键
4	100	vbMiddleButton	中键
5	101	vbLeftButton + vbMiddeButton	左、中键
6	110	vbRightButton + vbMiddleButton	右、中键
7	111	vbLeftButton + vbRightButton + vbMiddleButton	左、右、中键

② Shift 表示当鼠标键被按下或抬起时，Shift，Ctrl，Alt 键的按下或抬起状态用 3 个二进制位表示，如 001 表示 Shift 键按下，010 表示 Ctrl 键按下，100 表示 Alt 键按下。3 位二进制转换成十进制的值就是参数 Shift 的值。Shift，Ctrl，Alt 键切换常数如表 5 - 12 所示。

表 5 - 12　Shift，Ctrl，Alt 键切换常数

常　　数	值	描　　述
vbShiftMask	1	Shift 键按下
vbCtrlMask	2	Ctrl 键按下
vbAltMask	4	Alt 键按下

③ *X*，*Y* 表示鼠标指针的坐标位置。如果鼠标指针在窗体或图片框中，用该对象内部的坐标系，其他控件则用控件对象所在容器的坐标系。

1. MouseUp 和 MouseDown 事件

Mouseup 和 MouseDown 事件是当鼠标按下和释放时触发，通常可以用来在运行时调整控件的位置，或实现某些图形效果。其中 MouseDown 事件更为常用。

事件过程的语法形式如下：

Private Sub object_MouseUp(button As Integer, shift As Integer, X As Single, Y As Single)

Private Sub object_MouseDown(button As Integer, shift As Integer, X As Single, Y As Single)

2. MouseMove 事件

MouseMove 事件是鼠标在屏幕上移动时触发的。当鼠标指针在对象的边界范围内时该对象就能接收 MouseMove 事件，除非有另一个对象捕获了鼠标。窗体和控件都能识别 MouseMove 事件。

当移动鼠标时，MouseMove 事件不断发生，但并不是对鼠标经过的每个像素都会触发，如果鼠标指针移动得越快，则在两点之间触发的 MouseMove 事件越少。应用程序能接二连三地触发大量的 MouseMove 事件。因此，MouseMove 事件不应去做需要大量时间的工作。

事件过程的语法形式如下：

Private Sub object_MouseMove(button As Integer, shift As Integer, x As Single, y As Single)

参数 Button 对于 MouseMove 事件与 MouseDown 和 MouseUp 事件不同，MouseMove 事件的 Button 值表示所有按键的状态，而 MouseDown 和 Mouseup 事件的参数 Button 值无法检测是否同时按下两个以上的按键。

5.3.2　鼠标事件的应用

【例 5 - 13】制作一个简单的画图程序。单击“擦除”按钮后，在窗体的 Picture1 图片框中单击鼠标左键时，会以鼠标指针的位置为中心将该处的图像擦除；单击“绘图”按钮后，在 Picture1 中按下鼠标左键后拖动就可以随意地画线或写字，当鼠标释放就停止画线。

设计步骤如下：

①在窗体中添加一个图片框 Picture1，3 个按钮 cmdClear，cmdPaint 和 cmdEnd 分别用于

擦除、绘图和退出。

②程序代码如下：

```
Option Explicit
Dim mousestate As Integer
Dim isdraw As Boolean
Private Sub cmdClear_Click( )                                    '单击"擦除"按钮
  mousestate = 1
End Sub
Private Sub cmdpaint_Click( )                                    '单击"绘画"按钮
  mousestate = 2
End Sub
Private Sub cmdEnd_Click( )
  End
End Sub

Private Sub Picture1_MouseDown( Button As Integer, Shift As Integer, X As Single, _ Y As
Single)                                                          '鼠标按下
    If Button = 1 And mousestate = 1 Then                        '当按鼠标左键时
      Picture1. FillStyle = 0
      Picture1. FillColor = RGB(255,255,255)                    '设置为白色
      Picture1. ForeColor = RGB(255,255,255)
      Picture1. Circle(X,Y),50
    ElseIf Button = 1 And mousestate = 2 Then                   '当绘画时
      isdraw = True
      Picture1. CurrentX = X
      Picture1. CurrentY = Y
    End If
      Picture1. AutoRedraw = True                               '设置图片自动重画
End Sub

Private Sub Picture1_MouseMove( Button As Integer, Shift As Integer, X As Single, _ Y As
Single)
    Picture1. ForeColor = RGB(0,0,0)                            '颜色设置为黑色
    If isdraw And mousestate = 2 Then Picture1. Line -(X,Y)    '开始画线
End Sub
```

③单击"擦除"按钮用 MouseDown 事件在图片上擦除了很多小白点；单击"绘图"按钮后，按住鼠标左键拖动就可以随意地画线或写字，运行结果如图 5－17 所示。

图5－17　例5－13程序运行后的效果

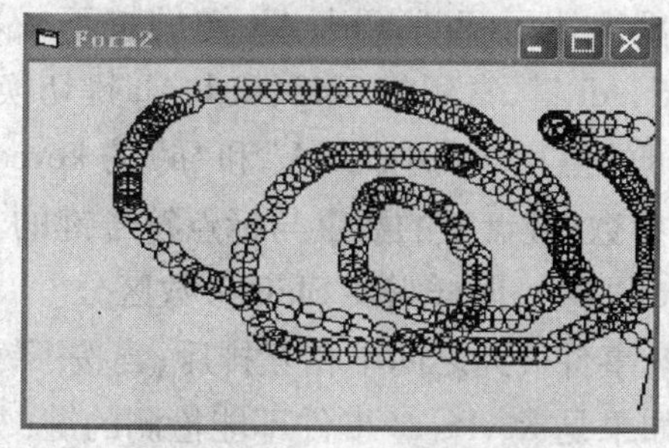

图5－18　例5－14程序运行后的效果

【例5－14】编写一个应用程序，要求运行程序后在窗体上移动鼠标越快，则所绘制的圆圈越稀疏；移动越慢，则圆圈越密集。

事件过程的代码如下：

```
Private Sub Form_mousemove(button As Integer, shift As Integer, x As Single, _ y As Single)
    Line -(x,y)                              '连线
    Circle(x,y),100                          '画圆
End Sub
```

程序运行后效果如图5－18所示。

5.4　常用的键盘事件

因为窗体和像文本框这样的控件本身已经具备了处理输入按键的功能，所以在简单编程情况下可以不必编写键盘事件过程。但是，如果要识别组合键、功能键、光标移动键、小键盘（数字键盘）上的按键，区别按下和松开的动作，对输入字符进行筛选，就要使用键盘事件了。

5.4.1　KeyDown事件、KeyUp事件和KeyPress事件

键盘事件有3种，即KeyPress，KeyDown和KeyUp事件。窗体以及可接受键盘输入的控件（如TextBox，ConunandButton，PictureBox，ComboBox等控件）都可识别这3种键盘事件。

1. KeyDown事件和KeyUp事件

KeyDown事件在按下按键时触发，KeyUp事件在释放按键时触发，这两个事件提供了最低级的键盘响应，可以报告键盘的物理状态。

事件过程的语法形式如下：

```
Private Sub 对象_KeyDown(Keycode As Integer, Shift As Integer )
Private Sub 对象_KeyUp(Keycode As Integer, Shift As Integer )
```

说明：

① Keycode是所按键的ASCII码值。KeyDown和KeyUp事件除了可识别KeyPress事件可识别的键之外，还可识别键盘上的大多数键，如功能键、编辑键、定位键和数字小键盘上的键。键盘上的数字键与小键盘上的数字键的ASCII码值不同，尽管它们按的数字字符相同。

② Shift 表示 Shift,Ctrl,Alt 键的按下或释放状态。分别用 3 个二进制位表示鼠标的 Shift,Ctrl,Aft 键,常用的 Shift,Ctrl,Alt 键切换常数在前面表 5－12 已介绍。Keycode 对于大小写字母的值相同,例如,"A"和"a"的 keycode 都是 Asc("A"),要区分大小写字母必须使用 Shift 参数;键盘上的数字与标点符号键的 Keycode 值也相同,例如,"1"和"!"的 Keycode 都是 Asc("1"),同样需要 Shift 参数区分。

键盘事件彼此之间不相互排斥,当按下键盘上的某个键时,将产生 KeyPress 和 KeyDown 事件。如果是 KeyPress 事件不能检测的键(如箭头键),那么仅触发 KeyDown 事件。

虽然 KeyDown 和 KeyUp 事件可应用于大多数键,但最经常的应用还是扩展的字符键(如 F1,Esc 等)、定位键、键盘修饰键和按键的组合,区别数字小键盘和常规数字键。

注意:

① 如果窗体上有菜单控件定义了快捷键,则按下快捷键时将触发菜单控件的 Click 事件而不是键盘事件。

② 如果窗体上的命令按钮的 Default 属性设置为 True ,则按 Enter 键时触发命令按钮的 Chick 事件而不是键盘事件。如果命令按钮的 Cancel 属性设置为 True,则按 ESC 键时触发命令按钮控件的 Click 事件。

③ 如果窗体上的每个控件的 TabStop 属性都设置为 True,则按 Tab 键时将焦点从一个控件移到另一个控件;否则反之。

2. KeyPress 事件

KeyPress 事件是当键盘有按键发生时触发的。KeyPress 事件检测的键有 Enter,Tab,BackSpace 以及键盘上的字母、数字和标点符号键,对于其他功能键、编辑键和定位键,则不作响应。

事件过程的语法形式如下:

Private Sub 对象_KeyPress (KeyAscii As Integer)

说明:

① 对象是接受键盘事件的对象,由具有焦点的对象接收。

② KeyAscii 是按键对应的 ASCII 码值。

例如,按回车键则 KeyAscii 为 13,按字母"a"则 KeyAscii 为 97,按字母"A"键则 KeyAscii 为 65,相应的小写字母比大写字母的 ASCII 码值大 32。0～9 按键的 ASCII 码值在 48～57 之间,将 KeyAscii 改为 0 时可取消本次击键,这样对象便接收不到字符。

一个窗体仅在它没有有效的控件或 KeyPreview 属性被设置为 True 时才能接收 KeyPress 事件。如果 KeyPreview 属性被设置为 True ,窗体将先于该窗体上的控件接收此事件。KeyPress 事件过程在截取 TextBox 或 ComboBox 控件所输入的击键时,可立即测试击键的有效性,也可用于识别键盘是否按键,或是否按下特定键如回车键、数字键、字母键等。

5.4.2 键盘事件的应用

【**例 5－15**】下面的事件过程是建立在文本框 Text1 中使用 F1 与 Alt,Shift 和 Ctrl 三个组合键组合使用时的事件。

事件代码如下：

```
Private Sub Text1_keydown( keycode As Integer, shift As Integer)
  Dim str1 As String
  If keycode = vbKeyF1 Then
  Select Case shift
    Case 7
      str1 = " shift + ctrl + alt + "
    Case 5
      str1 = " shift + alt + "
    Case 3
      str1 = " shift + ctrl + "
    Case 6
      str1 = " ctrl + alt + "
    Case 1
      str1 = " shift + "
    Case 2
      str1 = " ctrl + "
    Case 4
      str1 = " alt + "
    Case Else
      str1 = " "
    End Select
  Text1. Text = "您按了" & str1 & "F1 键"
  Else
  Text1. Text = "您未按 F1 键"
  End If
End Sub
```

当按下 F1 键，在文本框中会显示“您按了 F1 键”；如果按下的不是 F1 键，则会显示所按键标识和“您未按 F1 键”。比如按下数字键 1，则运行结果如图 5－19 所示。

图 5－19　KeyDown 事件

图 5－20　KeyPress 事件

【例 5－16】文本框 Text1 输入自然数 *N* 的 KeyPress 事件。若输入的是自然数，则显示在文本框中，若不是自然数，则不显示。

事件过程代码如下：

```
Private Sub text1_KeyPress(KeyAscii As Integer)
  If KeyAscii <48 Or KeyAscii >57 Then              '按键是否是 0 ~9 之间的数字
    KeyAscii =0
    Text1. SetFocus
  End If
End Sub
```

运行结果如图 5 - 20 所示。

习 题 五

一、选择题

1. 下面哪一类对象具有绘图方法(　　)。

A. Image　　B. Line　　C. PictureBox　　D. Frame

2. 以下属性和方法中(　　)可重定义坐标系。

A. DrawStyle 属性能　　B. DrawWidth 属性　　C. Scale 方法　　D. ScaleMode 属性

3. 执行命令 Line(300,300) - (500,500)后,CurrentX = (　　)。

A. 500　　B. 200　　C. 300　　D. 700

4. 使用 Line 方法时,参数 B 和 F 可组合使用,下列组合中(　　)不允许。

A. BF　　B. F　　C. B　　D. 不使用 B 和 F

5. 指令 Circle(5000,5000),1000,VBBlue, -. 14159/4, -3. 14159 将绘制(　　)。

A. 画圆　　B. 椭圆　　C. 圆弧　　D. 扇形

6. 调用一次 Circle 方法,不能绘制出下面哪个图形(　　)。

A. 圆弧　　B. 椭圆弧　　C. 扇形　　D. 螺旋线

7. 在窗体上按下鼠标左键后释放,不会触发窗体的哪个事件(　　)。

A. Click　　B. DblClick　　C. MouseUp　　D. MouseDown

8. MouseDown 事件过程:

Form_MouseDown(Button As Integer,Shift As Integer,X As Single,Y As Single)

有 4 个参数,关于这些参数,正确的描述是(　　)。

A. 通过 Button 参数判定当前按下的是哪一个鼠标键

B. Shift 参数只能用来确定是否按下 Shift 键

C. Shift 参数只能用来确定是否按下 Alt 和 Ctrl 键

D. 参数 x,y 用来设置鼠标当前位置的坐标

9. 执行命令 Circle(600,600),500,3 将绘制(　　)。

A. 圆　　B. 圆弧　　C. 椭圆　　D. 扇形

10. 下列图形中不能用 Shape 控件绘制的图形是(　　)。

A. 矩形　　B. 三角形　　C. 椭圆　　D. 正方形

二、填空题

1. 以(4000,4000)为圆心,以 3000 为半径,用 ForeColor 颜色绘一个圆,其实现的代码是__________。

2. 假设第一个点的程序代码如下：

Pset(200,120),RGB(0,0,0)

第二个点的程序代码如下：

Pset step(-50,30),RGB(255,0,0)

这时第一个点的色彩是＿＿＿＿＿,第二个点的坐标是＿＿＿＿＿。

3. 容器的实际可用高度和宽度由＿＿＿＿＿＿＿和＿＿＿＿＿＿＿属性确定。

4. 窗体的左上角坐标为(-250,300),窗体的右下角坐标为(350, -200)。*X* 轴的正方向向＿＿＿＿＿(左/右),*Y* 轴的正方向向＿＿＿＿＿(上/下)。

5. 使用 Line 方法画矩形,必须在指令中使用关键字＿＿＿＿＿。如果要填满线框,则使用关键字＿＿＿＿＿。

6. DrawStyle 属性用于设置所画线的形状,此属性受到＿＿＿＿＿属性的限制。

7. Circle 方法正向采用＿＿＿＿时针方向。

8. Cls 可以清除窗体或图片框中的＿＿＿＿＿内容。

9. 要绘制多种样式的直线,需要设置 Line 控件＿＿＿＿＿属性。

10. 用 Line(100,100) - Step(400,400)将在窗体上的＿＿＿＿＿之间画一条直线。

三、编程题

1. 使用绘图语句 PSet 方法绘制 Cos(x)数学函数曲线。

2. 用 Line 方法的不同参数绘制如图所示的图形。

3. 在图片框中画出如图所示的圆弧、扇形。

4. 在窗体上画同心圆。程序运行结果如图所示。

5. 利用鼠标作为画笔在窗体上画图(运用鼠标事件)。

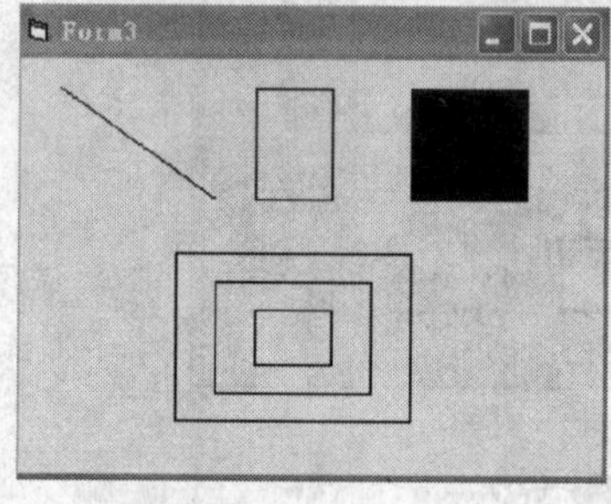

编程题第2题图

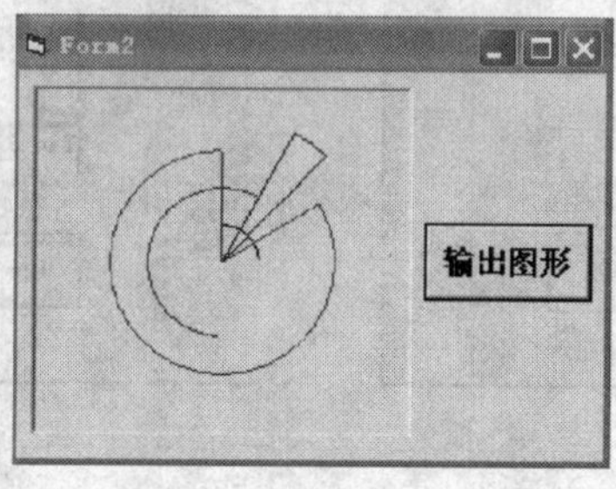

编程题第3题图

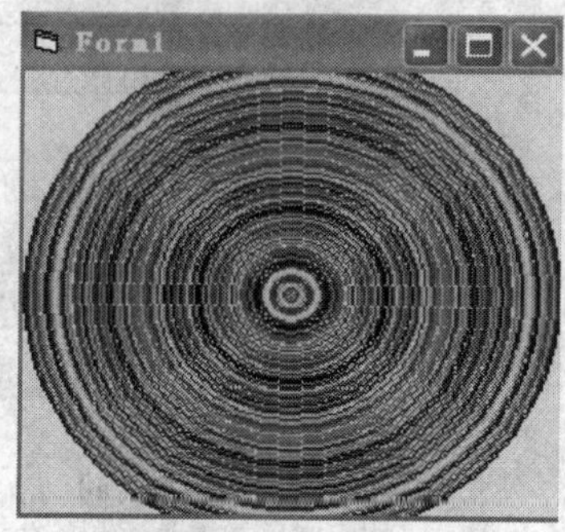

编程题第4题图

第 6 章　创建应用程序界面

在开发 Visual Basic 应用程序时，设计应用程序的界面是必不可少的。在前面的章节中已涉及这方面的内容，本章介绍如何使用窗体，以及如何设计菜单和多文档界面。

6.1　焦点与 Tab 键序

焦点(Focus)是接收用户鼠标或键盘输入的能力。当一个对象处于焦点状态时，可接收用户的输入。例如，文本框处于焦点状态时，文本框内有闪烁的光标；命令按钮处于焦点状态时，按钮四周有黑色的线条。例如，图 6－1(a)中的文本框 Text1、图 6－1(b)中的命令按钮 Command1 就处于焦点状态。只有当对象具有焦点时，才具有接收单击或键盘输入的能力，一个时刻只能有一个焦点。

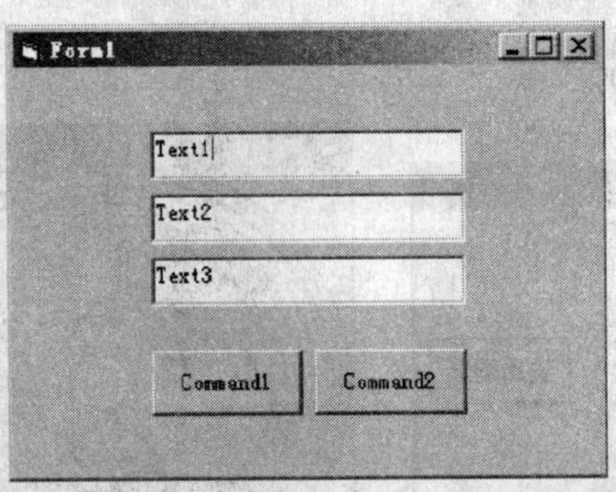

(a)

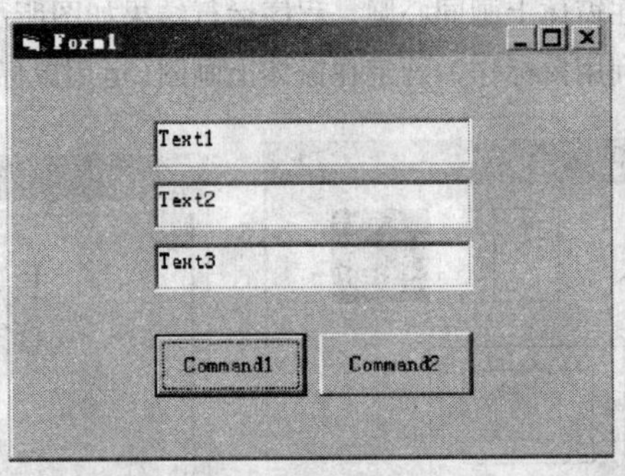

(b)

图 6－1　焦点

在 Windows 操作系统中，可同时运行多个应用程序，显示多个窗口，但只有具有焦点的应用程序有活动标题栏，能够响应并接受用户的输入。在有多个对象的应用程序界面中，只有具有焦点的对象才能响应并接受用户的输入。

窗体和一部分控件能够成为焦点，如文本框、命令按钮等。有一部分控件则不具备成为焦点的能力，如标签、图像框、直线、形状、框架、菜单、计时器等。

6.1.1　焦点事件

当对象得到或失去焦点时，会产生 GotFocus 或 LostFocus 事件。窗体和多数控件支持这两个事件。

1. GotFocus 事件过程的格式

```
Private Sub Form_GotFocus( )
Private Sub object_GotFocus(index As Integer)
```

2. LostFocus 事件过程的格式

```
Private Sub Form_LostFocus( )
Private Sub object_LostFocus(index As Integer)
```

其中 Object 表示一个对象，其值是“应用于”列表中的一个对象；Index 是一个整数，用来唯一地标识一个在控件数组中的控件。

通常，GotFocus 事件过程是在控件或窗体得到焦点时发生的操作。例如，通过给窗体上每个控件附加一个 GotFocus 事件过程，就可以显示简要说明或状态条信息给外界提供指导。根据获取焦点控件的不同，通过使其有效、禁止或者是显示其他控件的方式，也可以给出可视的提示。LostFocus 事件过程是在控件或窗体失去焦点时发生的操作。

【例6-1】在窗体上添加2个TextBox控件和一个Label控件，编写程序在TextBox获得或失去焦点(用鼠标或TAB键选择)时，改变颜色，并在Label控件中显示适当的文字。结果如图6-2所示。

```
Private Sub Text1_GotFocus()
 '将焦点用红色显示.
   Text1.BackColor = RGB(255,0,0)
   Label1.Caption = "Text1 has the focus."
End Sub
Private Sub Text1_LostFocus()
 '用蓝色显示失去焦点.
   Text1.BackColor = RGB(0,0,255)
   Label1.Caption = "Text1 does't have the focus."
End Sub
```

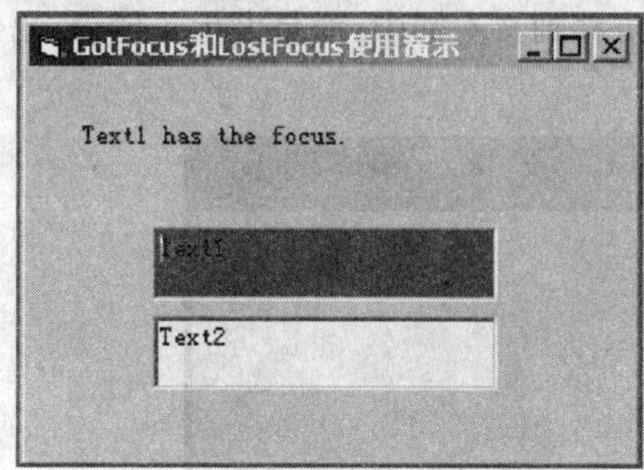

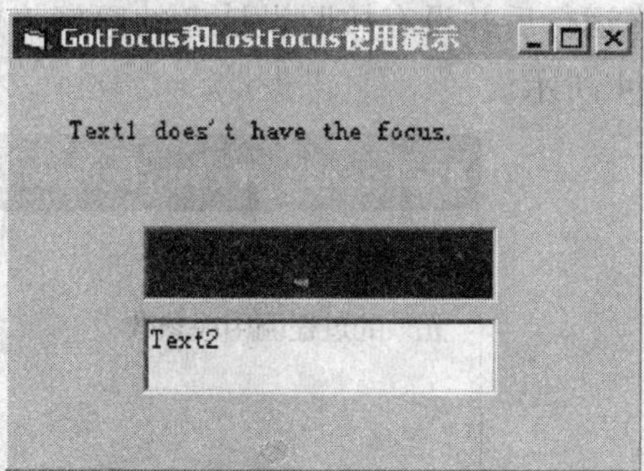

图6-2　焦点的得到与失去

6.1.2　设置焦点

一般情况下，有以下3种方法设置一个对象的焦点。

①运行时用鼠标单击选择对象。

②运行时用快捷键或 Tab 键选择对象。

③在代码中用 SetFocus 方法。

有些对象,它是否具有焦点是可以看出来的。例如,当命令按钮具有焦点时,标题周围的边框将突出显示,如图 6-3 所示。

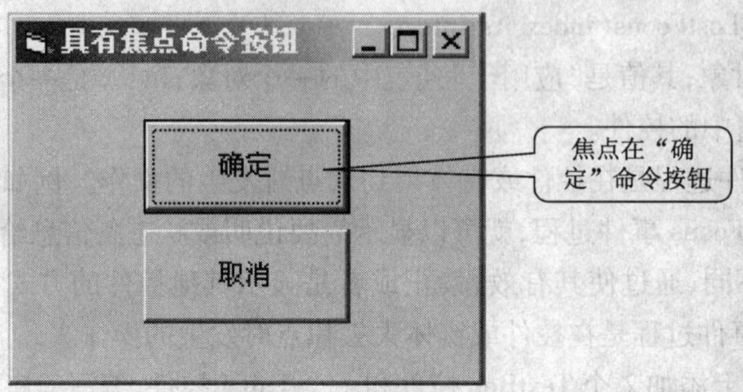

图 6-3　有焦点的命令按钮

焦点只能移到可视的窗体和控件,因此,只有当对象的 Enabled 和 Visible 属性为 True 时,它才能接收焦点。Enabled 属性允许对象响应由用户产生的事件,如键盘和鼠标事件。Visible 属性决定了对象在屏幕上是否可见。另外,只有不包含任何可接收焦点的控件的窗体,才能接收焦点。

如前所述,可以通过 SetFocus 方法设置焦点。但应注意,由于在窗体的 Load 事件完成前,窗体和其上的控件是不可见的。因此,不能直接在 Form_Load 事件过程中用 SetFocus 方法设置焦点,应先用 Show 方法显示窗体,然后再用 SetFocus 设置焦点。如假定窗体上有一个文本框,然后编写如下事件过程:

```
Private Sub Form_Load( )
  Text1. SetFocus
End Sub
```

程序运行后并没有按照设计者的愿望将焦点移到文本框中,而是发生了错误,出错信息如图 6-4 所示。

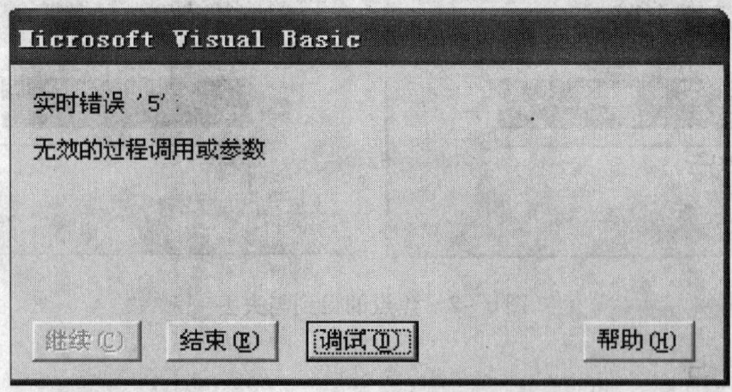

图 6-4　设置焦点出错

为了解决上述问题，必须在设置焦点前使窗体可视，这可以通过Show方法实现。上述代码修改如下：

```
Private Sub Form_Load( )
   Form1. Show
   Text1. SetFocus
End Sub
```

6.1.3　Tab 键序

所谓Tab键序指的是在用户按下Tab键时，焦点在各个控件之间移动的顺序。每个窗体都有自己的Tab键序，默认状态下Tab键序与建立这些控件的顺序相同。例如在窗体上建立3个命令按钮Command1，Command2和Command3，程序启动时Command1首先获得焦点。当用户按下Tab键时焦点依次向Command2，Command3转移，就这样循环往复。

控制Tab有如下两个属性。

(1)TabIndex 属性

控件的TabIndex属性决定了它在Tab键顺序中的位置。如果希望更改Tab键序，例如希望焦点直接从Command1转移到Command3，可以通过设置TabIndex属性来改变一个控件的Tab键顺序。当改变了一个控件的Tab键顺序位置，Visual Basic将自动为其他控件的Tab键顺序位置重新编号，以反映插入和删除操作的结果。例如，要使Command3变为Tab键顺序中的首位，其他控件的TabIndex值将自动调整。

注意：不能获得焦点的控件以及无效的和不可见的控件，不具有TabIndex属性，因而不包含在Tab键顺序中。按Tab键时，这些控件将被跳过。

(2)TabStop 属性

TabStop属性决定焦点是否能够停留在该控件上。通常，运行时按Tab键能选择键顺序中的每一控件。如果将控件的TabStop属性设为False，虽然保持它在实际Tab键顺序中的位置，但在按Tab键时这个控件将被跳过。

例如，假设同学们建立了两个名称为Text1和Text2的TextBox，然后又建立了一个名称为Commandl的CommandButton。应用程序启动时，Text1具有焦点。按TAB键将使焦点按控件建立的顺序在控件间移动，如图6-5所示。

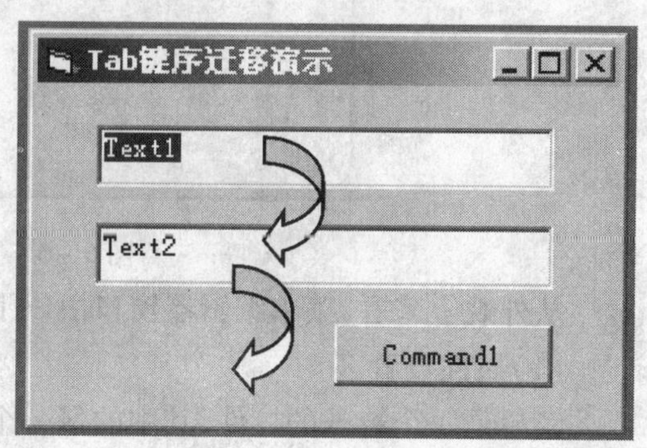

图6-5　焦点的移动

6.2　菜单设计

菜单是应用系统的组成部分之一，它一般由菜单栏和下拉菜单组成，如Visual Basic的系统集成环境中的菜单栏。从结构上看，菜单可分成若干级，第一级是菜单栏，它包括若干

菜单项,菜单项为横向排列,每一菜单项都可对应一个下拉式子菜单,子菜单中的选项竖向排列,同时子菜单中的每一项又可对应有自己的下拉菜单。

6.2.1　下拉菜单

下拉式菜单是一种典型的窗口菜单。在下拉式菜单系统中,一般有一个主菜单,即菜单栏,其中包括一个或几个选择项,称为菜单标题或主菜单项。当单击一个菜单标题时,一个包含多个菜单项的列表被打开,这些菜单项被称为菜单命令或子菜单项,如图 6－8 所示。下面介绍下拉式菜单设计的一般方法。

1. 建立菜单

建立菜单的过程是先列出菜单的组成,然后在“菜单编辑器”窗口按照菜单组成进行设计,设计完成后,再把各菜单项与代码连接起来。

选择“工具”菜单中的“菜单编辑器”或单击工具栏中的“菜单编辑器”按钮打开菜单编辑器,如图 6－6 所示。

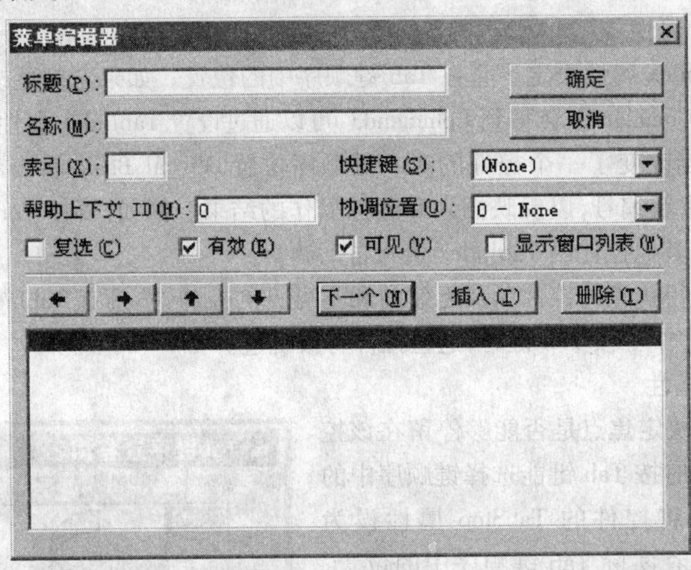

图 6－6　“菜单编辑器”窗口

从外观上来看,菜单编辑器窗口由以下 3 部分组成:

(1)属性设置区

菜单是一个特殊的控件,其中的每一个菜单项也是一个控件。“菜单编辑器”窗口的上方部分用于设置每个菜单项的基本属性。

①“标题”文本框:设置菜单项的标题,即菜单项的 Caption 属性。如果在“标题”文本框中输入一个“－”,表示该菜单项为一个分割条。

②“名称”文本框:设置菜单项的名称,即菜单项的 Name 属性值。

③“索引”文本框:设置菜单控件数组下标,即菜单项的 Index 属性值。

④“快捷键”组合框:为菜单项选择一个快捷键。

⑤“帮助上下文”文本框:通过输入数字来选择帮助文件中特定的页数或与该菜单上下

文相关的帮助文件。

⑥"协调位置"组合框:通过这个选择来确定菜单是否出现或怎样出现。只有3种选择:不设置、左对齐和居中。

⑦"复选"复选框:允许用户设置某一菜单是否为可选。

⑧"有效"复选框:用来设置菜单项是否可执行。

⑨"可见"复选框:设计菜单项时,如果"可见"复选框未被选中,则该菜单项是不可见的。

⑩"显示窗口列表"复选框:设置在使用多文档应用程序时,是否使菜单控件中有一个包含打开的多文档文件子窗口的列表框。

(2)菜单项编辑区

"菜单编辑器"窗口的中部有7个按钮用于编辑菜单的菜单项。

①"下一个"按钮:选择并编辑下一个菜单项。

②"插入"按钮:在当前菜单项之前插入一个新的菜单项。

③"删除"按钮:删除当前菜单项。

④"↑"和"↓"按钮:用于调整菜单项的位置。单击"↑"按钮时,当前菜单项上移一行;单击"↓"按钮时,当前菜单项下移一行。

⑤"→"和"←"按钮:用于调整菜单项的级别。在菜单项显示区,菜单项的前面显示有不同的缩进符号"...."。主菜单项没有缩进符号,一级下拉菜单中的菜单项前有一个缩进符号(4个黑点),二级下拉菜单中的菜单项有两个缩进符号(8个黑点)。对显示区中选中的菜单项,要降低一个层次时,单击一次"→"按钮,可在菜单项前加上一个缩进符号;要提高一个层次时,单击一次"←"按钮,删除一个缩进符号。

(3)菜单项显示区

"菜单编辑器"窗口的下方有一个区域,用于显示用户输入的菜单项。

在完成菜单的编辑工作之后,就需要单击"确定"按钮,此时系统将检查菜单的有效性,若检查通过,即保存该菜单并返回到窗体上显示其主菜单项;否则,系统将显示错误信息。

当需要放弃或取消本次编辑菜单的操作时,可以单击"取消"命令按钮。

2. 把代码连接到菜单上

在Visual Basic中,每一菜单项都是一个控件,都响应某一事件过程。一般来说,菜单项都响应鼠标单击事件,即每个菜单项都拥有一个事件处理过程Name_Click()(这里的Name表示菜单项的名称)。每当单击菜单项时,Visual Basic就调用Name_Click()过程,执行这一过程中的代码。

在窗体中选择菜单栏,在下拉菜单中单击要编写代码的菜单项,屏幕上会出现代码窗口,并在窗口中出现这一菜单项的名称和Click事件组成的事件处理过程的过程头与过程尾。用户只要在过程头与过程尾之间输入想执行的某项任务的代码即可。

3. 动态修改菜单状态

用"菜单编辑器"创建、定义完毕的菜单,在程序运行过程中并非就一成不变。用户可以根据实际运行情况动态地调整和控制菜单的使用,给菜单增加一些灵活性。如当某菜单项

执行的操作不适合当前环境时,可以暂时使其失效或干脆将其隐藏起来,就像根本没有这个菜单项一样。需要时也可以向菜单中添加或删除某菜单项。这些操作可以通过设置菜单项的 Enabled 和 Visible 等属性值实现。

【例 6-2】创建一个工程 Proj,在其中添加一个窗体 Form1,在该窗体中加入一个标签 label1,然后启动"菜单编辑器"窗口进行菜单设计,设计界面如图 6-7 所示,该菜单的定义如下(其中括号里指出对应菜单项的名称):

体育(menu1)
....球类(menu11)
........足球(menu111)
........篮球(menu112)
.... -(sepbar)
........羽毛球(menu113)
........乒乓球(menu114)
........排球(menu115)
....游泳(menu12)
........蛙泳(menu121)
........自由泳(menu122)
........蝶泳(menu123)
........仰泳(menu124)
军事(menu2)
....军种(menu21)
........空军(menu211)
........海军(menu212)
........陆军(menu213)
....武器(menu22)
........枪(menu221)
........炮(menu222)
........航空母舰(menu223)
........火箭(menu224)

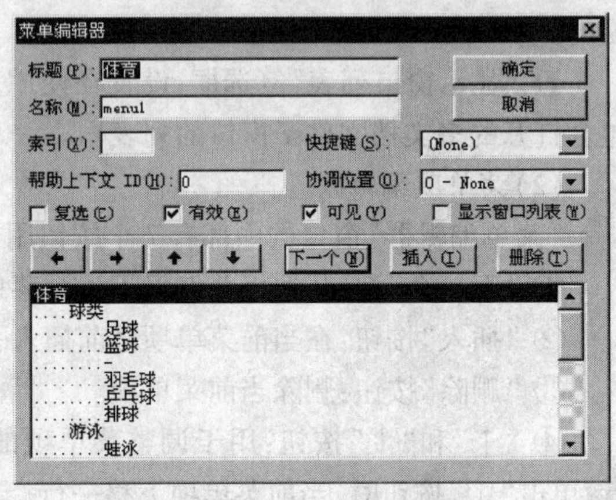

图 6-7 菜单设计

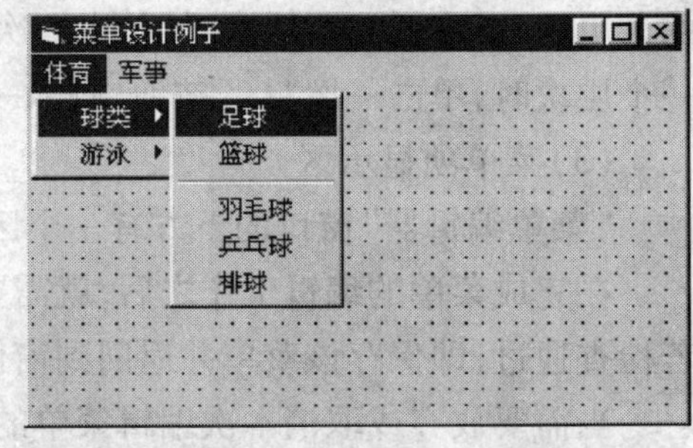

图 6-8 Form3 菜单例子设计界面

再返回到窗体,此时窗体上方出现如图 6-8 所示的菜单。

单击图 6-8 中每个菜单项,出现对应的 Name_Click 事件过程名,在其中设置事件过程代码。本菜单上包含的事件过程如下:

```
Private Sub menu111_Click()
  Label1.Caption = "你选择的是足球"
End Sub
Private Sub menu112_Click()
  Label1.Caption = "你选择的是篮球"
```

```
End Sub
Private Sub menu113_Click()
  Label1. Caption = "你选择的是羽毛球"
End Sub
Private Sub menu114_Click()
  Label1. Caption = "你选择的是乒乓球"
End Sub
Private Sub menu115_Click()
  Label1. Caption = "你选择的是排球"
End Sub
Private Sub menu121_Click()
  Label1. Caption = "你选择的是蛙泳"
End Sub
Private Sub menu122_Click()
  Label1. Caption = "你的选择是自由泳"
End Sub
Private Sub menu123_Click()
  Label1. Caption = "你选择的是蝶泳"
End Sub
Private Sub menu124_Click()
  Label1. Caption = "你选择的是仰泳"
End Sub
Private Sub menu211_Click()
  Label1. Caption = "你选择的是空军"
End Sub
Private Sub menu212_Click()
  Label1. Caption = "你选择的是海军"
End Sub
Private Sub menu213_Click()
  Label1. Caption = "你选择的是陆军"
End Sub
Private Sub menu221_Click()
  Label1. Caption = "你选择的是枪"
End Sub
Private Sub menu222_Click()
  Label1. Caption = "你选择的是炮"
End Sub
```

```
Private Sub menu223_Click( )
  Label1. Caption = "你选择的是航空母舰"
End Sub
Private Sub menu224_Click( )
  Label1. Caption = "你选择的是火箭"
End Sub
```

启动工程 proj,单击“军事|武器|航空母舰”菜单项,其执行结果如图 6 - 9 所示。

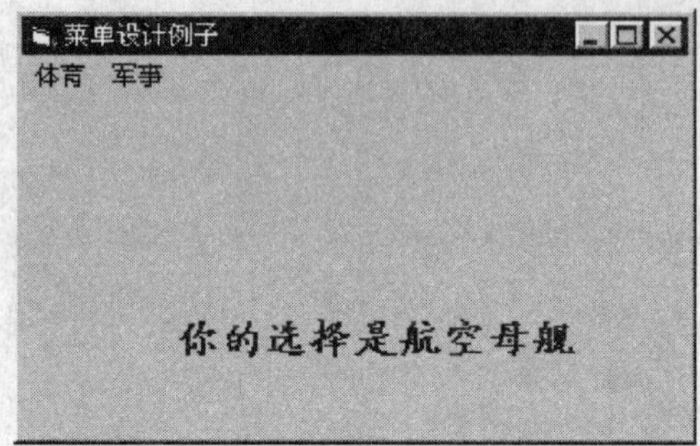

图 6 - 9 执行界面

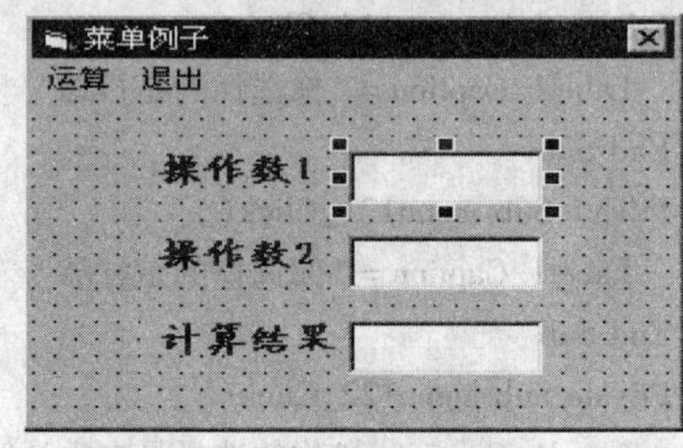

图 6 - 10 程序界面

【例 6 - 3】 创建工程,在该窗体中加入 3 个标签(名称分别为 label1,label2 和 label3)和 3 个文本框(名称分别为 text1,text2 和 text3)。然后启动“菜单编辑器”窗口进行菜单设计,设计界面如图 6 - 10 所示,该菜单的定义如下(其中括号里指出对应菜单项的名称):


```
运算(Oper)
  ....加法(Add)
  ....减法(Sub)
  ....乘法(Mul)
  .... -(Spbar)
  ....除法(Div)
退出(Exit)
```

在该窗体菜单控件上设计如下事件过程:

```
Private Sub Add_Click( )
  Text3. Text = Val( Text1. Text) + Val( Text2. Text)
End Sub
Private Sub Mul_Click( )
  Text3. Text = Val( Text1. Text) * Val( Text2. Text)
End Sub
Private Sub Oper_Click( )
  If Val( Text2. Text) = 0 Then
    Div. Enabled = False
  Else
```

```
    Div. Enabled = True
  End If
End Sub
Private Sub Sub_Click( )
  Text3. Text = Val( Text1. Text) - Val( Text2. Text)
End Sub
Private Sub Div_Click( )
  Text3. Text = Val( Text1. Text)/Val( Text2. Text)
End Sub
Private Sub Exit_Click( )
  End
End Sub
```

启动本工程,在文本框 text1 中输入"12",单击"运算"菜单项,出现下拉菜单,此时由于未在 text2 文本框中输入任何数据,所以"除法"菜单项是禁用的,如图 6-11(a)所示。然后在 text2 文本框中输入"2",再单击"运算"菜单项,出现的下拉菜单中的"除法"菜单项变成有效的,如图 6-11(b)所示,单击"除法"菜单项,其结果如图 6-11(c)所示。

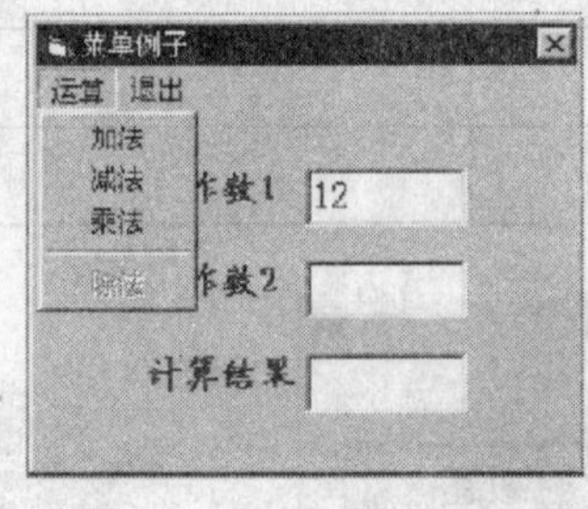

(a)

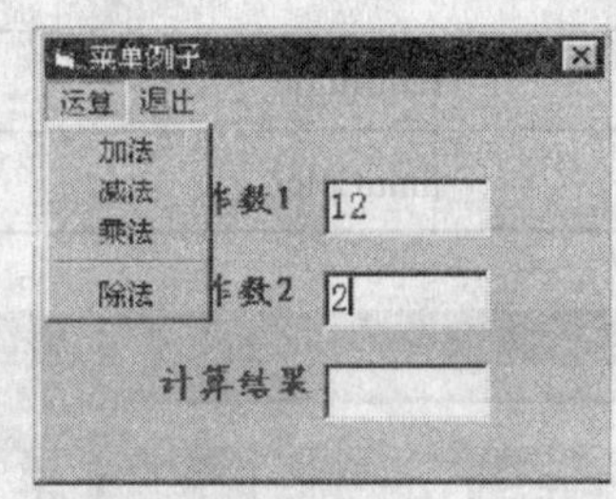

(b)

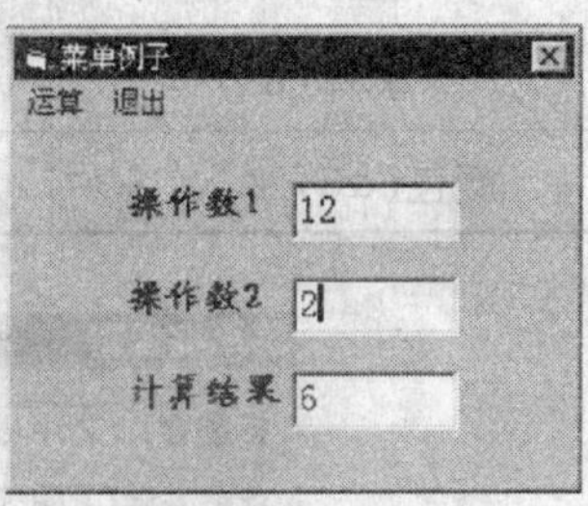

(c)

图 6-11 菜单程序的运行情况

【例 6-4】设计一个简易的文本编辑软件菜单,如图 6-12 所示。

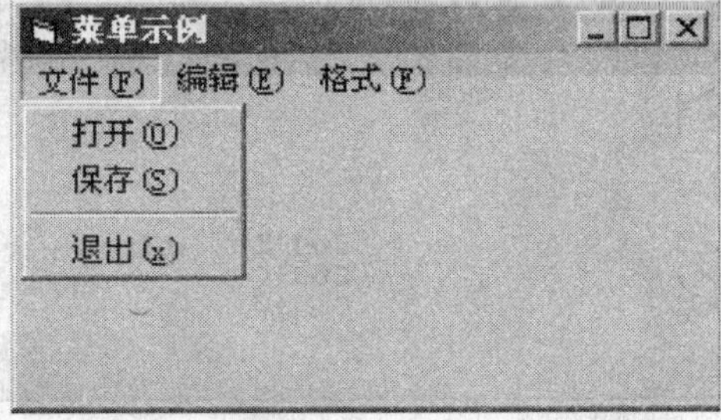

图 6-12 运行结果

打开"菜单编辑器",根据表 6-1 进行菜单设计,如图 6-13 所示。

表 6－1　编辑菜单

菜单项标题	菜单项名称	快捷键
文件(&F)	mnuFile	
....打开(&O)	mnuOpen	
....保存(&S)	mnuSave	
....－	mnu1	
....退出(&x)	mnuExit	
编辑(&E)	mnuEdit	
....剪切(&T)	mnuCut	Ctrl + X
....复制(&C)	mnuCopy	Ctrl + C
....粘贴(&P)	mnuPaste	Ctrl + V
格式(&F)	mnuFormat	
....字体(&F)	mnuFont	
........粗体(&B)	mnuBold	
........斜体(&I)	mnuItalic	
....颜色(&C)	mnuColor	

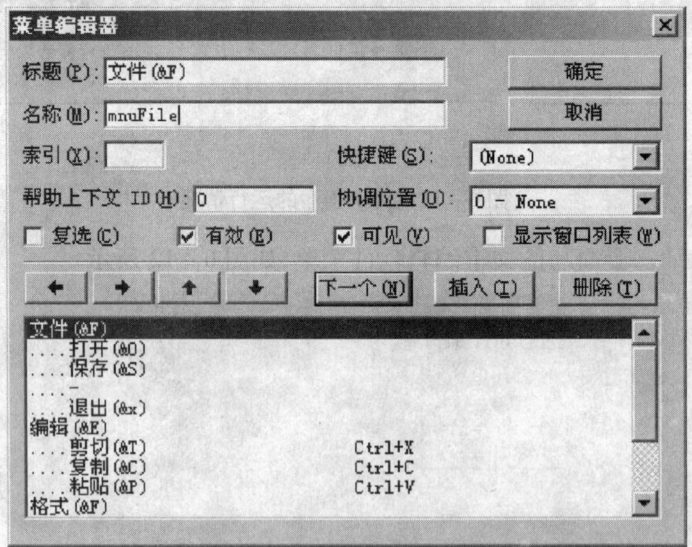

图 6－13　菜单设计

通过上述例题可以看出，下拉式菜单设计一般包括以下 4 步：

①建立窗体，添加控件；

②打开菜单编辑器，进入菜单设计窗口；

③设置各菜单项的属性；

④为菜单项编写相应的事件过程。

6.2.2　弹出式菜单

上节介绍的菜单是一般菜单，它出现在窗口的顶部。本节介绍另一类型的菜单，即弹出式菜单的设计。弹出式菜单是一种小型菜单，它可以在窗体的某个地方显示出来，对程序事件做出响应。只需用户在窗体上单击某一鼠标键(一般为鼠标右键)就可立即弹出该菜单，从而加快用户的操作，所以弹出式菜单也称为快捷菜单。

弹出式菜单的设计过程与上节介绍的一般菜单设计过程基本相同，只需将该菜单的"可见"复选框不选中，即不可见，这样，该菜单就不在窗体中直接显示出来。

注意：实际上，不管该菜单是否可见，都可以成为弹出式菜单，只是我们一般习惯上都使弹出菜单成为不可见的。

为了显示弹出式菜单，可以使用 PopupMenu 方法，该方法的格式如下：

PopupMenu "菜单名", flags, x, y, boldcommand

①flags 参数为可选项，是一个数值或常量，用以指定弹出菜单的位置和行为。Flags 参数的取值见表 6 - 2。

表 6 - 2　flags 位置常量参数的取值

	flags 取值	含　义
位置常量	0	默认值，菜单的左上角位于 x
	4	菜单上框中央位于 x
	8	菜单右上角位于 x
行为常量	0	默认值，菜单命令只接收右键单击
	2	菜单命令可接收左、右键单击

当 PopupMenu 方法中给出 x, y 值时，flags 参数为位置常量；当 x, y 值缺省时，flags 为行为常量。

②x, y 参数为可选项，指定弹出菜单的 x 和 y 坐标，省略时为鼠标当前坐标值。

③boldcommand 参数指出弹出式菜单中想用粗体显示的菜单项名称(只有一个菜单项具有加粗效果)。

【例 6 - 5】通过程序隐藏例 6 - 4 中的"文件"菜单组。在窗体上单击鼠标右键，弹出此菜单组。

打开"菜单编辑器"，清除"文件"菜单项的"可见"复选框前的对勾，即设其为不可见。然后在窗体的 Form_MouseDown 菜单中添加如下代码：

```
Private Sub Form_MouseDown(Button As Integer, Shift As Integer, X As Single, Y As Single)
  If Button = 2 Then
    PopupMenu mnuFile                    '弹出子菜单
```

```
  End If
End Sub
```

MouseDown 事件过程带有多个参数,其具体含义请查阅该事件的帮助信息。上述过程中的条件语句判断所按下的是不是鼠标右键,若是,则用 PopupMenu 方法弹出菜单。程序运行效果如图 6-14 所示。

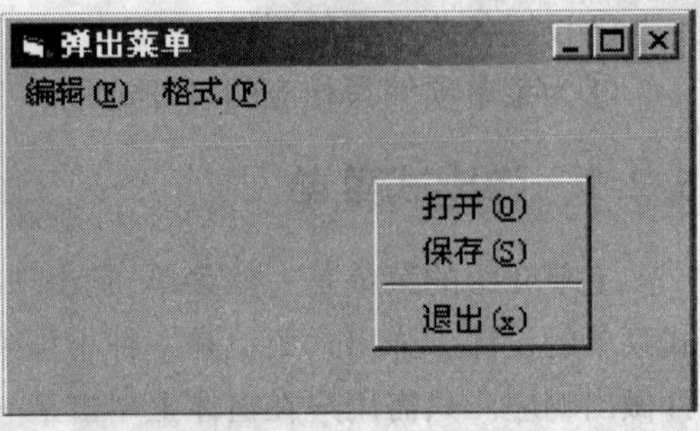

图 6-14 弹出式菜单

6.2.3 菜单项的控制

在使用 Windows 或 Visual Basic 菜单时,已见过"与众不同"的菜单项,如有的呈灰色,单击这类菜单项不执行任何操作;有的菜单项前有"√"号,或菜单项的某个字母下面有下划线等等。下面将介绍如何在菜单中增加这些属性。

1. 有效性控制

为了使程序正常运行,有时需要使某些菜单项失效,以防止出现误操作。如在例 6-3 中,只有在文本框中输入数字后才能进行运算,否则运算没有意义。因此,如果尚未输入数据,则应使执行加、减、乘、除的菜单项失效,如图 6-15 所示,在输入数据后才生效。为此,可增加下面两个事件过程:

```
Private Sub Text1_Change()
  If Text1.Text = "" Then
    Add.Enabled = False
    Min.Enabled = False
    Mul.Enabled = False
    Div.Enabled = False
  Else
    Add.Enabled = True
    Min.Enabled = True
    Mul.Enabled = True
    Div.Enabled = True
  End If
End Sub
Private Sub Text2_Change()
  If Text2.Text = "" Then
    Add.Enabled = False
    Min.Enabled = False
    Mul.Enabled = False
    Div.Enabled = False
  Else
```

```
            Add. Enabled = True
            Min. Enabled = True
            Mul. Enabled = True
            Div. Enabled = True
        End If
    End Sub
```

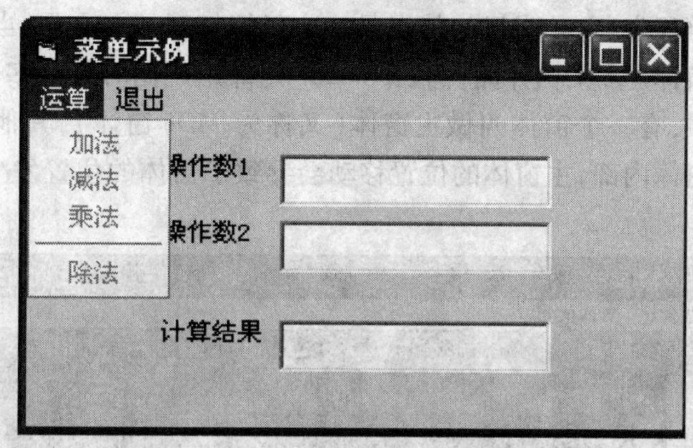

图 6 - 15　菜单有效性控制

除增加上述两个事件过程外，还要取消 Add、Min、Mul、Div 等 4 个菜单项的"有效"属性设置。方法如下：打开"菜单编辑器"窗口，把对应于这 4 个菜单项的数据区中的"有效"属性复选框中的"√"去掉。

2. 菜单项标记

所谓菜单项标记，就是在菜单项前加上一个"√"。

它有两个作用：其一是明显地表示当前某个（或某些）命令状态是"On"或"Off"，其二是可以表示当前选择的是哪个菜单项。

增加方法：在"菜单编辑器"窗口中，由"复选"属性设置，前面有"√"则为"True"，否则为"Flase"。也可在应用程序代码中设置。一般来说，菜单项标记通常是动态地加上或取消的，所以常在程序代码中根据执行情况设置。

3. 键盘选择

在一般情况下，菜单项通过鼠标选择，即单击某个菜单项，执行相应的操作。在 Visual Basic 中，也可以通过键盘选择所需的菜单项。

用键盘选择有两种方法：热键和访问键（Access Key），都可在设计菜单时直接指定。前面已介绍过热键的设置方法。用热键可以直接执行菜单命令，不必一级一级地下拉菜单，速度较快，适合熟悉键盘的用户使用。所谓访问键，就是菜单项中加了下划线的字母，只要按 Alt 和加了下划线的字母，就可以选择相应的菜单项。用访问键选择菜单项时，必须一级一级地选择。也就是只有在下拉显示出下一级菜单后，才能用 Alt 和加了下划线的字母键选择。

访问键的设置（在标题栏中设置）：如果标题是西文，则直接在准备加下划线的字母前加

"&",如"&Additin";如果标题是汉字,通常把访问键放在标题后面的括号中,在括号中输入准备加下划线的字母,并在其前面加上"&",例如"除(&D)"。

6.3 多文档界面的设计

在 Windows 中,文档分为单文档(SDI)和多文档(MDI)两种,如我们熟悉的"记事本"就是一个典型的单文档程序,它最明显的特点是一次只能打开一个文件,当新建一个文件时,当前文件自动被替换掉。多文档界面,例如"Word"允许用户同时打开多个文档文件进行操作。在多文档界面中,有一个窗体叫做主窗体(又称为 MDI 窗体),其他窗体称为子窗体。子窗体始终处在主窗体内部,主窗体的位置移动会导致子窗体的位置发生相应变化,如图 6-16 所示。

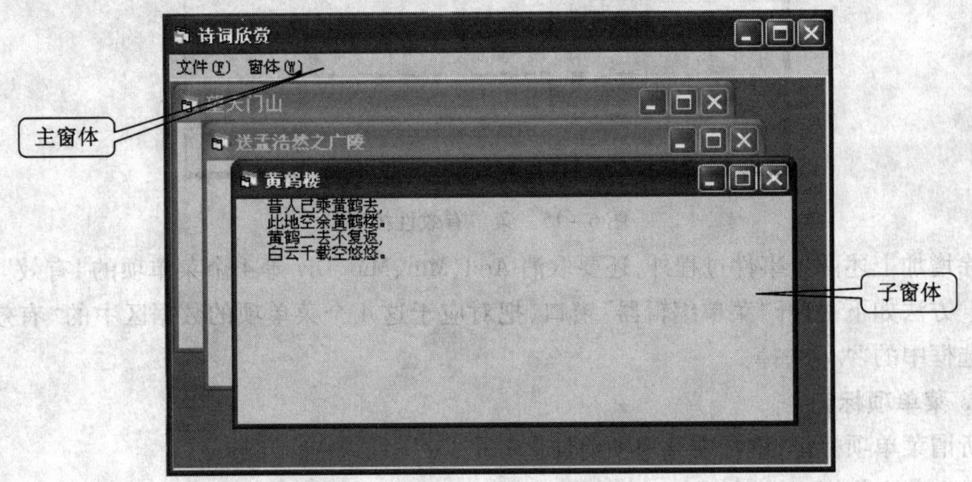

图 6-16 多文档界面

6.3.1 MDI 窗体

多文档界面由父窗口和子窗口组成,一个父窗口可包含多个子窗口,子窗口最小化后将以图标形式出现在父窗口中,而不会出现在 Windows 的任务栏中。当最小化父窗口时,所有的子窗口也被最小化,只有父窗口的图标出现在任务栏中。

在 Visual Basic 中,父窗口就是 MDI 窗体,子窗口是指 MDIChild 属性为 True 的普通窗体。MDI 应用程序由一个 MDI 父窗体和多个子窗体组成,父窗体是所有子窗体的容器,子窗体均显示在 MDI 父窗体的工作空间内。

父窗体和子窗体间存在包含/被包含的关系,其"父子关系"体现在如下几个方面:

① 用户可以移动子窗体或改变子窗体的大小,但操作被限制在 MDI 窗体的工作空间内。子窗体永远位于父窗体边框内,且永远处于父窗体边框之上。子窗体最小化时,并不显示在 Windows 任务栏内,而显示在父窗体的左下角。父窗体最小化时,其所有子窗体都会随之从屏幕上"消失"。

② 启动关系。如果将某个子窗体设置为启动窗体时,父窗体无须指明,也会先启动父

窗体,再启动这个子窗体。关闭父窗体,这个子窗体也被关闭。

③ 父、子窗体功能分工。一般只在父窗体上设计菜单和工具栏,其他功能在子窗体上开发。子窗体即使有菜单,程序运行时活动的子窗体也会将菜单自动“移动”到父窗体上,临时替代父窗体菜单。

④ 控件的添加。父窗体是整个程序的主体,不是设计某一具体功能的地方。能直接添加到父窗体上的功能很少,只有图片框、计时器、菜单控件等少数控件能够添加到父窗体上,其他控件只能添加到父窗体的图片框等控件内。

总之,父窗体一般被看做整个程序的主体、总框架。从父窗体的菜单和工具栏,可以找到一个程序的所有功能。

MDI 应用程序中可以包括非子窗体的普通窗体,典型的用法是模式显示的对话框。

6.3.2　创建 MDI 应用程序

要创建 MDI 应用程序,首先要进入 Visual Basic 的系统集成环境,建立新的工程文件;然后选择主菜单中“工程”中的“添加 MDI 窗体”菜单项,在出现的“添加 MDI 窗体”对话框中,单击“打开”按钮,即在应用程序中添加了一个 MDI 父窗体。MDI 父窗体的标题和名称属性值均为“MDIForm1”,这是系统初置的。在该窗体上只能放置图片框或菜单控件。在图片框中可以放置其他控件,如命令按钮等。

应用程序中只能有一个 MDI 父窗体,如果已经有了一个 MDI 窗体,则“添加 MDI 窗体”命令无效。

一个应用程序可以包含许多相似或者不同样式的 MDI 子窗体。

选取应用程序中的普通窗体,将其 MDIChild 属性设置为 True,该窗体就成为一个子窗体。注意:在设计阶段,MDIChild 属性并不限制子窗体必须在 MDI 父窗体之内,程序运行时才起作用。

6.3.3　加入 MDI 子窗体

有两种方法可以添入 MDI 子窗体。

1. 将一般窗体变为 MDI 子窗体

一般在启动 Visual Basic 后,系统自动创建了一个窗体 Form1,在建立了 MDI 父窗体之后,Form1 窗体还不是 MDI 中的一员,要想让它成为子窗体,必须将其 MDIChild 属性设置为 True。

2. 添加 MDI 子窗体

选择主菜单“工程”中的“添加窗体”,像前面添加 MDI 父窗体一样,出现添加窗体窗口,选中“窗体”,在屏幕上出现一个新的窗体,将其 MDIChild 属性设置为 True。

注意:在设计阶段,MDIChild 属性并不限制子窗体必须在 MDI 父窗体之内,程序运行时才起作用。

6.3.4 加载和关闭 MDI 父窗体及子窗体

1. 加载 MDI 父窗体及子窗体

程序运行后,系统会自动加载并显示 MDI 父窗体,但其子窗体不会自动加载。因此,需要在父窗体的 Load 事件代码中进行加载并显示子窗体的代码。例如,以下代码加载 MDI 子窗体:

```
Private Sub SubMenu_Click(Index As Integer)
  Select Case Index
  Case 0
    MDIChildFrm1. Show
  Case 1
    MDIChildFrm2. Show
  Case 2
    MDIChildFrm3. Show
  End Select
End Sub
```

在 MDI 应用程序中,不能将 MDI 窗体或子窗体显示为模式窗体。

如果子窗体具有大小可变的边框(BorderStyle 为 2 时),加载时 Windows 操作系统将决定其高度、宽度和位置,其初始大小与位置取决于 MDI 窗体的大小,而不是设计时子窗体的大小。当子窗体的边框大小不可变时,加载时会根据 Height 和 Width 属性值显示大小。

2. 关闭 MDI 窗体

和普通窗体一样,关闭 MDI 窗体的代码如下:

```
UnloadMDI 窗体名
```

或

```
Unload Me
```

系统在执行该代码后,将触发 QueryUnload 事件,若需要保存有关信息及其他处理,可在该事件代码中完成。然后卸载各子窗体,最后卸载 MDI 父窗体。

6.3.5 MDI 窗体的常用属性和方法

1. ActiveForm 属性

只读属性,返回 MDI 窗体中的活动子窗体的名称。

2. Arrange 方法

安排 MDI 窗体上的窗口。Windows 提供了 3 种在 MDI 窗体排列子窗体的方法:层叠、垂直平铺或者水平平铺。Arrange 方法的语法为

对象名 . Arrange arrangement

其中,arrangement 为必选项,是一个数值或常量,指定如何重排 MDI 中的窗口或图标,其取值如表 6-3 所示。

表 6-3 arrangement 的取值及说明

常 量	数 值	说 明
vbCascade	0	层叠所有非最小化 MDI 子窗体
vbTileHorizontal	1	水平平铺非最小化 MDI 子窗体
vbTileVertical	2	垂直平铺非最小化 MDI 子窗体
vbArrangeIcons	3	重排最小化 MDI 子窗体的图标

例如执行以下方法:

MDIMainFrm. Arrange 1

在 MDIMainFrm 窗体中水平平铺非最小化的各 MDI 子窗体。

6.3.6 MDI 窗体设计示例

【例 6-6】创建一个多文档界面,具有文件菜单,该菜单下有 3 个子菜单,分别是三首诗的诗名:"望天门山""送孟浩然之广陵""黄鹤楼"。单击其中一个诗名则在子窗体中显示该诗的诗句,并设计窗口菜单,具有"层叠""水平平铺""垂直平铺"3 种窗口排列方式。

1. 创建主窗体和子窗体

首先启动一个新的工程,建立一个 MDI 主窗体和 3 个子窗体,窗体的属性如表 6-4 所示。

表 6-4 窗体属性

MDI 主窗体	Name	MDIMainFrm
	AutoShowChildern	FalseMDI'窗体不能够自动显示子窗体
	Caption	诗词欣赏
	StartUpPosition	2-CenterScreen'窗体始终位于屏幕的中央
子窗体	Name	MDIChildFrm1
	Caption	望天门山
	AtuoRedraw	True
	MDIChild	True
	BorderStyle	2-Sizable'在程序的运行过程中窗体可以改变大小
	Moveable	True'在程序的运行过程中窗体可以移动

（续表）

子窗体	Name	MDIChildFrm2
	Caption	送孟浩然之广陵
	AtuoRedraw	True
	MDIChild	True
	BorderStyle	2-Sizable'在程序的运行过程中窗体可以改变大小
	Moveable	True'在程序的运行过程中窗体可以移动
子窗体	Name	MDIChildFrm3
	Caption	黄鹤楼
	AtuoRedraw	True
	MDIChild	True
	BorderStyle	2-Sizable'在程序的运行过程中窗体可以改变大小
	Moveable	True'在程序的运行过程中窗体可以移动

任何普通窗体都可以被设置为 MDI 应用程序的子窗体。方法是把普通窗体的 MDIChild 属性设置为 True。一个应用程序可以包含许多相似或者不同样式的 MDI 子窗体。

2. MDI 窗体菜单设计

选择菜单“工具 Tool”/“菜单编辑器 Menu Editor”，就会弹出对话框，在菜单编辑器中，建立两个菜单项，即“文件”和“窗体”，在“文件”和“窗体”项下分别有 3 个子菜单，如图 6－17 所示。

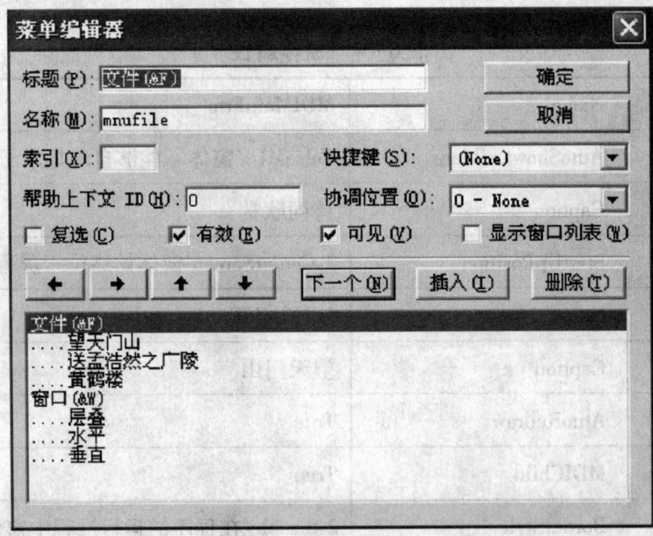

图 6－17　菜单设计

3. 添加菜单单击事件代码

```
Private Sub SubMenu_Click( Index As Integer)
    Select Case Index
```

```
    Case 0
      MDIChildFrm1. Show
    Case 1
      MDIChildFrm2. Show
    Case 2
      MDIChildFrm3. Show
    End Select
End Sub

Private Sub WMenu_Click( Index As Integer)
    Select Case Index
    Case 0
      MDIMainFrm. Arrange 0
    Case 1
      MDIMainFrm. Arrange 1
    Case 2
      MDIMainFrm. Arrange 2
    End Select
End Sub
```

4. 编写各个子窗体的事件过程

```
Private Sub Form_Resize( )
    Cls
    Print Tab(5); "天门中断楚江开,"
    Print Tab(5); "碧水东流至此回。"
    Print Tab(5); "两岸青山相对出,"
    Print Tab(5); "孤帆一片日边来。"
End Sub
Private Sub Form_Resize( )
    Cls
    Print Tab(5); "故人西辞黄鹤楼,"
    Print Tab(5); "烟花三月下扬州。"
    Print Tab(5); "孤帆远影碧空尽,"
    Print Tab(5); "惟见长江天际流。"
End Sub
Private Sub Form_Resize( )
    Cls
    Print Tab(5); "昔人已乘黄鹤去,"
```

```
    Print Tab(5); "此地空余黄鹤楼。"
    Print Tab(5); "黄鹤一去不复返，"
    Print Tab(5); "白云千载空悠悠。"
End Sub
```

7. 程序运行结果

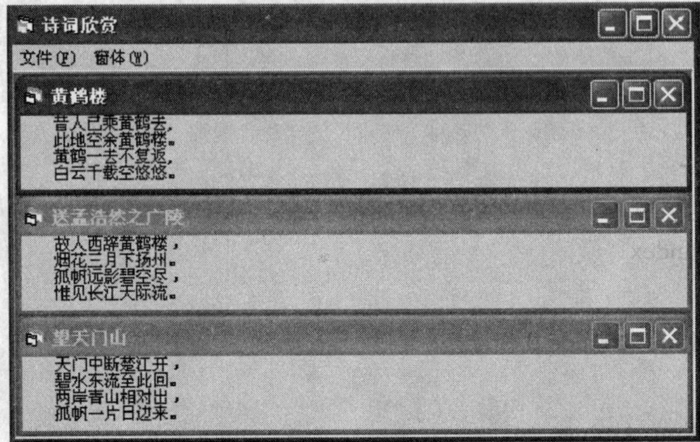

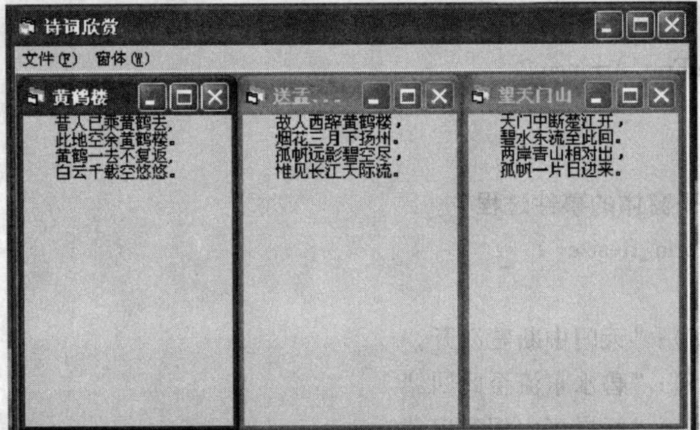

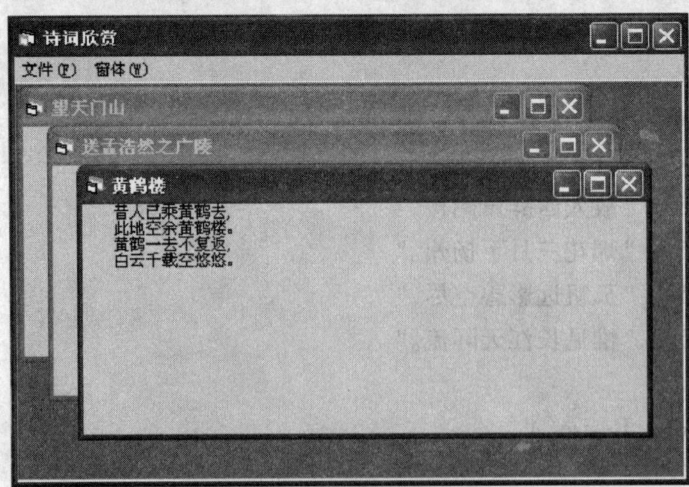

图 6-18　运行结果

习题六

一、填空题

1. 菜单分为________菜单和________菜单，菜单总与__________相关联，设计菜单需要在________中设计。

2. 不可以给________级菜单设置快捷键。

3. 菜单控件只包含一个________事件。

4. 菜单编辑器的“标题”选项对应于菜单控件的________属性。菜单编辑器的“名称”框对应于菜单控件的________属性。菜单编辑器的“索引”选项对应于菜单控件的________属性。菜单编辑器的“复选”选项对应于菜单控件的________属性。菜单编辑器的“有效”选项对应于菜单控件的________属性。菜单编辑器的“可见”选项对应于菜单控件的________属性。

5. 要在菜单中建立分隔条，应在菜单编辑器的________选项中键入一个_______符号。

6. 为了能够通过键盘访问主菜单项，可在菜单编辑器的“标题”选项中的某字母前插入符号_______。运行时，该字母会带有下划线，按 Alt 键和该字母就可以访问相应的主菜单项。

7. 每次单击菜单编辑器中的“?”按钮可以使选定的菜单项________________。

8. 为显示弹出式菜单，可以使用________________方法。

9. 弹出式菜单在________中设计，且一定要使其________级菜单不可见。

二、简答题

1. 可以通过那几种方法打开菜单编辑器?

2. 如何建立弹出式菜单?

3. 试说明建立 MDI 应用程序的一般过程。

4. 在运行期间，MDI 子窗体有什么特性?

三、编程题

1. 设计一个“百战奇略”检索程序。从列出的目录中找到某一“战”的名字，然后显示该“战”的内容。要求如下：

(1)用一个普通窗体作为窗体的封面窗体。

(2)在 MDI 窗体中，用菜单列出各“战”的目录。

(3)用 4 个 MDI 子窗体分别显示其中 4“战”的内容。

“百战奇略”前 4“战”的内容如下：

· 计战　凡用兵之道，以计为首。未战之时，先料将之贤愚，敌之强弱，兵之众寡，地之险易，粮之虚实。

· 谋战　凡敌始有谋，我从而攻之，使彼计衰而屈服。法曰：上兵伐谋。

· 间战　凡欲征伐，先用间谍，觇敌之众寡、虚实、动静，然后兴师，则大功可立，战无不胜。法曰：无所不用间也。

· 选战　凡与敌战，须要选拣勇将、锐卒，使为先锋，一则壮其志，一则挫敌威。法曰：兵无选锋曰北。

2. “三十六计”中胜战计包括 6 计，其具体内容如下：

(1)瞒天过海

备周则意怠；常见则不疑。阴在阳之内，不在阳之对。太阳，太阴。

(2)围魏救赵

共敌不如分敌，敌阳不如敌阴。

(3)借刀杀人

敌已明,友未定,引友杀敌,不自出力,以《损》推演。

(4)以逸待劳

困敌之势,不以战;损刚益柔。

(5)趁火打劫

敌之害大,就势取利,刚决柔也。

(6)声东击西

敌志乱萃,不虞,坤下兑上之象。利其不自主而取之。

建立一个弹出式菜单,该菜单包括 6 个命令,分别为瞒天过海、围魏救赵、借刀杀人、以逸待劳、趁火打劫和声东击西。程序运行后,单击弹出的菜单中的某个命令,在标签中显示相应的"计"的标题,而在文本框中显示相应的"计"内容。

第7章 多模块程序设计与调试

开发功能较复杂的Visual Basic应用程序,需要将其划分为若干个功能相对独立的程序单位。每个程序单位可以是一个窗体模块或标准模块,窗体模块具有自己的窗体界面和程序代码,而采用标准模块是提高代码重用率的有效手段。本章主要介绍如何设计多窗体以及加载、卸载窗体和对多窗体操作的方法。

在开发应用程序过程中,出现错误是在所难免的。如何发现和修改程序中的错误是程序员必须掌握的知识,本章结合Visual Basic介绍程序的调试和出错处理的各种方法。

7.1 多模块程序设计

简单的Visual Basic应用程序通常只包括一个窗体,称为单窗体程序。在实际应用中,特别是对于较复杂的应用程序,单一窗体往往不能满足需要,必须通过多重窗体(Multi-Form)来实现。在多重窗体程序中,每一个窗体可以有不同的界面和程序代码,以完成不同的功能,如有的窗体用来输入数据,有的窗体用来显示结果等。工程中每个窗体都是一个相对独立的程序单位。窗体、窗体和控件的属性设置、事件过程、窗体中的通用过程、模块级的变量与常量合起来称为窗体模块。每个窗体模块保存在一个以".frm"为扩展名的窗体模块文件中。

每个窗体的界面设计与单窗体完全一样,只是在设计之前应先添加窗体,这可以通过"工程"菜单中的"添加窗体"命令来实现,在如图7-1所示的"添加窗体"对话框中选择即可。每执行一次该命令都会建立一个新的窗体。

在该对话框中选择"新建"选项卡,然后选择"窗体",单击"打开"按钮即可在当前工程中添加一个标准窗体,新增加窗体的名称和标题按工程中已有的窗体数自动排列序号。如第二个添加的窗体,其默认名称为Form2,标题也为Form2。用户也可以在"添加窗体"对话框中选择添加其他窗体,如"Web浏览器"窗体等。若在"添加窗体"对话框中选择"现存"选项卡,并在窗口中选择一个已有的窗体文件,则可以把一个属于其他工程的窗体添加到当前工程中。

在进行多窗体程序设计时,往往会出现这样的情况:几个不同窗体模块的某些过程内部都要执行相同的代码。如果不希望在这些窗体模块中出现代码重复现象,就要创建一个独立模块,并让该模块含有一个这样的全局通用Sub过程,在此过程内编写上述的重复代码。这样,不同的窗体模块都可以调用此Sub过程。人们把具有上述特征的独立模块称为标准

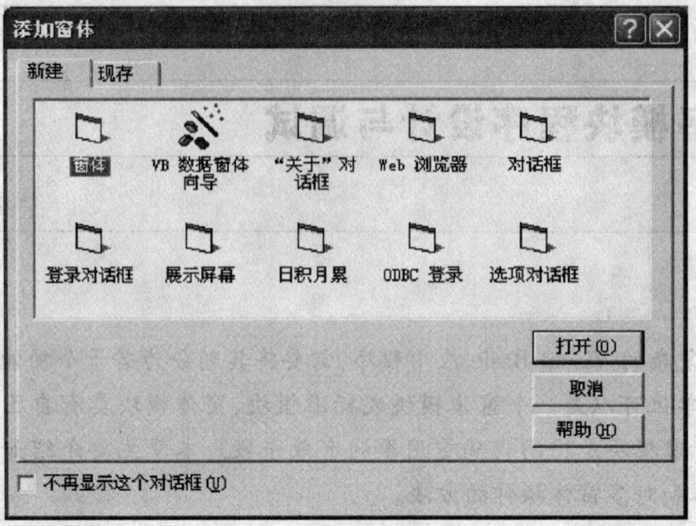

图 7－1　“添加窗体”对话框

模块。标准模块没有界面，只有代码。一个工程中可以添加多个标准模块，每个标准模块的代码保存在一个以“.bas”为扩展名的标准模块文件中。

向工程中添加标准模块的方法是在 Visual Basic 集成环境的“工程”菜单中选择“添加模块”菜单项，在打开的“添加模块”对话框中选择“新建”选项卡，然后单击“打开”按钮。这时就会看到，在工程资源管理器中多了一个“模块”文件夹，其中有“Module1”图标，这就是添加的标准模块名称。同时出现了一个代码窗口，这就是标准模块 Module1 的代码窗口。和窗体模块的代码窗口一样，可以在其中声明变量，编写通用过程代码。

只有当标准模块内的过程开头被冠以 Public 或省略 Private/Public 关键字时，该过程才是全局通用过程。当变量在标准模块的通用声明段中声明为 Public 型时，该变量就是全局变量，在任何窗体模块中都可以直接使用此全局变量，不存在那种需要在全局变量名前面加上窗体名作前缀的问题。

此外，Visual Basic 还有其他类型模块，如类模块（文件名以.cls 为扩展名）。

7.1.1　启动对象

“启动对象”是指一个程序运行时，首先被加载并执行的对象。启动对象可以是一个窗体，也可以是标准模块中名字为 Main 的自定义 Sub 过程。一个工程必须有一个启动对象，默认的启动对象是第一个被创建的窗体。

可以通过下列对话框来进行设置启动对象：选择“工程”菜单中的最后一项“××属性”（“××”是工程名），弹出如图 7－2 所示的“××－工程属性”对话框。

在对话框“通用”选项卡上的“启动对象”组合框中选择要作为启动窗体的名称，然后单击“确定”按钮。注意，若要设置启动对象为 Sub Main，必须保证当前工程已经有标准模块，并且标准模块中有且仅有一个 Sub Main 过程。

Visual Basic 允许工程中可以没有任何窗体存在的情况。此时，要求没有窗体的工程至少要有一个标准模块，标准模块中应该有过程，并且已经设置为启动对象。Sub Main 过程只

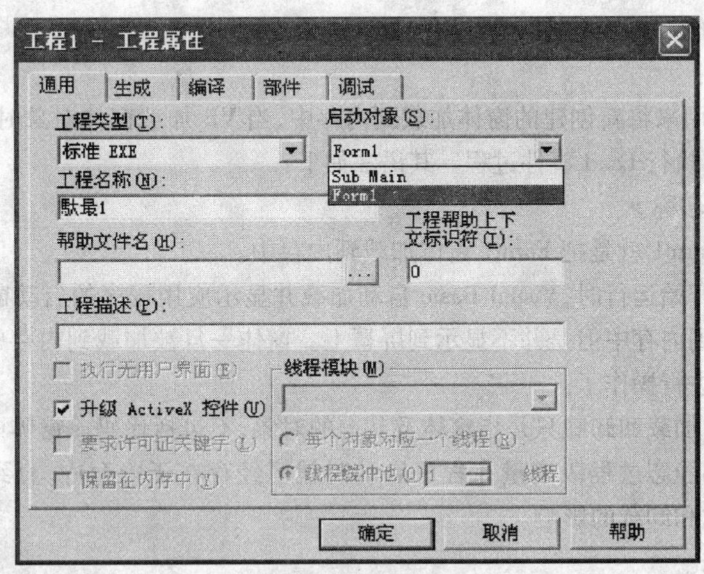

图 7-2　"工程属性"对话框

是程序的入口,它可以再调用其他的过程来完成较为复杂的任务。没有窗体的工程编译为可执行文件后,运行该文件时不会产生用户界面。当由 Sub Main 过程调用的所有过程执行完毕后,程序就结束了。

【例 7-1】如果在一个没有窗体的工程中的标准模块中有如下过程,则运行时,只做一件事:把系统时间改变为 2008 年 8 月 8 日。

```
Sub Main( )
    Date = #8/8/2008#
End Sub
```

用过程作为启动对象的意义在于:

①有时候,在一个具有多窗体的应用程序启动时先不加载任何窗体,可以先装入数据文件,然后根据数据文件中的内容再决定应该显示哪一个窗体。

②另外,有些应用程序在启动时,需要首先加载程序运行时需要的大量数据或者是一些大型位图,然后才能显示主窗体供用户使用;而加载大量数据和大型位图需要耗费时间。在这种情况下,主窗体就会迟迟地不能显示出来,这给用户带来等待的烦恼。解决这一问题的办法是:程序启动时,先在屏幕上显示应用程序的封面(可用窗体来设计),封面上包括诸如应用程序名、版权信息等内容;同时加载主窗体显示当前需要的各种大量数据及位图。待所需的数据全部加载完成后再卸载封面、显示主窗体。要做到这一点,就必须先在标准模块中编写一个名为 Main 的 Sub 过程,然后把该过程设置为启动对象。

7.1.2　窗体的加载与卸载

在单窗体程序设计中,所有操作都是在一个窗体中完成,不需要在多个窗体间切换。而在多重窗体程序中,除了作为启动对象的窗体之外,其他的窗体只有使用 Visual Basic 的窗体加载语句或相关的方法才能加载到内存中并显示在屏幕上与用户进行交互。启动对象是由操作系统加载的。下面介绍几个常用的方法和语句。

1. Load 语句

Load 语句是用来将新创建的窗体加载到内存中，当 VB 加载窗体对象时，先把窗体属性设置为初始值，再执行 Load 事件过程。其语法如下：

Load <窗体名称>

例如，Load Form1 就是把 Form1 窗体加载到内存中。

当应用程序开始运行时，Visual Basic 自动加载并显示应用程序的启动窗体。Load 语句只是将窗体加载到内存中但是并不显示到屏幕上。窗体一旦被加载到内存中便可以通过程序对它及其控件进行操作了。

注意：窗体的加载和卸载只是指窗体及其上的对象，不包括代码。窗体中声明的全局变量、模块级变量和静态过程级变量在程序启动时就已经存在于内存中，直到程序关闭时清除，不受窗体加载和卸载的影响。

2. Show 方法

Show 方法用来显示一个已经装入内存的窗体，使该窗体变成活动窗体，同时窗体的 Visible 属性被设置为真。其语法如下：

[窗体名称.] Show [模式]

“窗体名称”是被显示的窗体对象名，为可选项，如果省略则显示当前窗体。“模式”参数为可选项，用来决定窗体是模态的还是非模态的。参数为 1 时，表示显示的窗体是模态(Modal)的，指用户在把焦点切换到其他窗体或对话框之前必须采取动作，即此窗体的动作没有执行之前用户不能执行其他窗体或对话框的任何动作，只有隐藏或卸载了模态窗体之后，其他的窗体才可以被使用。而参数为 0 时(默认)，表示显示的窗体是非模态(Modalless)的，不会影响用户对其他窗体的操作，不要求用户在把焦点切换到其他窗体或对话框之前采取动作。在模式窗体显示时，虽然应用程序中的其他窗体失效，但其他应用程序不会失效。

注意：如果调用 Show 方法时指定的窗体没有加载，Visual Basic 将自动加载该窗体。那么，用 Load 方法单独装载窗体有何意义呢？

① 有些窗体是不需要显示的，只需装载即可。如某些用于做一些后台操作的窗口。

② 对于复杂的如包含大型位图或包含许多控件的窗体，如果直接调用 Show 方法来显示窗体，则会出现一定的时间延迟。如果事先装载了窗体，在需要时再使用 Show 方法将窗体显示出来，就不会产生明显的延迟了。

3. Hide 方法

Hide 方法用于隐藏显示在屏幕上的窗体。隐藏窗体时，将从屏幕上删除窗体，并将其 Visible 属性设置为 False。用户将无法访问隐藏窗体上的控件，但是运行中的 Visual Basic 应用程序并不卸载它，仍然可以使用隐藏窗体的控件。其语法如下：

[窗体名称.] Hide

注意：如果调用 Hide 方法时指定的窗体没有加载，Visual Basic 将自动加载该窗体，但不显示它。

4. Unload 语句

Unload 语句用来卸载窗体。在窗体卸载之后，所有在运行时放到该窗体上的控件都不再是可访问的，在设计时放到该窗体上的控件将保持不变。对窗体上任何控件的访问都会导致窗体重新加载，但在重新加载窗体时，在运行时对这些窗体上的控件及其属性的任何更改将会丢失，所有对于窗体属性的更改也将会丢失。其语法如下：

Unload <窗体名称>

注意：卸载的只是窗体和控件的显示部件，它的代码（如过程、变量）仍然可以用。窗体卸载之后，运行时对窗体与控件属性的所有改动都将丢失，下一次加载时，窗体和控件的属性都是设计时设置的初始值。

除了使用 Unload 语句外，还有其他的动作可以卸载窗体，如单击窗体右上角的“关闭”按钮、选择窗体左上角控制菜单中的“关闭”命令、关闭程序、关闭操作系统等。

【例 7－2】如果一个工程中有两个窗体 Form1，Form2 和一个标准模块 Module1。标准模块中的 Sub Main 过程声明如下：

```
Sub Main( )
   Dim dtm1 As Date
   dtm1 = Date
   If Weekday( dtm1 ) =1 Or Weekday( dtm1 ) =7 Then
      Load Form1
      Form1. Show
   Else
      Form2. Show
   End If
End Sub
```

把 Sub Main 设置为启动对象，则每当程序启动时，Main 过程会根据当前系统日期判断是否是星期六或星期日。如果是，显示窗体 Form1；否则显示窗体 Form2。

7.1.3　窗体加载时的事件

窗体从未被加载到加载再到显示，会依次接收到系统发送的 Initialize，Load 和 Activate 三个事件。

1. Initialize 事件

Initialize 事件是窗体的初始化事件。在加载一个窗体时，此事件最先被触发。在该事件过程中可以为模块级或全局变量赋值。

2. Load 事件

窗体一旦被加载就会触发 Load 事件。由于 Load 事件是窗体的一个生命周期（即从加载到卸载）中除了 Initialize 事件外，第一个接收到的事件，所以一般是在窗体的 Load 事件过程中编写窗体启动代码，对变量进行初始化，设置窗体（或窗体内部控件）属性的初始值。

因为 Load 事件发生时，窗体默认为不可视，即窗体上的文字不能显示，需要使用 Show

方法或将窗体的 Visible 属性设置为 True 来显示文字。所以不应该在 Load 事件过程中使用绘图方法(除非窗体的 AutoRedraw 属性设置为真),也不该有焦点的设置行为。

3. Activate 事件

Activate 是当一个窗体成为活动窗口时所触发的事件。用户单击某个窗体,或在程序代码中用 Show 方法显示窗体,或用 SetFocus 把焦点设置在某窗体上,都使该窗体成为活动窗口,此时触发 Activate 事件。可在该事件过程中进行绘图操作和控件输入焦点的设置。在窗体的一个生命周期中可以多次触发 Activate 事件,每次窗体从非活动窗体变为活动窗体时,都会触发此事件。

【**例 7-3**】下面的事件过程是在窗体每次被激活时绘制一个窗体能容纳得下的最大椭圆。

```
Private Sub Form_Activate()
  If ScaleWidth > ScaleHeight Then
    Circle(ScaleWidth/2,ScaleHeight/2),ScaleWidth/2,ScaleHeight/ScaleWidth
  Else
    Circle(ScaleWidth/2,ScaleHeight/2),ScaleHeight/2,ScaleHeight/ScaleWidth
  End If
End Sub
```


7.1.4 窗体卸载时的事件

窗体在卸载时会依次接收到由系统发送的 4 个事件:Deactivate,QueryUnload,Unload 和 Terminate。

1. Deactivate 事件

当窗体由活动窗体变为非活动窗体时触发 Deactivate 事件。除了卸载时,当窗体变为非激活窗体的时候,也会触发此事件。窗体经过操作后有些数据进行了修改而需要保存,在此用 Deactivate 事件很方便。

2. QueryUnload 事件

当窗体要卸载之前,先引发 QueryUnload 事件。格式为

```
Private Sub Form_QueryUnload(Cancel As Integer,UnloadMode As Integer)
```

参数 UnloadMode 的值能够反映卸载是如何引起的,其意义见表 7-1。

表 7-1 在属性窗口中需要修改的属性值

参数值	卸载窗体的原因
0	选择窗口菜单中的“关闭”命令或单击了标题栏上的“关闭”按钮
1	在程序中使用了 Unload 语句
2	Windows 操作系统关闭
3	在 Windows 的任务管理器中关闭此程序
4	MDI 窗体关闭引起 MDI 子窗体的关闭

参数 Cancel 可以用来终止窗体的卸载。当 Cancel = 0(或不赋值)时,窗体继续卸载;当 Cancel 等于非 0 值时,则会停止窗体的卸载。被终止卸载的窗体,仍然显示在屏幕上并保持激活状态。

可以在 QueryUnload 事件过程中提示用户对未保存的工作进行保存,或者根据各种情况决定是否继续卸载窗体。

【例 7-4】下面的事件过程使得用户不能通过单击标题栏上的"关闭"按钮或窗口控制菜单中的"关闭"菜单项关闭窗体。

```
Private Sub Form_QueryUnload(Cancel As Integer,UnloadMode As Integer)
  If UnloadMode = 0 Then Cancel = 2
End Sub
```

【例 7-5】下面的事件过程提示用户保存工作。

```
Private Sub Form_QueryUnload(Cancel As Integer,UnloadMode As Integer)
  Dim int1 As Integer
  int1 = MsgBox("文件尚未保存,是否保存?",vbYesNoCancel)
  If int1 = vbYes Then                    '选择"是"则执行保存代码
    Save                                  '进行相应的保存操作
  ElseIf int1 = vbCancel Then             '选择"取消"则停止卸载
    Cancel = 1
  End If
End Sub
```

3. Unload 事件

如果 QueryUnload 事件过程未终止窗体的卸载过程,当窗体从屏幕上消失时,会继续引发 Unload 事件。其语法为

Private Sub Form_Unload(Cancel As Integer)

参数 Cancel 的作用与 QueryUnload 事件过程的参数 Cancel 作用相同。当 Cancel 等于非 0 值时,则会阻止窗体的卸载。

在该事件过程中,适合进行关闭文件、清除所占系统资源的工作。

4. Terminate 事件

Terminate 事件在 Unload 事件之后发生,是窗体卸载过程中的最后一个事件。

7.1.5　窗体的生命周期

由于窗体和控件是可见的,所以它们与其他对象的生命周期不同。例如,即使释放了对窗体的所有引用,也不会关闭该窗体。Visual Basic 维护整个工程中所有窗体的集合,只有当窗体卸载时才能从集合中删除该窗体。通常,Visual Basic 窗体在整个生命周期中要经历 4 个状态。

1. 创建但不加载

Initialize 事件是该状态开始的标志。因而,放在 Form_Initialize 事件过程中的代码,就是

窗体创建时最先执行的代码。处于这种状态时，窗体是作为一个对象而存在，但还没有窗口，而且它的控件也不存在。虽然该状态可能很短暂，但任何窗体都要经过该状态。一旦 Form_Initialize 事件过程结束，在不强制加载窗体的情况下，所有能够执行的过程必须添加到该窗体代码窗口的 Sub，Function 和 Property 过程中。

2. 加载但不显示

Load 事件标志这个状态的开始。一旦窗体进入加载状态，Form_Load 事件过程中的代码就开始执行。Form_Load 事件过程开始后，窗体上的所有控件都被创建和加载，而且该窗体有了一个窗口，也就是系统为窗体建立了“窗口句柄(hWnd)”和“设备描述体(hDC)”。

任何窗体只有加载后才能可见。很多窗体自动从创建但不加载状态，进入加载但不显示状态，最后进入显示状态。调用窗体的 Show 方法便能实现这一点。但有时需要窗体保持加载状态，但不显示。这是通过 Form_Load 事件过程中调用窗体的 Hide 方法实现的。

任何时候，只要隐藏了窗体，它就总是从可见状态回到加载状态。回到加载状态并不重新执行 Load 事件。Form_Load 事件过程在窗体的存活期中只运行一次。

3. 显示状态

一旦窗体可见，用户就能和它进行交互。当然，窗体在卸载前可以任意隐藏及显示。

```
Form1. Show          '显示窗体 Form1
Form1. Hide          '隐藏窗体 Form1
```

窗体在卸载时可以是隐藏的，也可以是可见的。若没有隐藏，则保持可见，直到卸载完毕。

窗体卸载之前，最后发生的事件为 Unload 事件。该事件发生前，会有另一个重要的事件 QueryUnload 发生。如果某些数据希望保存，可在 QueryUnload 事件过程中提示保存或忽略所做的更改信息。

4. 完全释放内存和资源

释放内存和资源的唯一办法就是卸载窗体，并把所有引用设置为 Nothing。这种做法常常会漏掉那些隐含的全局变量引用。如果使用了类名(如“属性”窗口中的 Name 属性)来引用窗体，就等于使用隐含全局变量。为了释放窗体占用的内存，必须把该变量设置为 Nothing，例如，Set Form1 = Nothing。该窗体在撤销前会接收到 Terminate 事件。

7.1.6 与多窗体有关的操作

1. 当前窗体的切换

使用工程资源管理器可以很方便地对多窗体进行管理，双击该窗口中的窗体名，该窗体就成为当前窗体，或在对象窗口中单击多窗体的标题栏，也可以进行当前窗体的切换。

2. 删除窗体

不再需要的窗体可以把它删除。方法为在工程资源管理器的窗口中右键单击想要删除的窗体名，在弹出的快捷菜单中选择“删除”，即可删除该窗体。

3. 多窗体程序的存取

单窗体程序的保存比较简单，通过“文件”菜单中的“保存工程”或“工程另存为”命令，

可以把窗体文件以 . frm 为扩展名存盘,工程文件以 . vbp 为扩展名存盘。多重窗体程序保存要复杂一些,因为每个窗体要作为一个文件保存,所有窗体作为一个工程文件保存。

(1)保存多窗体程序

为了保存多窗体程序,通常需要以下两个步骤:

① 在工程资源管理器中选择需要保存的窗体,例如,“Form1. frm”,然后执行“文件”菜单中的“Form1. frm 另存为”命令,打开“文件另存为”对话框。用该对话框把窗体保存到磁盘文件中。在工程管理器窗口中列出的每个窗体或标准模块,都必须分别存入磁盘。窗体文件的扩展名为 . frm,标准模块文件的扩展名为 . bas。每个窗体通常用该窗体的 Name 属性值作为文件名存盘,也可以用其他文件名存盘。

② 执行“文件”菜单中的“工程另存为”命令,打开“工程另存为”对话框,把整个工程以 . vbp 为扩展名存入磁盘。

(2)装载多窗体程序

执行“文件”菜单中的“打开工程”命令,将显示“打开工程”对话框,在对话框中输入或选择工程文件(. vbp)名,然后单击“打开”按钮,即可把属于该工程的所有文件装入内存。

7.1.7　窗体设计例子

【例 7-6】利用多窗体编程,实现华氏温度℉和摄氏温度℃之间的转换。转换公式为:$C=5/9*(F-32)$。

程序分析:在例 7-6 中使用 3 个窗体,窗体 Form1 作为主窗体,窗体 Form2 完成摄氏温度转为华氏温度,窗体 Form3 完成华氏温度转为摄氏温度。

应用程序设计如下:

①主窗体界面设计如图 7-3 所示,添加 2 个命令按钮 Command1 和 Command2。

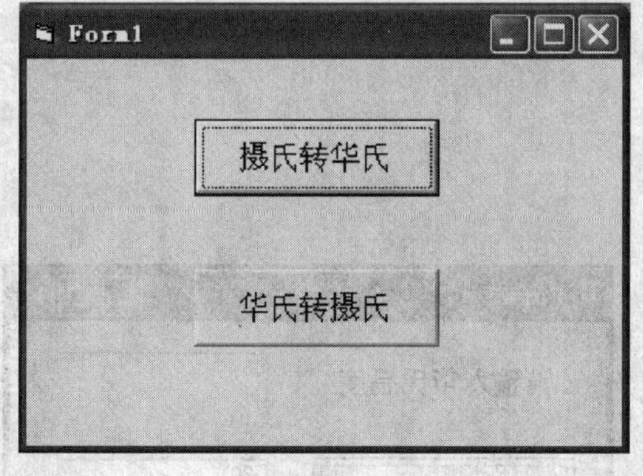

图 7-3　主窗体界面

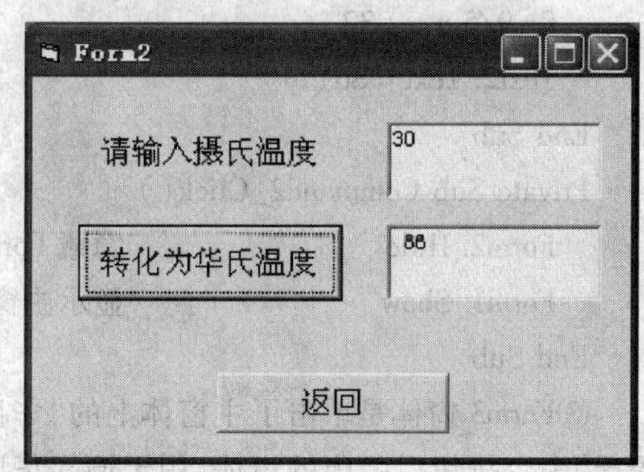

图 7-4　摄氏温度转华氏温度界面

主窗体的程序代码如下:

```
Private Sub Command1_Click( )
  Form1. Hide
  Form2. Show
End Sub
```

```
Private Sub Command2_Click()
    Form1. Hide
    Form3. Show
End Sub
```

②Form2 窗体是单击了主窗体上的"摄氏转华氏"命令按钮后弹出的又一个窗体，用于输入摄氏温度，计算其对应的华氏温度。Form2 的界面设计如图 7－4 所示。在其上添加两个命令按钮、一个标签、两个文本框控件，并按表 7－2 设置其属性。

表 7－2　在属性窗口中需要修改的属性值

控　件	属　性	属性值
Command1	Caption	转化为华氏温度
Command2	Caption	返回
Label1	Caption	请输入摄氏温度
Text1	Text	空
Text2	Text	空

程序运行时，在文本框 Text1 中输入一个摄氏温度，当用户单击"转化为华氏温度"命令按钮时，将在文本框 Text2 中显示相应的华氏温度。当用户单击"返回"命令按钮时，将返回主窗体。

Form2 窗体的程序代码如下：

```
Private Sub Command1_Click()
    Dim c As Single,f As Single
    c = Text1. Text
    f = 9/5 * c + 32
    Text2. Text = Str(f)
End Sub
Private Sub Command2_Click()
    Form2. Hide                  '隐藏 Form2
    Form1. Show                  '显示主窗体
End Sub
```

③Form3 窗体是单击了主窗体上的"华氏转摄氏"命令按钮后弹出的窗体，用于输入华氏温度，计算其对应的摄氏温度。可以参照 Form2 的界面来设计 Form3 的界面，如图 7－5 所示。参照表 7－2 来设计 Form3 中各对象的属性。

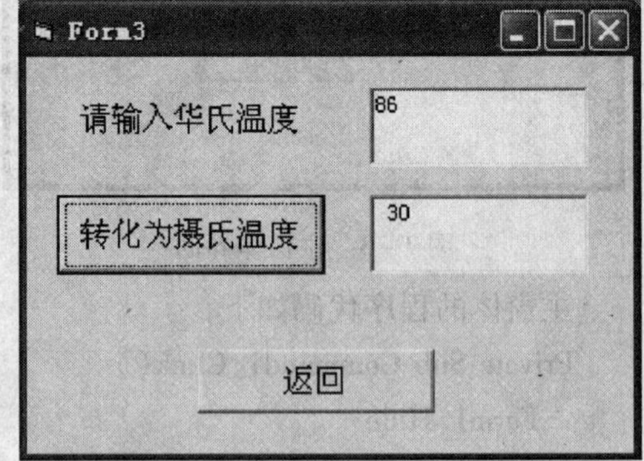

图 7－5　华氏温度转摄氏温度

程序运行时，在文本框 Text1 中输入一个华氏温度，当用户单击"转化为摄氏温度"命令按钮时，将在文本框 Text2 中显示相应的摄氏温度。

当用户单击“返回”命令按钮时,将返回主窗体。

Form3 窗体的程序代码如下:

```
Private Sub Command1_Click()
    Dim c As Single,f As Single
    f = Text1. Text
    c =5/9 * (f-32)
    Text2. Text = Str(c)
End Sub
Private Sub Command2_Click()
    Form3. Hide
    Form1. Show
End Sub
```

由上面的例题可以看出,多重窗体实际上是单一窗体的集合,而单一窗体是多窗体程序设计的基础。掌握了单一窗体程序设计的方法,多重窗体的程序设计是很容易的。利用多窗体的设计可以把一个复杂的问题分解为若干个简单问题,每个简单问题可以使用一个窗体来实现。程序代码是针对每个窗体单独编写的,因此也与单一窗体程序设计中的代码基本相同,但应注意各个窗体之间的相互关系。

7.2　程序调试与错误处理

在程序的编制过程中无论多么仔细与认真,都不能避免程序出现错误。有时程序本身并没有问题,但运行环境却出现了意料不到的问题,有时会因为文件被删除、移动存储器没有准备好,或设计时没有预料到的种种操作,使得程序无法正常运行或运行后产生错误的结果。甚至,错误还可能会使应用程序操作不灵,不再对命令作出响应。这时,可能要重新启动应用程序,从而使已经完成但尚未存储的工作丢失。这些可能发生的事情都将严重影响我们的工作。在一般情况下,通过审查程序代码就可以发现错误。但是,有些错误可能比较隐蔽,不易发现,需要借助调试工具来查找和改正错误。为了方便编程人员修改程序中的错误,几乎所有程序设计语言都提供了程序调试手段。

所谓程序调试,就是通过编译或跟踪找出程序的错误,并给予改正。程序调试是开发应用程序不可缺少的步骤。Visual Basic 具有丰富的调试手段,利用这些手段,可以较快地查找和排除错误。程序调试主要通过“调试”菜单或“调试”工具条来实现。在一般情况下,“调试”工具条是隐藏的,可以用下面的操作显示该工具条:在工具栏上单击鼠标右键,弹出一个菜单,单击菜单中的“调试”命令,即可打开“调试”工具条。本节介绍 Visual Basic 的调试工具,同时介绍 Visual Basic 的错误处理方法。

7.2.1　错误的分类

应用程序中出现的错误一般可以分为 3 种,即编译错误、运行错误和逻辑错误。

1. 编译错误

编译错误主要是语法错误,是由于不正确地使用 Visual Basic 的语言元素而产生的。例如,在代码中遗漏了某些必需的标点符号、将中文的标点符号作为代码中的符号、关键字输入不正确、缺少表达式、类型不匹配或者应该配对的语句没有配对等,都会产生编译错误。在编写代码时,Visual Basic 会自动对程序进行语法检查,某些类型的语法错误能够被即时检查出来,并且会弹出一个出错消息框,出错的那一行以高亮度显示。例如,当输入"I ="后没有接着输入表达式,而是切换到其他行,则会弹出错误消息框。

还有一些语法错误,在编写代码时 Visual Basic 检查不出来。例如,在设计时使用了一个 For 子句而没有 Next 子句与之对应,有 Select Case 子句而没有 End Select 子句等;又如,想在程序运行时让文本框 Text1 中出现某一信息,却在代码中加入了"Text1. Caption = 提示信息"的语句,而文本框控件根本就没有 Caption 属性;再如,在代码中为文本框 Text1 的 Text 属性赋值,而窗体上却没有放置名为 Text1 的文本框控件对象等。在运行程序时,Visual Basic 将弹出错误消息框,提示用户错误之所在。

当 Visual Basic 对应用程序进行编译时,就会检测到上述的语法错误。在"工具"菜单中选择"选项"菜单项,会弹出"选项"对话框,如果在该对话框的"编辑器"选项卡上选中"自动语法检测"选项(缺省时已被选中),那么,只要在代码窗口中出现语法错误,Visual Basic 就可能会立即显示错误提示信息。和其他两类错误相比,语法错误现象相对明显,所以比较容易发现和纠正。

2. 运行错误

有时候程序没有出现语法错误问题,但程序执行到某一个语句时无法进行下去,这种错误称为运行时错误,简称为运行错误。此类错误只有在程序运行时,分别用各种具有代表性的数据去测试才能检测到。例如,执行除法操作时除数为 0,对负数求平方根,对负数求对数,溢出或类型不匹配,加载一个图片时文件不存在,都将产生错误。出现运行错误时会弹出一个消息框,消息框的第一行显示的是运行错误代号,每个运行错误都对应一个代号。第二行显示的是错误的说明。单击"结束"按钮,则结束程序的运行,返回到设计模式;单击"调试"按钮,则切换到中断模式,显示代码窗口,并且出错的语句以高亮度显示,此时可以编辑代码。若单击"帮助"按钮,则打开 Visual Basic 的帮助窗口,其中提供了错误说明、错误代号、引发错误的原因以及解决错误的办法等信息。

3. 逻辑错误

程序运行既没有出现编译错误,也没有出现运行错误,但得出的结果是错误的,这种错误称为逻辑错误。对于初学者来说,逻辑错误很可能是由于忘记了对某个变量初始化、用错了操作符或使用了不正确的公式而引起的。逻辑错误也多发生在用于逻辑判断的 If 语句、Select Case 语句、用于重复某一操作的循环语句及它们的嵌套结构上。就拿 Select Case 语句来说,语句中位于后面的 Case 子句条件实际上隐藏着前面 Case 子句的否定条件,换句话说,前面的 Case 子句条件制约着后面的 Case 子句条件;If 语句的嵌套结构也同样存在类似的问题。初学者往往忽略了这些问题,从而导致逻辑错误的出现。

此外,如果编程者对问题的分析不够透彻,算法不够严密,也会导致逻辑错误。比如,有

3个变量 a,b,c 各自保存着一个整数，要求将这3个整数按从大到小的顺序排列起来。假设编程者这样考虑："若 a 小于 b，则 a 与 b 交换；若 b 小于 c，则 b 与 c 交换；则这3个整数从大到小的排列顺序就是 a,b,c"。如果以这样的思路编写排序程序，必然导致逻辑错误。

查找程序中逻辑错误的方法是在程序运行时，分析程序执行到某个阶段性语句时代码中各变量、属性或表达式的值是否为预期值，并从中发现错误所在。方法之一是：在某个阶段性语句的后面再增加能显示数据的语句（如 Print 语句），用该语句输出各变量、属性或表达式的值。另一种调试方法是：人为地使程序在执行到某个阶段性语句时进入中断状态，然后利用 Visual Basic 的调试窗口检查程序中各个量的当前值。下面将介绍这一调试方法。

7.2.2 程序中断

在 Visual Basic 中，设置了程序中断、跟踪、设置监视点和监视表达式等机制帮助程序员调试程序。这些是缩小错误所在范围、快速排错的有效手段。

调试程序时，经常需要在某个关键地方暂停执行，以便找出程序中的错误。暂停程序的执行常用的方法有两种，即设置断点和使用 Stop 语句。

1. 设置断点

所谓断点，就是在程序的运行中要暂时停止的语句。断点可以在设计模式中设置，也可以在中断模式中设置。设置断点有3种常用的方法：

① 在代码窗口中用鼠标将光标移到需要设置断点的语句，然后选择"调试"菜单中的"切换断点"命令，或按 F9 键。

② 在代码窗口中用鼠标将光标移到需要设置断点的程序行左边的灰色区域。此时，光标变成左指箭头。然后单击鼠标左键，这时系统就把该程序行设置为断点。

③ 在代码窗口中用鼠标将光标移到需要设置断点的程序行左边，并单击鼠标右键。此时，系统弹出一个菜单，选择"切换/断点"命令，把该程序行设置为断点。

无论使用哪一种方法设置断点，断点的相应语句都变为粗体并反相显示，同时在代码窗口的左边灰色区域中出现一个圆点。

设置断点的方法可以用来取消断点，即用上述3种方法来设置断点时，若该程序行不是断点，则设置为断点；否则，该操作取消断点。如果要取消所有断点可以选择"调试"菜单中的"清除所有断点"命令或按 Ctrl + Shift + F9 组合键。

设置程序断点的作用是对程序分段测试。程序在断点处暂停执行后进入中断模式，断点语句以黄色背景显示，并在边界标识条中显示一个箭头。此时可以对断点以前的语句进行检查，如果把鼠标光标移到某个变量上，即可显示出该变量的当前值，如图7-6所示。

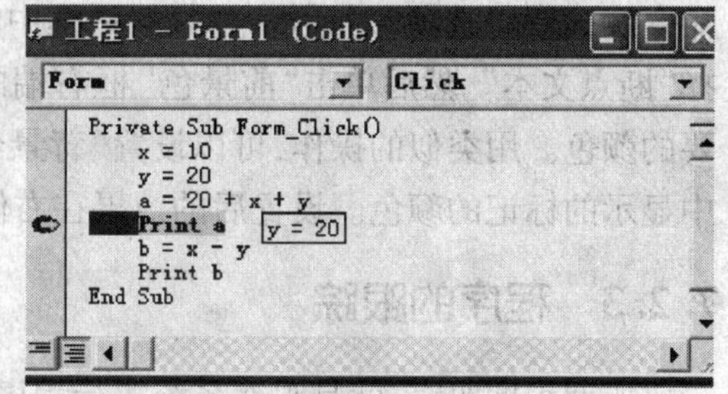

图7-6 运行期间的断点

2. 使用 Stop 语句

在 Visual Basic 中有一个专门用于调试程序

的 Stop 语句,功能是暂停程序的执行,并进入中断模式。例如

```
Private Sub Form_Click( )
    x = 10
    y = 20
    a = 20 + x + y
    Stop
    Print a
    b = x - y
    Print b
End Sub
```

当执行到上面程序中的 Stop 语句时,Stop 语句以黄色反相显示,系统暂停执行,即把这个语句当做一个断点。此时,只要把鼠标移到 x 或 y 处,即可显示出它们的值。

说明:

① 从暂停程序执行并进入中断模式这一点来说,Stop 语句和断点的作用是一样的。使用 Stop 需要修改程序代码,因此不如使用断点方便。但是,断点不如 Stop 语句灵活,也就是说,在程序执行过程中,每遇到一个断点都会无条件地中断执行;而如果使用 Stop 语句,则可使程序在一定的条件下暂停。

② 断点只在当前程序中存在,如果存盘后再重新装入,则断点将全部消失。而 Stop 语句会永远留在程序中,除非将其删除。

③ 程序在断点或 Stop 语句处中断后,可以按 F5 键或执行"运行"菜单中的"继续"命令继续执行。

④ Stop 语句和 End 语句都能使程序停止执行,但它们是有区别的。End 语句用来结束程序,并返回设计模式。而 Stop 语句是暂停程序执行,进入中断模式,并可通过"运行"菜单中的"继续"命令(或按 F5 键)继续执行,不会回到设计模式。

⑤ 在创建可执行文件(后缀名为 exe)之前要确信删除了程序中的所有 Stop 语句,否则当独立的 Visual Basic 应用程序(. exe)中遇到了 Stop 语句时,应用程序会把它当作 End 语句,并立即停止执行程序,而且不发生任何 QueryUnload 或 Unload 事件。

⑥ 断点设置后呈反相显示,其底色可以通过"工具"菜单中的"选项"命令调整。执行该命令后,显示"选项"对话框,选择对话框中的"编辑器格式"选项卡,在"代码颜色"列表中选择"断点文本",然后单击"前景色"框右端的箭头,从下拉显示的颜色列表中选择一种所需要的颜色。用类似的操作,可以设置"背景色"和"标识色",其中"标识色"是在边界标识条中显示的标记的颜色。设置后的效果在右侧的"示例"框中显示。

7.2.3 程序的跟踪

所谓程序跟踪,就是观察系统执行程序的过程。使用跟踪手段调试程序,可以按程序中语句的执行先后顺序来检查每一个语句的执行情况,以便找到发生错误的语句。在 Visual Basic 中,跟踪程序有两种常用方式:单步执行和过程单步。

1. 单步执行

单步执行实际上就是控制系统按程序中语句的执行顺序每次只执行一条语句，然后根据执行的结果来判断执行的语句是否正确。在设计模式下，启动单步执行功能可以使用如下操作方法：

① 选择“调试”菜单中的“逐语句”命令。

② 单击“调试”工具条上的“逐语句”按钮。

③ 按 F8 功能键。

启动单步执行功能之后，系统立即进入运行模式，系统开始执行事件驱动程序中的语句，并自动切换到中断模式。每启动一次单步执行功能，系统执行一条可执行语句，并把下一条可执行语句设置为“待执行语句”，待执行语句反相显示。要想按程序执行语句的先后顺序检查每条语句的执行情况，就要多次启动单步执行功能。每执行一条语句后，都可以检查变量或表达式的当前值。若发现语句有错误，可以立即进行修改。通常使用功能键 F8 更易于操作，每按一次 F8 键，执行一条语句。

如果执行的是 Form_Click 事件过程，则单步执行后，屏幕上显示窗体，此时必须单击窗体，才能开始执行。其他事件过程，如 Command1_Click 等，也与此类似。

复合语句行中有多条语句（各语句之间用冒号隔开），由于单步执行以语句为单位，一条语句一条语句地执行，每次只有一条语句（不是一行）反相显示。

2. 过程单步

过程单步也称过程执行，其执行方式与单步执行基本相同，只是把被调用的过程作为一条语句，一次执行完毕。如果确信某个过程不会有错误，则没有必要单步执行过程中的每条语句，在这种情况下，可以使用过程单步。

在设计模式下，启动过程单步功能有如下操作方法：

① 选择“调试”菜单中的“逐过程”命令执行。

② 单击“调试”工具条上的“逐过程”按钮。

③ 按 Shift + F8 组合键。

假定有以下两个通用过程：

```
Sub proc1()
  Print "This is the first procedure. "
End Sub
Sub proc2()
  Print "This is the second procedure. "
End Sub
```

在 Form_Click 事件过程中调用上述过程：

```
Private Sub Form_Click()
  proc1
  proc2
End Sub
```

单击“调试”菜单中的“逐过程”命令，或按 Shift + F8 组合键，进入过程单步运行模式。屏幕上显示窗体，单击窗体后即开始执行窗体事件过程，每按一次 Shift + F8 执行一个通用过程。此时 proc1 反相显示，表示准备执行该过程。按一次 Shift + F8 后，执行通用过程 proc1，显示"This is the first procedure."，同时 proc2 反相显示，准备执行。如果再按一次 Shift + F8，则执行通用过程 proc2，窗体上显示"This is the second procedure."，同时“End Sub”被框住，结束执行。

3. 执行到光标处

在设计状态或中断状态下，若选择“调试”菜单中的“运行到光标处”命令或按 Ctrl + F8 组合键，则程序会执行到插入光标所在的语句；如果在插入光标的前面有断点，则程序只能执行到断点处。在使用此调试功能前，应先将插入光标在代码中的位置确定下来。

注意：使用“执行到光标处”这一调试功能后，程序自动处于中断状态。

4. 跳出

跳出是指一次性执行完当前执行点所在过程中剩余的所有语句。如果该过程是个被调用过程，则下一条将被执行的语句是父过程中调用该过程语句的后面那条语句。选择“调试”菜单中的“跳出”命令或按 Ctrl + Shift + F8 组合键可以实现“跳出”。

注意：只有在中断状态下才能使用这一调试功能；而且，在使用此功能后，程序自动处于中断状态。

能使程序进入中断状态的方法还有如下两种：

① 程序运行时按 Ctrl + Break 组合键。该组合键在程序处于死循环时很适用。

② 当程序执行到 Stop 语句时，也进入中断状态。

7.2.4 监视点与监视表达式

在 Visual Basic 中，监视点与监视表达式也是调试程序的重要手段。利用监视点可以中断程序的执行，其作用与断点类似，但它是有一定条件的。利用监视表达式，可以在程序执行的过程中显示其变量或表达式的值。

1. 监视点

监视点实际上是一个表达式。当该表达式的值为 True（非 0）时，程序中断执行。监视点通过监视窗口设置。操作步骤为：选择“调试”菜单中的“添加监视”命令，此时，屏幕弹出一个“添加监视”对话框，如图 7 - 7 所示。该对话框分为 3 部分：“表达式”文本框，“上下文”和“监视类型”两个框架。在“表达式”文本框中输入表达式。在“上下文”框架中指定要监视的过程和模块。在“监视类型”框架中设置监视类型，包括 3 个单选按钮，可根据需要选择。选择“当监视值为真时中断”单选按钮时，Visual Basic将把表达式加入到监视窗口中（图 7 - 8）。这样设置后，当表达式的值为真（非 0）时，

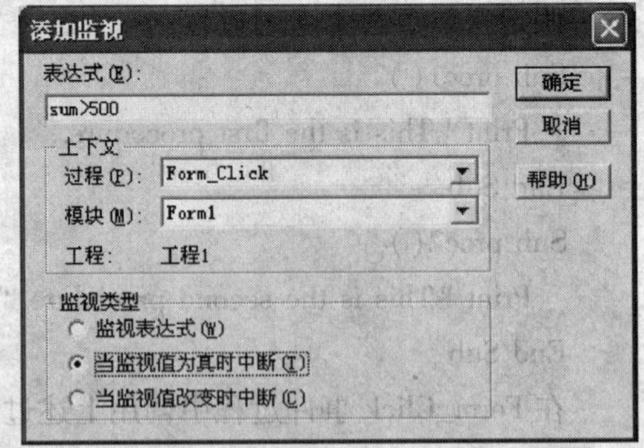

图 7 - 7 “添加监视”对话框

程序将中断执行。有时候,可能希望在表达式的值发生变化时中断程序执行,则应选择"当监视值改变时中断"单选按钮。

在执行程序时,Visual Basic 在执行每一个语句后都要计算表达式的值,并在指定的条件满足时中断程序执行。例如,假定有如下一段程序:

```
Private Sub Form_Click( )
  Dim i% ,sum%
  For i = 1 To 1000
    sum = sum + i * i
    Print sum
  Next
End Sub
```

执行"调试"菜单中的"添加监视"命令,打开"添加监视"对话框,在"表达式"文本框中输入 sum > 500,在"监视类型"部分选择"当监视值为真时中断"(图 7 - 7),然后运行程序,则当变量 sum 的值超过 500 时,程序将中断执行,如图 7 - 8 所示。可以看出,在监视窗口中,此时表达式"sum > 500"的值已变为 True。

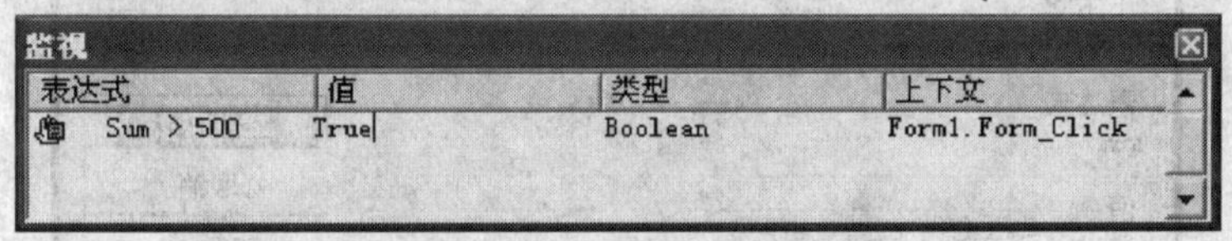

图 7 - 8　当监视值为真时中断

监视点是十分有效的调试工具,但由于不断地检查表达式的值,因而会使程序的执行速度变慢。在实际调试程序时,可以把监视点和断点结合起来使用。在有可能发生错误的地方设置断点,程序以正常速度运行到断点后中断,然后设置一个或多个监视点,再以较慢的速度执行程序。

2. 监视表达式

用监视点可以使程序在指定的条件下暂停,而用监视表达式可以查看或跟踪正在执行的过程中的变量或表达式的值。

监视表达式的值也是通过监视窗口设置的。步骤为:选择"调试"菜单中的"添加监视"命令,此时打开"添加监视"对话框;在"表达式"文本框中输入变量名或表达式;在"上下文"框架中指定要监视的过程和模块;在"监视类型"框架中选择"监视表达式"选项;单击"确定"按钮。

我们仍用上面的例子来看一看监视表达式的操作。用前面介绍的方法把 sum 设置为监视表达式,该表达式即出现在监视窗口中。然后按 F8 键,程序开始运行,单击窗体后,连续按 F8 键,用"逐语句"方式执行程序,此时窗体上将显示程序的执行情况,同时在监视窗口中实时显示变量 sum 的值,如图 7 - 9 所示。

选择变量作为监视表达式时,除了可以直接在"添加监视"窗口中输入该变量的名字外,也可以在程序中先双击该变量,然后选择"调试"菜单中的"添加监视"命令执行。这时,该

监视

表达式	值	类型	上下文
Sum	385	Integer	Form1.Form_Click

图 7-9　显示监视表达式的值

变量就会在“表达式”文本框中，按“确定”按钮，该变量就成为监视表达式。若监视表达式为程序中的表达式，除了可以直接在“添加监视”窗口中输入外，也可以先在程序中先选定该表达式，然后选择“调试”菜单中的“添加监视”命令。这时，该表达式就出现在“表达式”文本框中，单击“确定”按钮后，该表达式成为监视表达式。

3. 快速监视

也可以通过“快速监视”命令设置监视表达式，操作如下：在代码窗口中选择一个需要监视的表达式；执行“调试”菜单中的“快速监视”命令（或单击“调试”工具条上的“快速监视”按钮），打开“快速监视”对话框，如图 7-10 所示；单击“添加”按钮，即可把监视表达式添加到监视窗口。

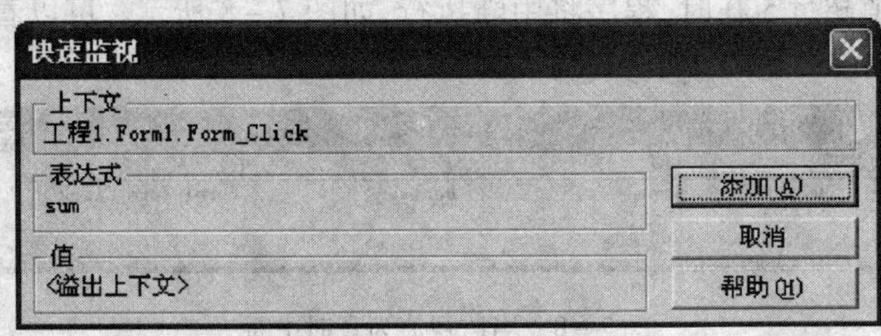

图 7-10　“快速监视”对话框

7.2.5　调试窗口

Visual Basic 有 3 个调试窗口，即立即窗口、本地窗口和监视窗口。监视窗口在前面已经介绍过了，这里主要介绍立即窗口和本地窗口的使用。

1. 立即窗口

监视窗口（或称监视对话框）只能被动地显示变量或表达式的值，而立即窗口不仅可以用来检查变量或控件属性的值，而且能够修改变量和控件属性的值，还可以测试过程。当系统进入中断模式或程序执行到 Debug. Print 语句之后将自动激活立即窗口。如果在中断应用程序时正在运行某一过程，则该过程的代码窗口与立即窗口一起显示。在立即窗口中，可以输入并执行 Visual Basic 语句，每条语句一行，按回车键执行，不影响代码窗口中的代码。也可以使用如下方法打开立即窗口：

① 选择“视图”菜单中的“立即窗口”命令。

② 单击“调试”工具条上的“立即窗口”按钮。

③ 按 Ctrl + G 组合键。

（1）在立即窗口中输出信息

为了在立即窗口输出变量、控件属性或表达式的值，可以在程序中插入 Debug. Print 语句，也可以直接在立即窗口输入 Print 命令或与 Print 方法等价的问号“?”。Visual Basic 把立即窗口看做一个名称为 Debug 的对象，Print 是它的一个很重要的方法。

【例7-7】在程序中使用 Debug. Print 语句。

```
Private Sub Form_Click()
   Dim a% ,b% ,c%
   a = 10: b = 6
   Debug. Print c
   c = a * b
   Debug. Print c
End Sub
```

运行程序后，单击窗体，系统执行 Form_Click()事件过程。由于在 Print 方法前面加上了 Debug 对象，因而所有的结果都在立即窗口中输出。执行结果如图7-11所示。

图7-11　立即窗口输出

利用立即窗口，不必中断程序，就能在程序执行过程中监视数据的变化情况。此外，由于输出被送到立即窗口，因而对原来的其他窗口及正常输出不会产生干扰。还可以即时监视程序的执行情况，这在测试循环过程中变量的变化时是很有用的。例如：

```
Private Sub Form_Click()
  Static sum As Integer
  For i = 1 To 5
    sum = sum + i
    Debug. Print sum
  Next
End Sub
```

上述程序运行后，单击窗体，在立即窗口中显示在每一次循环中 sum 的值。利用立即窗口，可以清楚地看到循环的执行过程。

(2)输出属性的值

在立即窗口中可以直接输出变量或属性的值，以监视程序的执行情况。

例如，在窗体上建立一个文本框，将 Text 属性设置为“VB 程序设计”，按 F5 运行程序。然后进入中断模式，即可在立即窗口中输出当前窗体及控件的属性值。例如：

```
Print Text1. Text  <CR>
VB 程序设计
? Text1. FontName  <CR>
宋体
```

在立即窗口中，可以显示当前过程中局部变量的值，也可以显示当前活动窗体层变量的值，但不能显示其他窗体或模块变量的值。

(3)重新设置变量或属性的值

利用立即窗口,不但可以输出变量或属性的值,而且可以修改变量或控件属性的值。

【例 7 -8】编写程序,计算本金为 10000 元,年息为 4.14% 的 5 年期存款本息和。

```
Private Sub Form_Click( )
  p = 10000
  r = 0.0414
  t = 5
  For j = 1 To t
    i = p * r
    p = p + i
  Next j
  Print Int(p * 100 + 0.5)/100
End Sub
```

此程序用来计算 5 年期存款的本息和。程序运行后,单击窗体,结果为 12248.64。把断点设在“For j = 1 To t”,然后按 F5 执行程序,执行到断点时进入中断模式,此时如果在立即窗口中输入 *t* =3 <CR>,并执行“运行”菜单中的“继续”命令(或按 F5),则程序将根据 *t* 的新值(3)进行计算,即计算 3 年而不是 5 年的本息和。输出结果为 11294.13。

在立即窗口中可以设置对象的属性。例如,首先在窗体上建立一个文本框,进入中断模式后,在立即窗口中输入

Text1. Text = "VB 程序设计" <CR>

Form1. Caption = "在立即窗口中修改属性值" <CR>

执行上述操作后,将窗体标题、文本框的内容改变。

(4)用立即窗口测试过程

用立即窗口测试过程通常有两种情况,一是用立即窗口交互式地执行过程,二是查看和测试过程的多个实例。

用立即窗口交互式地执行过程,就是在立即窗口中输入一个语句(在中断模式下)并执行,这与在代码窗口中是一样的,前面给变量和属性赋值实际就是这种应用的一个特例。但是,立即窗口虽然对任何有效的可执行语句有效,却不接受数据声明。因此,数据声明必须通过子程序或函数过程调用实现。

用立即窗口查看和测试过程的多个实例,就是用立即窗口重复运行一个过程,以测试不同条件或参数下的效果。例如:

```
Function max(a As Integer,b As Integer)
  If a > b Then
    max = a
  Else
    max = b
  End If
```

```
End Function
```

这是一个求 2 个数中最大值 max 的函数过程。中断模式下,在立即窗口中键入适当的语句调用该过程,根据结果判断过程的执行是否正确无误。例如,在立即窗口中键入 Print 语句:

```
print max(5,9)
 9
print max(47,26)
 47
```

在立即窗口中使用控制结构的语句时,只有当控制结构能够在一行代码内完全表示时,这个结构才是有效的。通常,通过使用冒号将组成控制结构的各个语句隔开,来实现这一要求。如下面对 If 结构的使用,在立即窗口中是有效的:

```
If Weekday(dtm1) = 1 Then :Form1.Show :Else :Form2.Show :End If
```

在立即窗口中执行命令时,可以进行简单的编辑操作:

① 在按回车键之前,可以对语句进行局部修改。

② 可以用鼠标或方向键把光标移到立即窗口的任何位置,并可对某个语句进行修改。

③ 可以用 PgUp 或 PgDn 进行换页操作,用 Ctrl + Break 可以把光标移到立即窗口的最后一行。

④ 按 Home 或 End 键可以把光标移到行首或行尾。

⑤ 只要把光标移到某一行上(任意位置),按回车键就能执行该语句。

⑥ 当光标位于一个 Print 语句上时,按回车键将打印出一个值,并将原来在第二行上的内容移到第三行。如果不想移动第二行,可以在要执行的 Print 的最后加上一个分号(;)。

2. 本地窗口

与立即窗口不同,本地窗口只有在程序处于中断模式时才可用。本地窗口以列表方式显示当前过程中所有的过程级变量的名字、类型及其值,也可以显示当前窗体各个控件的属性的名字、类型及其值。在本地窗口中,也可以改变变量的值。

【例 7-9】求 2~100 之间的所有素数,并利用本地窗口对变量当前值进行检查。

```
Private Sub Form_Click()
  Dim m&, i&, f%
  For m = 2 To 100
    f = 0
    For i = 2 To Sqr(m)
      If m Mod i = 0 Then
        f = 1
        Exit For
      End If
    Next i
    If f = 0 Then
```

```
        Debug. Print m;"是素数!"
      End If
    Next m
End Sub
```

在语句"Exit For"处设置断点并运行程序。单击窗体，系统执行 Form_Click( )事件过程，当执行到语句"Exit For"时，程序的执行中断。这时，选择"视图"菜单中的"本地窗口"命令，屏幕显示如图 7－12 所示。

本地

工程1.Form1.Form_Click ...

表达式	值	类型
⊞ Me		Form1/Form1
m	4	Long
i	2	Long
f	1	Integer

图 7－12　本地窗口

在本地窗口中显示：

① 标题栏下面显示的是当前被中断的过程名(图 7－12 是"工程 1. Form1. Form_Click")。

②"表达式"栏列出的是 Form_Click 过程中所有过程级变量的名称。

③"值"栏列出与表达式栏对应的变量在程序中断时的值。

④"类型"栏列出与表达式栏对应的变量的类型。

列表中的第一行显示的不是变量，而是当前过程所在的模块名(如果是窗体模块，则显示为"Me")。单击"Me"前面的"＋"号，展开其中的内容，可以把当前窗体各个控件的类型、属性和当前值全部显示出来。这时，可以对这些变量和属性的当前值进行检查和修改，并按 Enter 键确认。然后单击"运行"菜单中的"继续"命令或按 F5 键，程序从断点处继续执行。

说明：当程序的执行从一个过程切换到另一个过程时，本地窗体的内容也随之变化。

当一个过程被中断时，其父过程也被中断。若想知道中断时父过程中各变量的值，则单击本地窗口右上角表面为符号"..."的按钮，这时会弹出"调用堆栈"对话框。此对话框中除含有当前中断的过程名外，还有其父过程名。选择父过程名，然后单击"显示"按钮，则本地窗口中出现父过程中所有过程级变量的值。

习 题 七

一、选择题

1. 当一个窗体被卸载时，最后引发的一个事件是(　　)。

A. Deactivate　　B. QueryUnload　　C. Unload　　D. Terminate

2. 窗体从加载到显示，依次引发的事件有(　　)。

A. Load，Initialize，Activate　　B. Initialize，Activate，Load

C. Load，Activate，Initialize　　D. Initialize，Load，Activate

3. 下面窗体的哪个事件在窗体从加载到卸载这个过程中只可能触发一次(　　)。

A. GotFocus　　B. Activate　　C. Load　　D. Deactivate

4. 下面的哪个语句肯定不能用来结束一个应用程序？(　　)

A. Unload　　B. End　　C. Stop　　D. Exit

5. 下面的哪个窗口可以用来调试程序？(　　)

A. 属性窗口　　B. 本地窗口　　C. 工程窗口　　D. 窗体布局窗口

6. 下列可以打开“立即”窗口的操作是(　　)。

A. Ctrl + D　　B. Ctrl + E　　C. Ctrl + F　　D. Ctrl + G

7. 如果在“立即”窗口中执行以下操作，则输出结果是(　　)。

a = 8 <CR>

b = 9 <CR>

Print a > b <CR>

A. －1　　B. 0　　C. False　　D. True

8. 不属于 Visual Basic 调试窗口的是(　　)。

A. 本地窗口　　B. 跟踪窗口　　C. 监视窗口　　D. 立即窗口

二、简答题

1. 多窗体程序与单窗体程序有何区别？怎样向工程中添加新窗体？

2. 什么是启动对象？对于只有一个窗体的应用程序来说，你能指出默认的启动对象吗？对于多窗体应用程序来说，情况又如何？怎样使所希望的窗体成为启动对象？

3. 一个通用过程能充当启动对象吗？如果能，该过程必须满足哪些条件？

4. 15Load 语句能将窗体显示出来吗？窗体的 Hide 方法能卸载窗体吗？

5. 窗体的 Load 事件是在什么情况下发生的？Activate 事件只有在显示窗体时才会发生吗？

6. 在多窗体程序中，怎样在各个窗体间切换？

7. 设计一个多窗体应用程序。在启动窗体上放置一个文本框和两个命令按钮，这两个命令按钮被单击时分别显示一个自定义对话框。其中一个对话框内放置若干单选框，用来选择字体；另一个对话框内放置若干复选框，用来决定带删除线、带下划线等字体效果。对这两个对话框的操作都直接影响启动窗体上文本框内的文字。

8. 编译错误是什么？当检测到编译错误时，会出现什么情况？

9. 什么是断点？在 Visual Basic 程序中，断点通常定位在哪里？当查看程序清单时，如何识别是否设置了断点？

10. 如果立即窗口没有显示出来，请描述 3 种打开立即窗口的方法。

11. 跟踪程序运行的方法有哪几种？

第 8 章　文件操作

文件是具有文件名并且可以永久存放在磁盘等存储介质上的一组信息集合。Visual Basic 为用户提供了强大的文件操作功能，使用文件有利于存取和处理大量的数据。本章主要介绍建立文件、关闭文件，从文件中读取数据、向文件写入数据等操作，以及与文件系统有关的控件。

8.1　文件的分类

在 Visual Basic 中根据文件的内容以及文件内部信息的组织方式，可以将文件分为 3 种类型，即顺序文件、随机文件和二进制文件。下面分别予以介绍。

8.1.1　顺序文件

顺序文件是普通的文本文件，文件的内容以 ASCII 码的形式顺序排列。顺序文件中的每一行作为一条记录，记录的长度可以不同，以“回车换行符”作为记录之间的分隔符号。一般的源程序文件都属于顺序文件。

在顺序文件中查找某个记录，必须从文件的起始位置开始进行查找，直到找到该记录为止。若要修改某个记录，需要将整个文件从磁盘读入到内存，修改之后再将整个文件写回到磁盘。顺序文件的优点是操作简单，可以采用其他编辑软件查看文件的内容；缺点是不能够对文件灵活存取，不便于对文件进行修改。

8.1.2　随机文件

随机文件也是以 ASCII 码的形式存储的，同样可以采用其他编辑软件查看文件的内容。一个随机文件由若干个记录组成，文件中的每个记录的长度必须相同。每个记录由记录号和若干个字段组成，每个字段用于存放记录中的一个数据项。

在随机文件中可以直接访问某个记录。在读取文件时，只要给出记录号，就可以迅速找到该记录，将该记录读出；修改文件时，也只要指出记录号，新记录将自动覆盖原有的记录。随机文件具有存取速度快，读、写、修改灵活方便等优点；其缺点是由于增加了记录号，又使文件占用的存储空间增大了，另外涉及随机文件的程序设计也较为复杂。

随机文件适用于数据结构固定，但数据需要经常修改的情况。

8.1.3 二进制文件

二进制文件中的数据以二进制的形式存储，以字节为单位对文件进行访问。与随机文件类似，在二进制文件中可以对任意字节中的数据进行存取。

二进制文件的存取方式更为灵活，但是程序更为复杂。声音文件、图像文件、可执行文件等都属于二进制文件。

8.2 文件的操作

在程序中对文件操作的基本步骤是：文件的建立或打开；文件的读写；文件的关闭。下面分别介绍对3种类型文件的操作。

8.2.1 顺序文件

1. 打开（或建立）顺序文件

使用 Open 语句打开或建立一个顺序文件，在 Open 语句中需要指定文件名、文件的打开方式、文件号等。针对顺序文件，Open 语句的形式如下：

Open 文件名 [For Input|Output|Append] As [#]文件号

其中“文件名”为字符串类型，指定文件的路径和文件名。如果文件处于当前驱动器的当前目录，可以只给出文件名。

顺序文件有3种打开方式，打开方式决定了对文件的操作模式，详见表8-1。

表8-1　顺序文件的打开方式

关键字	对文件的操作
Input	从文件读入数据。如果文件不存在，则会出错
Output	向文件写数据。如果文件不存在，则建立文件；如果文件存在，则覆盖文件原有的内容
Append	在文件的末尾追加数据。如果文件不存在，则建立文件；如果文件存在，则在文件的末尾添加内容

“文件号”是1~511之间的整数，前面的“#”可以省略。在打开文件时，需指定一个文件号，在文件关闭之前该文件号就代表所打开的文件。文件号的指定是任意的，但是一个被占用的文件号不能再用于打开另一个文件。例如：

```
Open "d:\user\a.txt" For Input As #1      '以读方式打开文件 d:\user\a.txt
Open "b.dat" For Output As 2              '以写方式打开文件 b.dat
Open "c.txt" For Append As #3             '以添加方式打开文件 c.txt
```

打开或建立文件还有另一层含义，即为文件分配内存缓冲区。在对文件进行读写操作时，是通过缓冲区进行的。

2. 关闭文件

当文件的读写操作结束后,必须将文件关闭,以便将内存缓冲区当前的内容写入磁盘,避免数据的丢失。关闭文件使用 Close 语句,其语法形式为

Close［文件号列表］

Close 语句可以关闭 3 种类型的文件,其语法形式是一样的。文件号用于指定所关闭的文件,一条 Close 语句可以同时关闭多个文件,若文件号列表省略则关闭当前所有打开的文件。例如:

```
Close #1                '关闭文件号 1 所代表的文件
Close                   '关闭所有已打开的文件
```

3. 顺序文件的写操作

将数据写入文件可以使用 Print#和 Write#语句。

(1)Print#语句的语法形式

Print #文件号,［输出列表］

Print#与 Print 的使用方法以及输出格式都是类似的。

(2)Write#语句的语法形式

Write #文件号,［输出列表］

Write#与 Print#一样可以将数据写入顺序文件中。但是 Write#写入的数据以紧凑格式存放,数据项之间插入“,”。对于字符串型数据项两边自动加双引号;如果是日期时间型或者逻辑型数据项两边自动加“#”。

“输出列表”是写入数据的来源,可以是变量、数组元素、常量、表达式等列表。

【例 8-1】Print#与 Write#输出数据结果的比较。图 8-1 是通过记事本看到的顺序文件 file. txt 的内容。

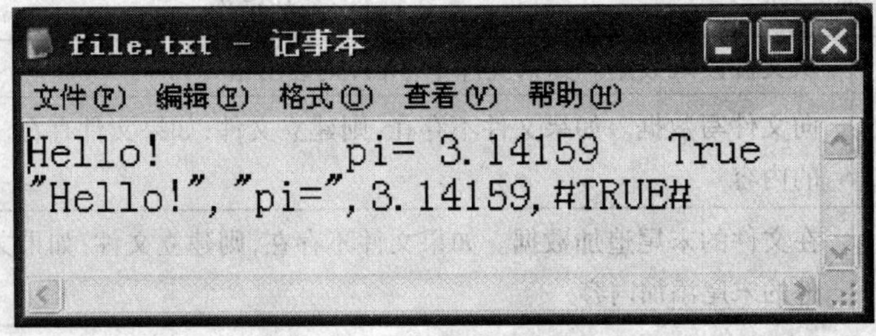

图 8-1　Print#与 Write#输出结果的比较

程序代码如下:

```
Private Sub Form_Load()
    Show
    Open "d:\file.txt" For Output As #1
    Print #1,"Hello!","pi =";3.14159,True
    Write #1,"Hello!","pi =";3.14159,True
    Close #1
```

```
End Sub
```

4. 顺序文件的读操作

顺序文件以 Input 方式打开后，可以通过 Input#语句和 Line Input#语句以及 Input 函数读数据存放到变量中，以便后续处理。

(1) Input#语句的语法形式

Input #文件号，变量列表

所读出的数据项依次存入相应的变量。要求变量类型与文件中对应的数据项类型一致，如果出现不一致，Visual Basic 会进行默认转换，无法转换时产生"类型不匹配"的错误。

在读入数据时，Input#语句是按照分隔符来区分数据项。通常用 Input#语句读取 Write#语句产生的数据；如果读取 Print#语句产生的数据，有可能出现不可预料的结果。

"变量列表"确定读入的数据存放在哪里，可以是变量、数组元素的列表。

(2) Line Input#语句的语法形式

Line Input #文件号，字符串型变量

该语句将文件中的一行数据（包括数据项之间的分隔符）作为一个字符串读入，存入字符串变量中。读入的一行字符串不包含行末尾的回车换行符。

(3) 调用 Input 函数的语法形式

Input(n，[#]文件号)

函数从文件号所指定的文件中读取 *n* 个字符形成字符串，并以该字符串作为函数的返回值。

在对顺序文件、随机文件以及二进制文件进行读操作时，经常要用到下列函数：

① LOF(文件号)：返回某个文件的字节数。

② LOC(文件号)：一般用于随机文件和二进制文件。对于随机文件，函数返回当前读写的记录号；对于二进制文件，返回当前的字节位置。

③ EOF(文件号)：函数返回值为逻辑型数据。在读文件过程中，若到达文件末尾，返回 True；否则返回 False。

【例 8-2】分别采用 Input#语句、Line Input#语句以及 Input 函数复制顺序文件 myfile. txt。

程序代码如下：

```
Private Sub copy1_Click( )          '逐个字符复制
  Dim ch As String
  Open "d:\myfile. txt" For Input As #1
  Open "d:\yourfile1. txt" For Output As #2
  Do While Not EOF(1)
    Input #1, ch
    Print #2, ch
  Loop
  Close
```

```
End Sub

Private Sub copy2_Click()           '逐行复制
  Dim ch As String
  Open "d:\myfile.txt" For Input As #1
  Open "d:\yourfile2.txt" For Output As #2
  Do While Not EOF(1)
    Line Input #1,ch
    Print #2,ch
  Loop
  Close
End Sub

Private Sub copy3_Click()           '一次性复制
  Dim ch As String
  Open "d:\myfile.txt" For Input As #1
  Open "d:\yourfile3.txt" For Output As #2
  ch = Input(LOF(1),#1)
  Print #2,ch
  Close
End Sub
```


8.2.2 随机文件

1. 打开(或建立)随机文件

用 Open 语句的 Random 方式打开随机文件。文件打开后,可以同时进行读写操作。打开随机文件的语法形式为

Open 文件名 [For Random] As [#]文件号 [Len = 记录长度]

"记录长度"为整型数,用于指定随机文件中每个记录的长度,默认为 128 个字节。可以通过 Len 函数以及变量名或数组元素计算记录的长度。

Random 为默认方式,For Random 可以省略。

2. 关闭随机文件

关闭随机文件与关闭顺序文件的方法完全相同。

3. 随机文件的写操作

向随机文件写数据使用 Put 语句,其语法形式如下:

Put [#]文件号,[记录号],变量名

语句将一个记录变量的内容写入到由记录号所指定的记录位置处。记录号是大于等于 1 的整数,表示写入的是第几条记录。记录号可以省略,但","不能省略,省略记录号,则表

示将记录变量的内容写在当前记录之后。

"变量名"是写入数据的来源,可以是变量、数组元素、常量、表达式等。

4. 随机文件的读操作

使用 Get 语句从随机文件读数据,该语句的语法形式如下:

Get [#]文件号,[记录号],变量名

在随机文件中,将一条由记录号指定的记录读入记录变量。记录号同样可以省略,省略记录号,则读当前记录的下一条记录。

"变量名"确定所读入的记录存放在哪里,可以是变量、数组元素等。

5. 在随机文件中修改文件指针的位置

在对随机文件进行操作的过程中,可以使用 Seek 语句修改文件指针所指向的记录。语句的语法形式为

Seek [#]文件号,记录号

6. 在随机文件中删除记录

删除记录的方法是将被删除记录后面的所有记录依次向前移动,覆盖被删除的记录,然后将文件中有用的记录的下一个记录清空,最后将文件的记录数减一。

例如,要删除记录号为 n 的记录,可以采用类似于下面的程序段:

```
'…
i = n
Do While i < recordnum       'recordnum 为文件中的记录个数
   Get #1, i + 1, temp
   Put #1, i, temp
   i = i + 1
Loop
'将文件中有用的记录的下一个记录(第 i 个记录)清空
recordnum = recordnum - 1       '文件中的记录个数减 1
'…
```

使用上述方法删除记录之后,实质上在文件的末尾存在着记录内容为空的记录。这些"空记录"不仅浪费磁盘存储空间,而且还会干扰对文件的后续操作。最好按照以下方法清除被删除的记录:

- 创建一个临时文件;
- 把原文件中有用的所有记录复制到临时文件;
- 关闭原文件和临时文件;
- 使用 Kill 语句删除原文件;
- 使用 Name 语句以原文件的名字对临时文件重新命名。

Kill 和 Name 语句的形式将在 8.2.4 小节中介绍。

关于在随机文件中删除记录的具体例子,可以参考附录实验 5 第 2 题所给出的参考代码。

【例 8 -3】在下面的程序中,自定义"图书"数据类型,然后用自定义类型的数据对随机文件进行读写。随机文件的内容显示在窗体中,如图 8 -2 所示。

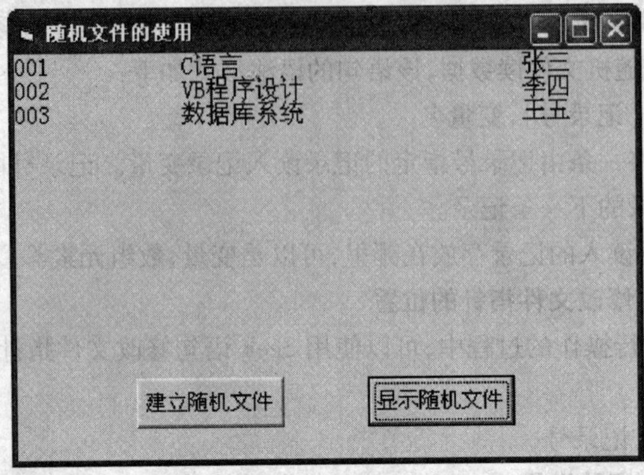

图 8 -2　随机文件的内容

程序代码如下:

```
Private Type BookType
  ID As String * 6                '图书编号
  title As String * 20            '书名
  name As String * 8              '作者姓名
End Type
Option Base 1

Private Sub Command1_Click()
  Dim book(3) As BookType
  Dim i As Integer
  Open "d:\book.txt" For Random As #1 Len = Len(book(1))
  For i = 1 To 3
    book(i).ID = InputBox("请输入图书编号","序号" & i)
    book(i).title = InputBox("请输入书名","序号" & i)
    book(i).name = InputBox("请输入作者姓名","序号" & i)
    Put #1,i,book(i)
  Next
  Close
End Sub

Private Sub Command2_Click()
  Dim book As BookType
```

```
    Dim i As Integer
    Open "d:\book.txt" For Random As #1 Len = Len(book)
    For i = 1 To 3
      Get #1,i,book
    Print book.ID,book.title,book.name
    Next
    Close
End Sub
```

7. 在对随机文件读写中修改文件指针的位置

对随机文件中的记录可以直接存取,而记录指针的定位可以使用 Seek 语句来完成。语句的语法形式为

Seek [#]文件号,记录号

Seek 语句的作用是将文件指针移到记录号所指定的记录位置。如果下一条读写语句没有提供读写的记录号参数,则从 Seek 语句所设置的记录位置开始进行读写。

例如,输入一个记录号并读取该记录

```
RecID = InputBox("输入读写记录号","输入信息框")
Seek #1,RecID
Get #1,,S
```

Seek 语句不能用于改变顺序文件的读写位置。

8.2.3 二进制文件

1. 打开二进制文件

在 Open 语句中使用 Binary 方式打开二进制文件。与随机文件一样,文件打开后,可以同时对文件按字节进行存取。打开二进制文件的语法形式为

Open 文件名 For Binary As [#]文件号

二进制文件打开时,文件指针指向文件的第一个字节。在程序中只能以字节为单位对文件进行读写,同时文件指针不断地向后移动。

2. 关闭二进制文件

关闭二进制文件的方法与顺序文件和随机文件相同。

3. 二进制文件的写操作

使用 Put 语句对二进制文件进行写操作,其语法形式如下:

Put [#]文件号,[位置],变量名

语句从指定"位置"的字节数之后开始写。一次写入等于变量字节数的数据。如果省略"位置",则从文件指针当前所指向的字节位置开始写。数据写入后,文件指针向后移动变量长度的距离。

"变量名"是写入数据的来源,可以是变量、常量、表达式等。

4. 二进制文件的读操作

使用 Get 语句从二进制文件读数据，语句的语法形式如下：

Get [#]文件号,[位置],变量名

读二进制文件，从指定“位置”开始读等于变量字节数的数据保存在变量中。“位置”同样可以省略，省略“位置”，则从文件指针当前所指向的字节位置开始读。数据读出后，文件指针向后移动变量长度的距离。

“变量名”决定了读入的数据存放在哪里，它可以是变量、数组元素等。

5. 在对二进制文件读写中修改文件指针的位置

在对二进制文件进行操作的过程中，可以使用 Seek 语句修改文件指针所指向的字节位置。语句的语法形式为

Seek [#]文件号,位置

“位置”参数的单位是字节。Seek 语句的作用是将文件指针移到从文件开头算起以字节为单位的位置。如果下一条读写语句没有提供读写的位置参数，则从 Seek 语句所设置的位置开始进行读写。

【例 8-4】产生 20 个二位随机整数，写入二进制文件 d:\random.txt 中，然后读该文件的内容在窗体中显示输出，输出窗体如图 8-3 所示。

程序代码如下：

```
Private Sub Form_Click()
  Dim r(1 To 20) As Integer, temp As Integer, i As Integer
  Open "d:\random.txt" For Binary As #1
  For i = 1 To 20
    r(i) = Int(Rnd * 90) + 10
    Put #1, , r(i)
  Next i
  Seek #1, 1
  For i = 1 To 20
    Get #1, , temp
    If i Mod 5 = 0 Then
      Print temp
    Else
      Print temp;
    End If
  Next i
  Close #1
End Sub
```

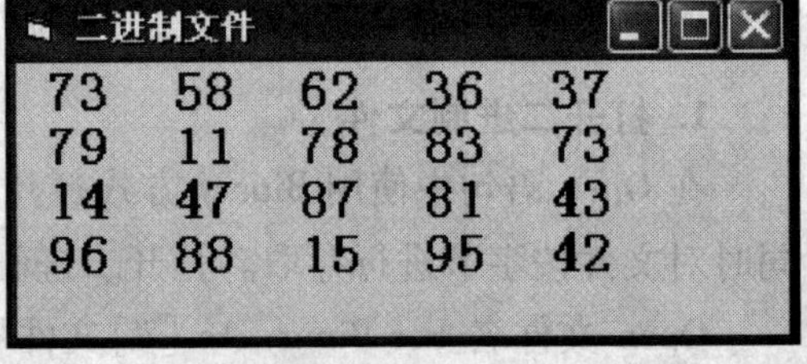

图 8-3 二进制文件

8.2.4　常用的对目录和文件操作的语句和函数

在 Visual Basic 应用程序中可以通过一些语句对 Windows 系统中的驱动器、目录(文件夹)及文件进行操作。

1. 对目录和文件操作的语句

(1)改变当前驱动器

指定某个驱动器为当前驱动器。语句形式如下:

ChDrive "drive"

例如:ChDrive "d:"将当前驱动器设置为 d 盘。

(2)改变当前目录

指定某个目录为当前目录。语句形式如下:

ChDir "path"

例如:ChDir "\user" 将当前目录改为\user。

(3)建立目录

在指定目录或当前目录下建立目录。语句形式如下:

MkDir "path"

例如:MkDir "d:\user" 在 d 盘上建立目录 user。

(4)删除目录

删除一个非空目录。语句形式如下:

RmDir "path"

例如:RmDir "d:\user"删除 d 盘上的目录 user。

说明:不能删除一个已打开的目录。

(5)复制文件

拷贝一个文件。语句形式如下:

FileCopy "source","destination"

例如:FileCopy "d:\user\myfile. txt","d:\zhou\yourfile. txt" 在 d 盘上复制文件。

说明:不能复制一个未关闭的文件。

(6)删除文件

从磁盘上删除一个或一批文件。语句形式如下:

Kill "filename"

例如:Kill "d:\user\file. txt"。

说明:不能删除一个未关闭的文件。

(7)文件重命名

修改文件名或目录名。语句形式如下:

Name "oldfilename" As "newfilename"

例如:Name "d:\user\file. txt" As myfile. txt。

说明:不能对已打开的文件重命名。

2. 对目录和文件操作的函数

(1)获取当前目录

使用 CurDir 函数可以确定所指定驱动器的当前目录。函数调用形式如下:

CurDir [("drive")]

如果省略参数"drive",则返回当前驱动器的当前目录。

(2)获取文件属性

函数的返回值是一个代表文件、目录属性的整型值。函数调用形式如下:

GetAttr("FileName")

表 8-2 给出了函数返回值所对应的 Visual Basic 内部符号常量及其含义。函数实际的返回值可以是其中的一个值,或者是多个值之和。

表 8-2 GetAttr 函数的返回值

返回值	内部符号常量	含义
0	vbNormal	常规(默认值)
1	vbReadOnly	只读
2	vbHidden	隐藏
4	vbSystem	系统
16	vbDirectory	目录(文件夹)
32	vbArchive	上次备份之后,文件已被修改

(3)获取创建修改文件的日期时间

函数的返回值是创建文件的日期时间或最后一次修改的日期时间。函数调用形式如下:

FileDateTime("FileName")

(4)获取文件长度

函数的返回值是文件的字节数。函数调用形式如下:

FileLen("FileName")

(5)运行 DOS 或 Windows 下的应用程序

通过 Shell 函数或 Shell 过程,在 Visual Basic 应用程序中可以调用在 DOS 和 Windows 下运行的应用程序。

Shell 函数的调用形式如下:

Shell("FileName"[,WindowsType])

Shell 过程的调用形式如下:

Shell "FileName"[,WindowsType]

说明:FileName 是可执行程序的文件名,还可以包括盘符、路径。

WindowsType 为整型值,表示应用程序打开的窗口类型,表 8-3 给出了 WindowsType 参数的各种取值所对应的 Visual Basic 内部符号常量及其含义。如果省略此参数,则以最小化方式启动。

表8－3　WindowsType参数的取值

参数值	内部符号常量	含　义
0	vbHide	窗口被隐藏,且焦点会移到隐式窗口
1	vbNormalFocus	窗口具有焦点,且会还原到它原来的大小和位置
2	vbMinimizedFocus	(默认)窗口会以一个具有焦点的图标(最小化)来显示
3	vbMaximizedFocus	窗口是一个具有焦点的最大化窗口
4	vbNormalNoFocus	窗口会被还原到最近使用的大小和位置,而当前活动的窗口仍保持活动
6	vbMinimizedNoFocus	窗口会以一个图标(最小化)来显示。而当前活动的窗口仍保持活动

Shell函数具有返回值,而Shell过程没有返回值。如果Shell函数执行成功,返回一个代表所执行程序的唯一代号;如果执行不成功,返回0。

8.3　文件系统控件

Visual Basic提供了3个文件系统控件,分别是驱动器列表框、目录列表框和文件列表框。通过这些控件可以直接浏览系统目录结构和文件。

8.3.1　驱动器列表框

驱动器列表框实质上是一个下拉式列表框,它可以列出系统中所有硬盘、光盘、移动硬盘等驱动器,用户可以根据需要从中选择一个驱动器,如图8－4所示。

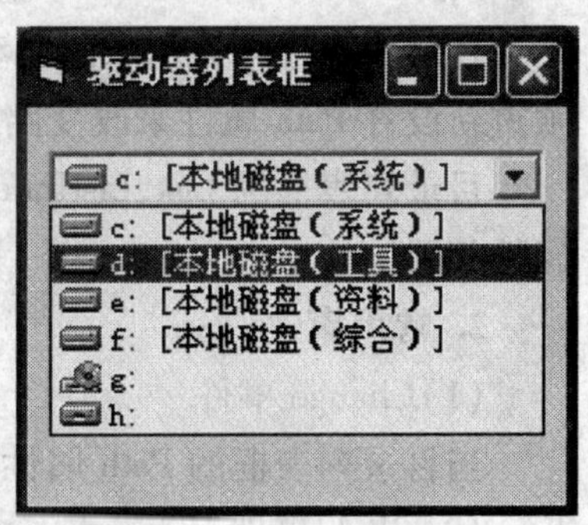

图8－4　驱动器列表框

与列表框不同,程序不能改变驱动器列表框中的条目。

1. 常用属性

(1)Name属性

驱动器列表框控件的对象名。

(2)Drive属性

Drive属性值只能在程序代码中设置,不能通过属性窗口设置。在程序运行期间,驱动器列表框显示系统当前所拥有的驱动器名,如“a:”“c:”等。

对Drive属性赋值的形式如下:

驱动器列表框对象名.Drive［＝驱动器名］

驱动器名省略时为当前驱动器。可以给该属性赋一个驱动器名来选定相应的驱动器。

例如:Drive1.Drive＝“d:”

2. 常用事件

(1)Change事件

用户使用鼠标选择或程序设置改变 Drive 属性的值,会触发 Chang 事件,使驱动器列表框中的当前驱动器发生改变。

(2)Click 事件

当用户单击驱动器列表框时,触发 Click 事件。

8.3.2 目录列表框

目录列表框(图 8-5)用来显示当前驱动器的目录结构以及当前目录下的所有子目录,用户可以单击某个目录作为当前目录。

图 8-5 目录列表框

1. 常用属性

(1)Name 属性

目录列表框控件的对象名。

(2)Path 属性

Path 属性用于返回或设置当前目录的绝对路径,可以在程序代码中通过设置 Path 属性的值来设置当前路径。Path 属性的值不能在属性窗口中设置。

设置 Path 属性的语法形式如下:

目录列表框对象名. Path [= "路径"]

例如:Dir1. Path = "c:\Program Files"

目录列表框只显示当前驱动器上的目录结构,如果要显示其他驱动器上的目录结构,必须重新设置 Path 属性来改变路径。

目录列表框的 List,ListIndex 和 LisiCount 属性的含义和用法与列表框(ListBox)的相应属性相同。

2. 常用事件

(1)Change 事件

当目录列表框的 Path 属性发生变化时,触发 Change 事件。

(2)Click 事件

当用户单击目录列表框时,触发 Click 事件。

8.3.3 文件列表框

文件列表框(图 8-6)用于显示给定目录下的所有指定类型的文件。

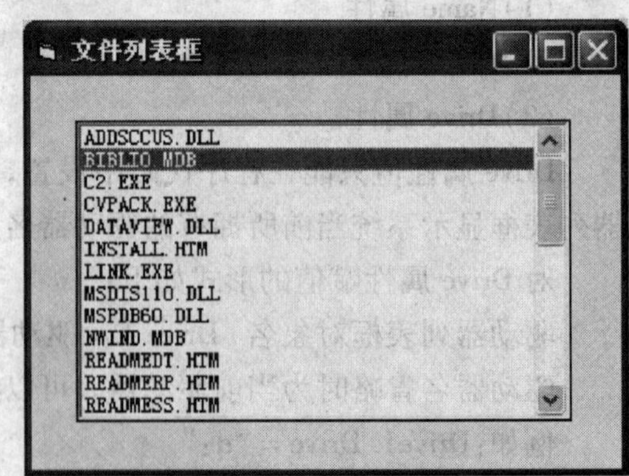

图 8-6 文件列表框

1. 常用属性

(1)Name 属性

文件列表框控件的对象名。

(2)Path 属性

该属性用于返回或设置在文件列表框中显

示的文件所在目录的路径。Path 属性只能在程序代码中设置,不能在属性窗口中设置。

设置 Path 属性的语法形式如下:

文件列表框对象名 . Path [="路径"]

(3)FileName 属性

此属性用于返回或设置在文件列表框中被选定文件的文件名。FileName 属性只能在程序代码中设置,不能在属性窗口中设置。

设置 FileName 属性的语法形式如下:

文件列表框对象名 . FileName [="文件名"]

FileName 属性不包括路径名。如果要从文件列表框 File1 中获得含有路径名的文件名,可以采用以下方法:

· 文件在根目录中:File1. Path&File1. FileName

· 文件在子目录中:File1. Path&" \"&File1. FileName

(4)Pattern 属性

这个属性用于返回或设置文件列表框所显示的文件类型。Pattern 属性可以在设计阶段通过属性窗口设置,也可以在程序运行阶段通过代码设置。

设置 Pattern 属性的语法形式:

文件列表框对象名 . Pattern [="文件类型"]

Pattern 属性默认值为"*.*",即所有文件。设置属性值时可以使用通配符"*"和"?"。如果要显示多个文件类型,文件类型之间用";"作为分隔符。例如:

```
File1. Pattern = " *. txt"
File1. Pattern = " *. exe; *. com"
File1. Pattern = "a *. * "
File1. Pattern = "???? . txt. * "
```

文件列表框的 List,ListCount,ListIndex,MultiSelect 和 Selected 属性的含义和用法与列表框(ListBox)的相应属性相同。

2. 常用事件

(1)PathChange 事件

当文件列表框的 Path 属性值发生改变,触发 PathChang 事件。

(2)PatternChange 事件

当文件列表框对应的目录(即 Path 属性)发生变化时,触发 PatternChang 事件。

(3)Click,DblClick 事件

单击文件列表框,触发 Click 事件。双击文件列表框,触发 DblClick 事件。

8.3.4 联合使用文件系统控件

驱动器列表框、目录列表框和文件列表框常常在一起使用,供用户在整个文件系统中选择一个或多个文件。要实现 3 个控件的联动,就必须在一个控件发生改变时,立刻刷新其他控件。

【例 8-5】设计一个如图 8-7 所示的窗体,其中的主要控件有:文本框;目录列表框;文件列表框和驱动器列表框。

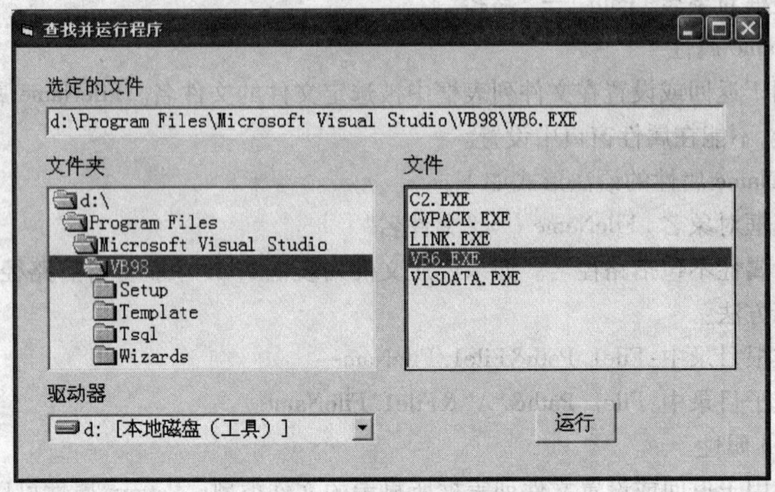

图 8-7　联合使用文件系统控件

用户首先在窗体当中的驱动器列表框中选择当前驱动器;然后在目录列表框中选择当前目录;最后在文件列表框中选择可执行文件,此时所选择的可执行文件显示在文本框中。

运行可执行文件有两种方法,即单击"运行"按钮和双击可执行文件条目。

程序代码如下:

```
Private Sub Form_Load()
  File1.Pattern = " *.exe; *.bat"
End Sub

Private Sub Drive1_Change()
  Dir1.Path = Drive1.Drive
End Sub

Private Sub Dir1_Change()
  File1.Path = Dir1.Path
End Sub

Private Sub File1_Click()   '单击文件列表框中的可执行文件,在文本框中显示
  If Right(File1.Path,1) <> "\" Then
    Text1.Text = File1.Path & "\" & File1.FileName
  Else
    Text1.Text = File1.Path & File1.FileName
```

```
  End If
End Sub

Private Sub File1_DblClick()   '双击文件列表框中的可执行文件运行应用程序
  Shell Text1. Text,vbNormalFocus
End Sub

Private Sub Command1_Click()   '单击"运行"命令按钮运行应用程序
  Shell Text1. Text,vbNormalFocus
End Sub
```

习 题 八

一、选择题

1. 以下关于文件的叙述中,错误的是(　　)。

A. 使用 Append 方式打开文件时,文件指针被定位于文件尾

B. 当以输入方式(Input)打开文件时,如果文件不存在,则建立一个新文件

C. 顺序文件各记录的长度可以不同

D. 随机文件打开后,既可以进行读操作,也可以进行写操作

2. 下面对语句 Open "text. dat" For Output As #1 功能说明中错误的是(　　)。

A. 以顺序写方式打开文件"text. dat"

B. 如果文件"text. dat"不存在,则建立一个新文件

C. 如果文件"text. dat"已存在,则打开该文件,新写入的数据将添加到该文件的末尾

D. 如果文件"text. dat"已存在,则打开该文件,新写入的数据将覆盖该文件原有的内容

3. 读随机文件中的记录,应当使用的语句是(　　)。

A. Input#　　B. Line Input#　　C. Read　　D. Get

4. 一个文件列表框总共所包含的条目数可以通过它的(　　)属性得到。

A. List　　B. ListCount　　C. ListItem　　D. ListIndex

二、填空题

1. 在 Visual Basic 中,存储数据的文件分为顺序文件、随机文件和二进制文件,其中以 ASCII 码形式存储的文件有____________________。

2. 以下程序的功能是:把当前目录下的顺序文件 smtext1. txt 的内容读入内存,并在文本框 Text1 中显示出来。请填空。

```
Private Sub Command1_Click()
  Dim inData As String
  Text1. Text = ""
  Open ". \smtext1. txt" ________________ As #1
  Do While ________________
  Input #1,inData
```

```
    Text1. Text = Text1. Text & inData
    Loop
    Close #1
End Sub
```

3. 在窗体上画 1 个文本框,名称为 Text1,然后编写如下程序:

```
Private Sub Form_Load( )
    Open"d:\temp\dat. txt"For Output As#1
    Text1. Text = ""
End Sub
Private Sub Text1_KeyPress( KeyAscii As Integer)
    If ____________________ = 13 Then
        If UCase( Text1. Text) = ____________________ Then
            Close 1
            End
        Else
            Write #1, ____________________
            Text1. Text = ""
        End If
    End If
End Sub
```


以上程序的功能是:在 D 盘 temp 目录下建立 1 个名为 dat. txt 的文件,在文本框中输入字符,每次按回车键(回车符的 ASCII 码是 13)都把当前文本框中的内容写入文件 dat. txt,并清除文本框中的内容;如果输入"END",则结束程序。请在程序中填空。

三、编程题

1. 建立某一门课程成绩的顺序文件 score. dat。设计如图所示的窗体,在各文本框中输入了学号、姓名、性别和成绩之后,单击"添加"按钮,将一条记录添加到该文件中。

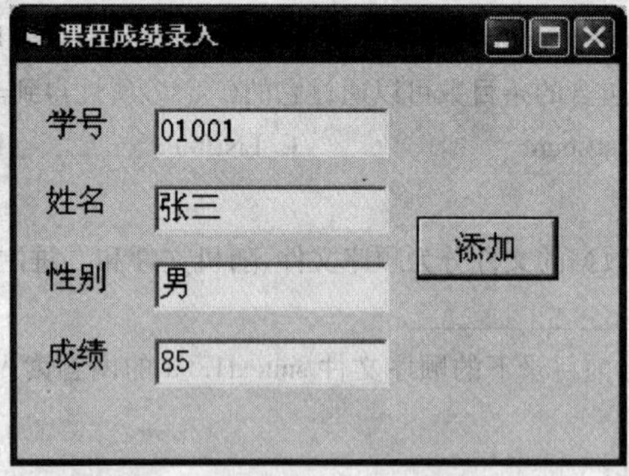

编程题第 1 题图

2. 编写一个 Visual Basic 应用程序,并设计如下图所示的窗体,读取上一题所建立的文件 score. dat,单击"显示"按钮,在文本框中显示文件的内容。

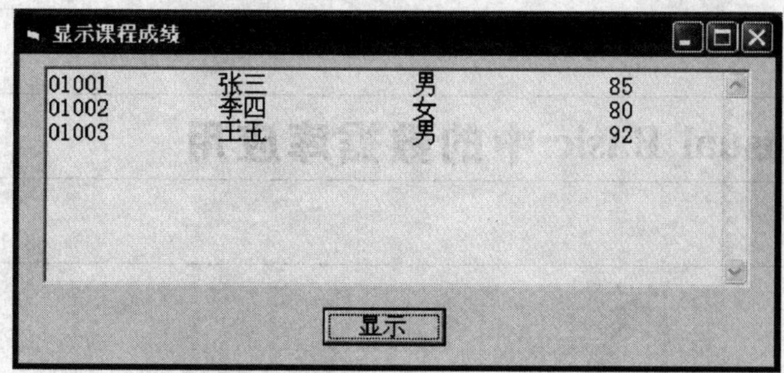

编程题第2题图

3. 参考例8-5,设计一个联合使用文件系统控件的窗体及应用程序,在该窗体中可以选择驱动器、文件夹及可执行文件,并且运行该可执行文件。

第 9 章 Visual Basic 中的数据库应用

数据库用于存放大量的数据,数据库应用已成为当今计算机应用的重要领域之一。Visual Basic 提供了功能强大的数据库管理功能,使用 Visual Basic 编写的应用程序能够方便、灵活地建立数据库,实现对数据库进行查询和更新等操作。本章所涉及的内容主要包括:数据库的基本概念;Visual Basic 中提供的 Data,ADO Data 和 DataGrid 控件的使用方法;Access 数据库和 SQL Server 数据库的简要介绍,以及如何使用 Visual Basic 编写数据库应用程序对 Access 数据库进行管理。

9.1 数据库概述

数据库(DataBase,简称 DB)是为了实现一定的目的按某种规则组织起来的数据的集合。数据库在我们的生活中随处可见,从银行的账户、飞机票预订、电子图书馆到股票市场等,数据库的应用领域几乎已经遍及社会的每个行业。

从用户的角度来看,顾名思义,数据库就是一个简单的存放数据的仓库。而实际上一个完整的数据处理系统不只是一个存放数据的仓库,一般人概念上的数据库实质上指的是一个数据库系统。实现这些功能的技术,称为数据库技术。

9.1.1 数据库系统的基本概念

数据库系统(DataBase System,简称 DBS)是一个综合的软件系统,它是存储介质、处理对象和管理系统的集合体。数据库系统是计算机软件研究领域的一个重要分支,也常常被称为数据库领域。

1. 数据库系统的基本组成

通常数据库系统是由数据库、数据库管理系统、数据管理员和应用系统组成。

①数据库,即存储在磁带、磁盘、光盘或其他外存介质上,按一定结构组织在一起的相关数据的集合。

②数据库管理系统(DataBase Management System,简称 DBMS)。它是一组能完成描述、管理、维护数据库的程序系统。它按照一种公用的和可控制的方法完成插入新数据、修改和检索原有数据的操作。

③数据库管理员(DataBase Administrators,简称 DBA)。

④应用系统(用户和应用程序)。

我们也可以通过图 9 - 1 对数据库系统有一个更加直观的认识。

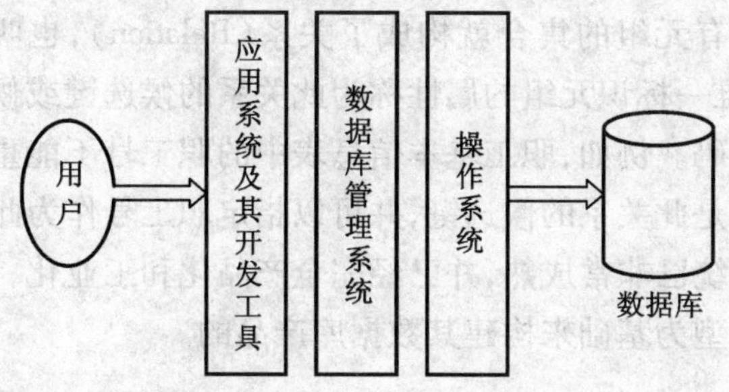

图 9 - 1　数据库系统

在数据库系统中,数据库管理系统起着至关重要的作用。比如,在图书馆里如果要查找一本书,首先应该通过目录检索到那本书的分类号和书号,然后在书库中找到那一类书的书架,并在那个书架上按照书号的大小次序查找,这样很快就能够找到所需要的图书。

在数据库系统中,数据就像在图书馆里的图书一样,通过一个有序的组织和管理,也可以让人能够很方便地找到所需要的数据并对数据进行相应的操作。人们将越来越多的资料存入计算机中,进行数字化的规范后,通过计算机程序对这些资料进行管理,这些程序后来就被称为数据库管理系统,它帮助我们管理保存在计算机中的大量数据,就像图书馆中的管理员一样。

数据库管理系统(DBMS)是一种操纵和管理数据库的大型软件,是位于用户与操作系统之间的一层数据管理软件,用于建立、使用和维护数据库。用户通过 DBMS 访问数据库中的数据,数据库管理员也可以通过 DBMS 进行数据库的维护工作。DBMS 可使多个应用程序和用户用不同的方法在同时或不同时去建立、修改和询问数据库。

2. 关系数据库的概念

一般在数据库技术中,是以模型的概念来描述数据库的结构和联系的,把现实世界中能够互相区别的事物称为实体,表示实体及实体之间的联系称为数据模型。基于不同的数据模型设计方法对应有不同的数据类型。层次模型、网状模型和关系模型就是目前在数据库系统中使用的 3 种基本的数据库模型。目前最为主流的数据库模型就是以关系模型为基础的数据库系统。

关系模型是建立在严格的数学概念基础之上的。从用户的角度去看,关系模型是由一组规范化的二维表构成,每张表就是一个关系。虽然这样的数据结构比较简单,但是它却可以表达丰富的语义。现实世界中,实体与实体之间的各种联系都可以用单一的结构类型也就是关系来表示。表 9 - 1 所示的职工信息表就是一张二维表表示的关系。

表 9 - 1　职工基本信息表

职工号	姓　名	性　别	部　门	职　位
10010	张三	男	市场部	销售经理
10011	李四	女	市场部	销售员
10012	王二	男	物流中心	调度员

在这个二维表中,每一列的字段称为属性(Attribute),每列中的字段值称为属性值,每一行称为元组(Tuple),所有元组的集合就构成了关系(Relation),也叫做实例(Instance)。在这样一个关系中,能够唯一标识元组的属性称为此关系的候选键或候选码,其中被指定的键就称为关系的主键或主码。例如,职工基本信息表中的职工号不能重复,它可以唯一标识元组。因此职工号属性就是此关系的候选键,并可以指定职工号作为此关系的主键。

目前关系数据库系统已非常成熟,并已经完全产品化和工业化,许多著名的数据库生产厂商几乎都是以关系模型为基础来构建其数据库产品的。

9.1.2 Access 数据库

1. Access 数据库概述

Access 数据库是 Microsoft 公司推出的一套桌面数据库系统,通常作为 Office 办公组件一起进行安装。目前 Access 数据库已经成为比较流行的小型数据库,常常应用于各种中小型的管理信息系统。Access 数据库在 Office 办公组件中的地位也越来越重要。

Access 数据库可以作为各种编程语言的后台数据库,并且还是一种非常出色的数据库开发工具。除此之外,它还具备以下几个特点:

①提供了便捷的使用方式,具备数据库中最常用的功能。其中的向导功能可以帮助初学者迅速学会使用 Access 数据库来创建数据库、表等对象。

②由于属于 Office 组件,与其他组件集成紧密,数据交换方便简单。

③系统资源占用相对较少,不需要数据库服务器模式的支持。

④界面简单,与 Office 办公组件的其他软件设计风格保持一致,基本功能的操作界面相同,便于使用者快速熟悉和掌握。

⑤Access 数据库集成了结构化查询语言 SQL 的功能,从而能够更加灵活地建立复杂的查询。

⑥Access 数据库提供了程序设计开发语言 VBA(Visual Basic Application)。可以通过 VBA 语言直接开发用户自己的应用程序。

⑦可以与 SQL Server 数据库进行无缝集成,数据可以整体迁移至 SQL Server 数据库之上。

2. Access 数据库的组成

在 Access 数据库中,所有数据的保存及操作等工作,都是通过表、查询、报表、页、宏和模块等对象来实现的。这些对象就构成了数据库,并且保存在一个扩展名为 .mdb 的数据库文件中。

(1)表

表是数据库的核心,是特定数据的集合。数据库的所有信息都存放在一个或多个表中。表实际上就是由行和列组成的二维表格。表中的行代表了一条记录,或者说某个实体的全部信息;表中的列称为字段,它反映的是某一事物的某种属性。

(2)查询

查询是数据库应用中最为常用的操作,它是通过用户所指定的特殊条件来筛选出符合条件的记录。查询的字段可以来自于一个表,也可以来自于多个表。查询的结果一般也是以二维表的形式展现出来的,查询本身不存储任何数据,也不能通过查询结果来更新数据。但只要保存了查询结果,以后在任何时候都可以使用已保存的查询结果。在表中的数据发生改变以后运行查询,则查询结果也随之更新。

(3)窗体

窗体是一个用户与数据库系统进行交互的图形界面。通过计算机的显示器,把表或查询的结果在窗体中显示给用户,用户也可以在窗体中对数据库进行操作。窗体在实际应用中有极大的作用,一个友好的窗体可以给用户的操作带来很大的方便。

(4)报表

报表和查询的建立过程基本一样,不同的是它可以将特定的信息格式化地显示并打印出来。报表可以来自于一个表也可以来自于一个查询。在实际应用中,报表也是一种很常用的工具。

(5)页

页是可以直接连接到数据库的一种 Web 页。可以进行远程发布数据,将数据库中的内容发布到互联网上。这样就可以使身在异地的用户通过浏览器访问页,通过刷新浏览器的方法查看数据库的最新信息。如果权限允许,用户还可以通过访问页对数据进行编辑操作。页本身作为一个单独的 HTML 格式的文件存储在 Access 数据库外部的本地硬盘上,扩展名是 . htm。

(6)宏

宏是一组操作的集合。在实际应用中,有一些操作是经常反复操作的。为了方便使用,可以通过定义宏将这些操作集合起来。比如,打开或运行查询、报表等操作。对宏的执行就相当于对它所包含的一组操作的执行。

(7)模块

可以这样说,模块是一个更为复杂的宏。宏所定义的是一些简单的操作,而实际应用时,对于那些复杂的数据处理和控制就需要用模块了。模块常与窗体、报表等对象结合在一起来完成实际应用。有了模块使得原先复杂的应用系统开发变得相对简单一些。

3. Access 数据库的创建

启动 Access 数据库的方法和 Office 其他组件类似。可以通过"开始"→"程序"→"Microsoft Office"→"Microsoft Office Access"来启动;也可以在桌面上创建快捷方式,用鼠标双击启动 Access。Access 数据库的启动界面如图 9 – 2 所示。

如果要新建数据库,则可以鼠标单击"文件"→"新建"或鼠标单击启动界面右下侧的"新建文件"(图 9 – 2 右下侧),在弹出的新建文件界面中选择要新建数据库的方式,如图 9 – 3 所示。

在图 9 – 3 中选择"空数据库",则弹出保存窗口,如图 9 – 4 所示,选择保存的数据库名及位置。确定好保存位置和文件后,单击"创建"按钮则完成数据库的创建,系统弹出数据库管理界面如图 9 – 5 所示。

到此,数据库的创建就完成了。一个空的数据库文件已经建立起来。要继续对它进行编辑和使用,将在 9. 2 数据库管理器的使用中详细介绍。

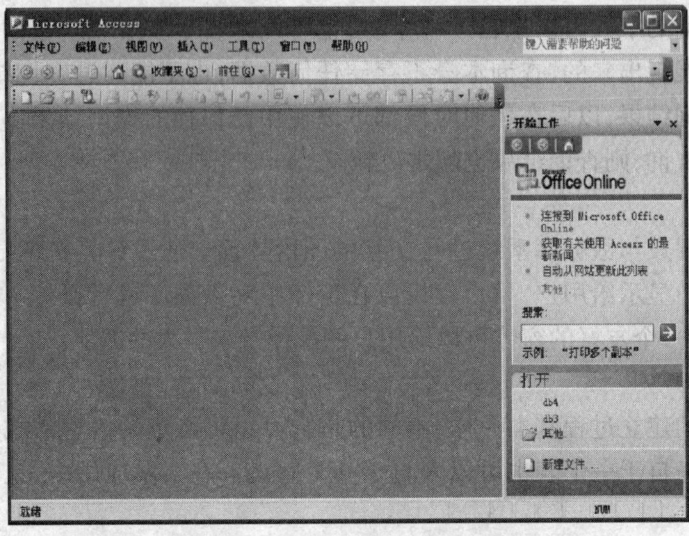

图 9－2　Access 数据库的启动界面

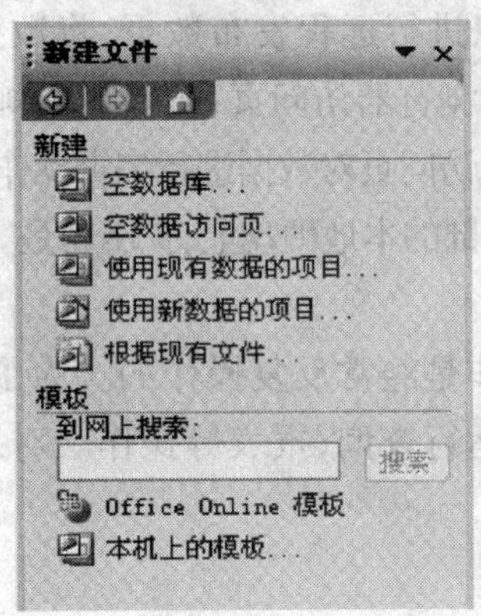

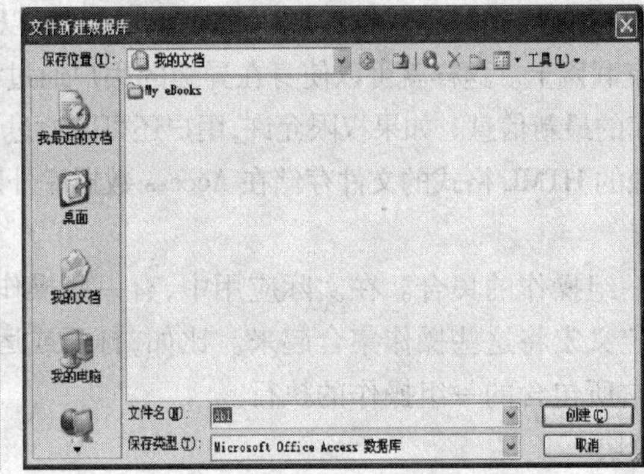

图 9－3　新建数据库的界面　　　　图 9－4　数据库的保存窗口

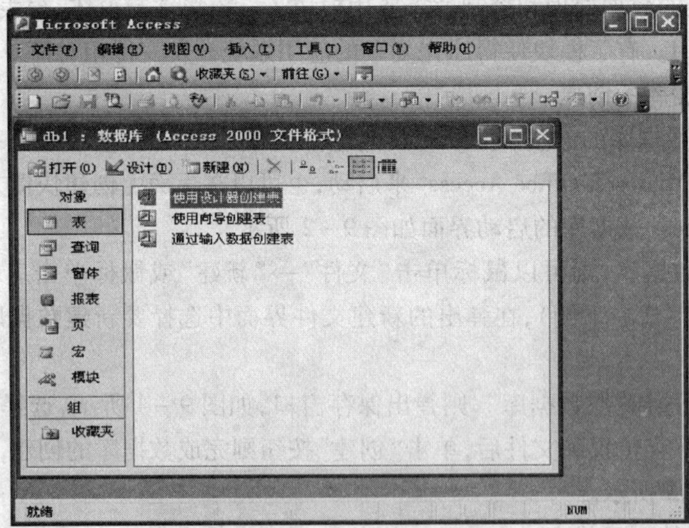

图 9－5　数据库的管理界面

9.1.3　SQL Server 数据库

1. SQL Server 数据库概述

SQL Server 数据库是 Microsoft 公司推出的一个后台数据库管理系统。它操作便捷，功能强大，兼容性强，已成为主流数据库之一。

目前 SQL Server 数据库的最新版本是 SQL Server 2005。它继承了以前版本的优势，并提供了更为完整的数据管理和分析解决方案。它是一种以高性能的数据库引擎为中心的关系数据库。

SQL Server 2005 分为以下几个版本：

企业版(Enrerprise)：主要是为大型企业提供的，应用于商业上至关重要的企业。这个版本具有高级数据库镜像、完全联机、并行操作及高级分析工具等功能。

标准版(Standard)：应用于中型企业或者是大型集团下属的分公司或部门。这个版本提供了完整的数据管理和分析平台。

开发版(Developer)：主要针对于开发人员。在这个版本中，开发人员可以在 32 和 X64 平台的基础上建立或测试任意一种基于 SQL Server 的应用系统。其中包含了企业版的所有功能，但它的权限只能是用于开发和测试系统，而不能作为生产服务器。

工作版(Workgroup)：它是最经济和最方便使用的数据库解决方案，主要用于在一些小型公司。

移动版(Mobile)：也称为 SQL Server CE，它主要用于移动通信数据存储的数据库中。

学习版(Express)：这是 Microsoft 公司提供的官方免费版本。其中只提供简单的应用。如报表复制及 SSB 客户端等。

2. SQL Server 数据库的特点

(1)采用客户/服务器模式的数据库系统

客户/服务模式器的数据库系统架构比桌面型数据(如 Access 数据库)有更好地处理大容量数据的能力，具有更安全、高效及可靠的特征。同时，这样的模式也减少了网络传输的流量，提高了网络传输的效率。

(2)安全的数据库

除了采用客户/服务器模式使数据库具有更安全的架构外，SQL Server 在整个系统设计上也尽量避免出现被攻击可能的潜在因素，特别是 2005 版本中出现了 Schema 的概念，这样就可以把用户和对象分开，从而增强了对数据库对象访问的控制。

(3)可靠的数据库

当数据库系统由于某种原因受到损坏时，比如出现介质故障问题，数据库系统会因此受到影响。通过 SQL Server 数据库的数据备份机制，可以有效地保护数据的安全。

(4)功能强大的开发平台

在 SQL Server 2005 中，开发者可以通过 VB. NET 这样的编程语言编写存储过程、触发器、函数和聚合等，可以替代以前版本中的扩展存储过程。另外，更多的数据类型也使得开发者在设计系统时可以有更多的选择。

有关 SQL Server 数据库的特点还有很多,特别是 2005 版具有更强大的管理功能及可用性,由于非本书重点,就不再详述了。

3. SQL Server 2005 的安装

这里以 SQL Server 2005 的标准版为例,简单介绍一下安装的过程。

①插入 SQL Server 2005 的安装光盘,系统自动进入安装启动界面,如图 9-6 所示。鼠标单击在“安装”下的“服务器组件、工具、联机丛书和示例(C)”,则出现如图 9-7 所示的最终用户许可协议的界面。

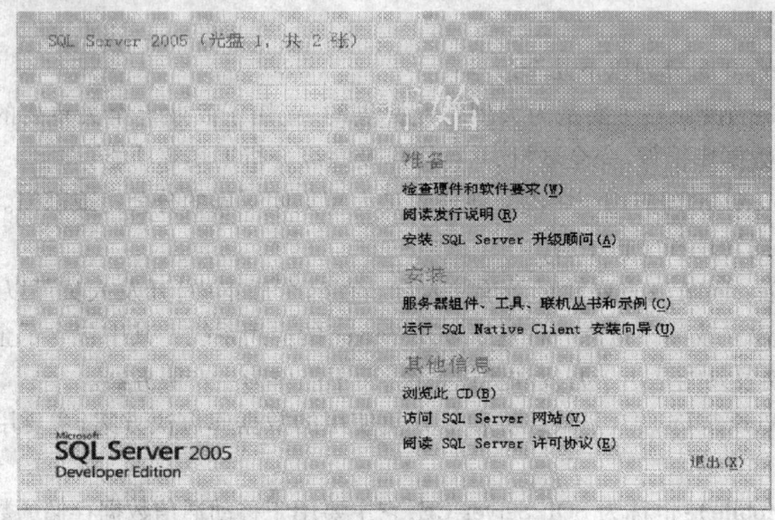

图 9-6　启动安装界面

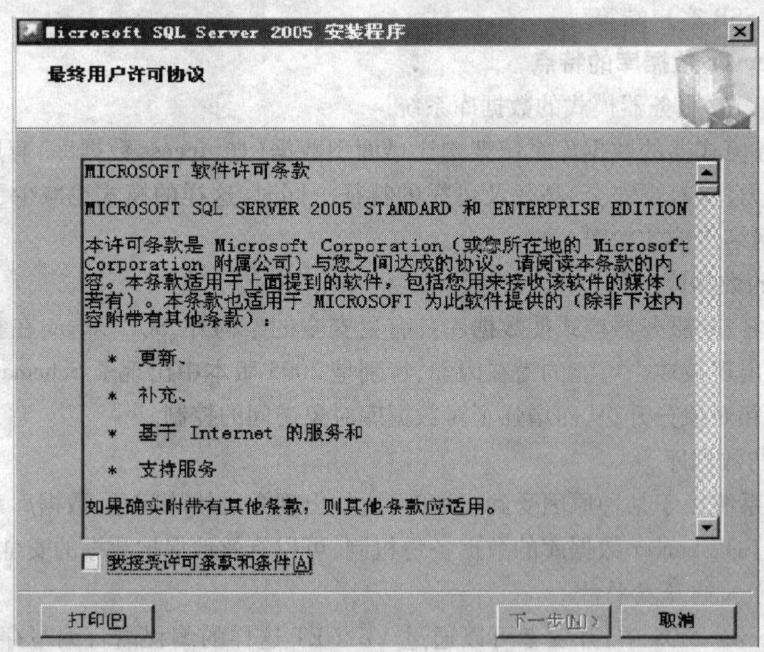

图 9-7　最终用户许可协议

②单击选中“我接受许可条款和条件”前的复选框，然后单击“下一步”按钮。进入安装必备组件界面，单击“安装”按钮开始安装组件，如图9-8所示。

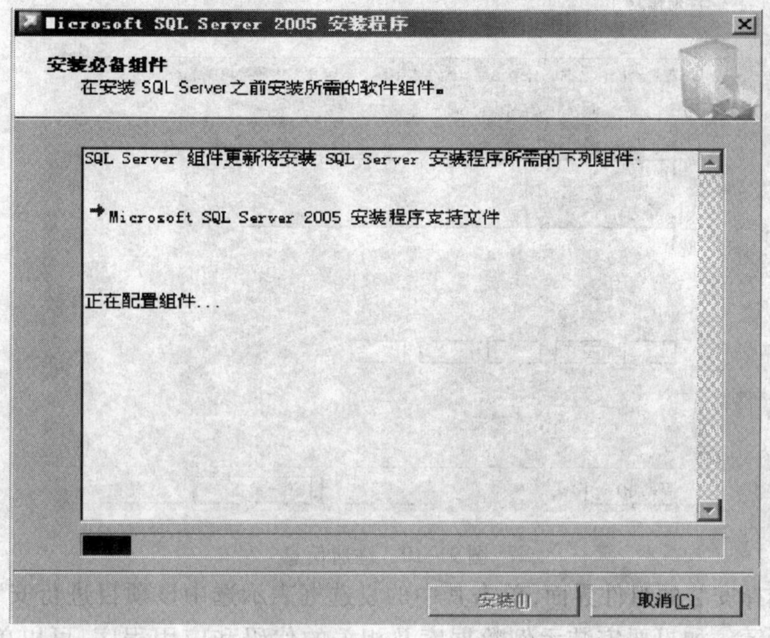

图9-8　安装必备组件

③安装成功后进入配置检查界面，单击“下一步”按钮进行安装，如图9-9所示。

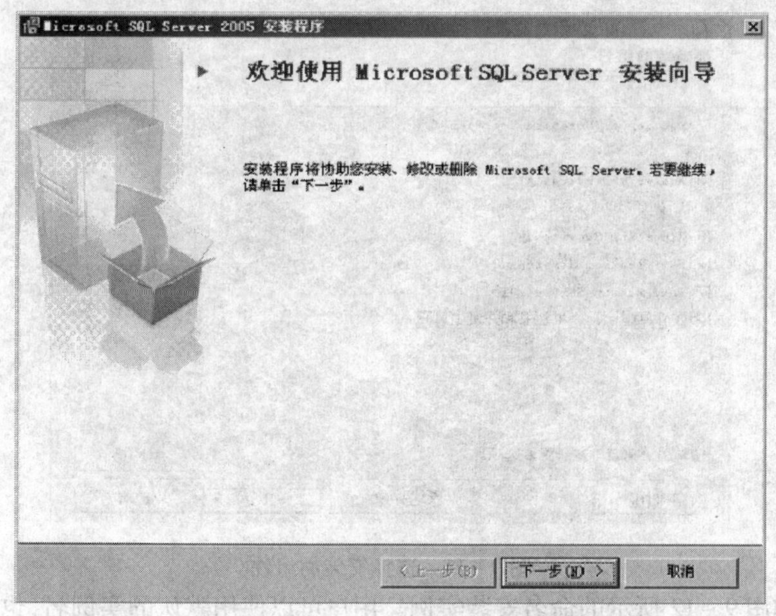

图9-9　安装向导

④系统弹出检测结果，报告每一项的检测结果，如果状态都为“成功”，则继续单击“下一步”按钮，这时，将进入准备安装状态，出现注册信息界面，如图9-10所示。输入正确的

注册信息,单击“下一步”按钮。

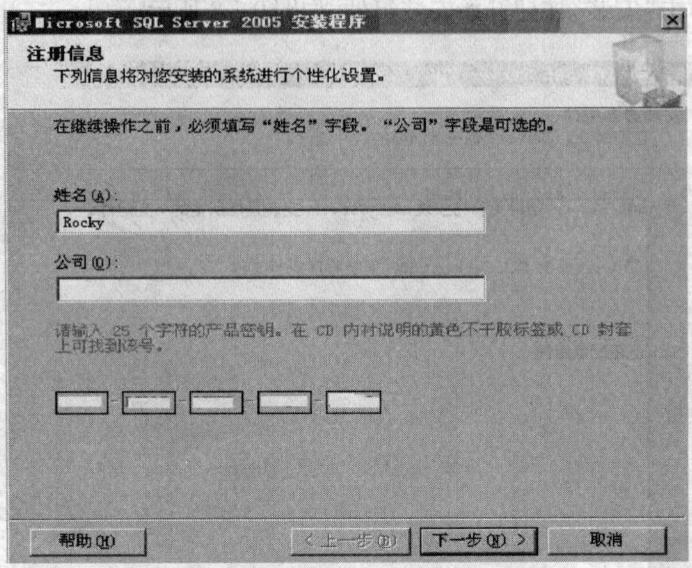

图 9 – 10　注册信息

⑤出现选择安装的组件界面,单击其中的复选框表示选中该项目进行安装,建议全选,如图 9 – 11 所示。如果要安装示例数据库及相关的代码和应用程序,可以单击“高级”按钮,然后在“文档、示例和示例数据库”中进行选择即可。完成上述设置后,单击“下一步”按钮。

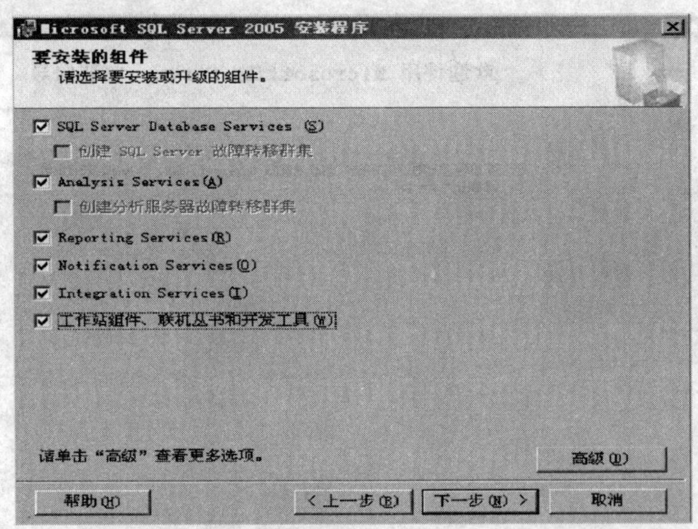

图 9 – 11　选择安装的组件

⑥进入如图 9 – 12 所示的命名安装实例。用户可以使用默认的实例名,也可以单击“命名实例”按钮,选择自己命名实例的名称,还可以单击“已安装的实例”按钮,查看服务器中已经存在的实例名。建议使用默认实例名。完成命名后,单击“下一步”按钮。

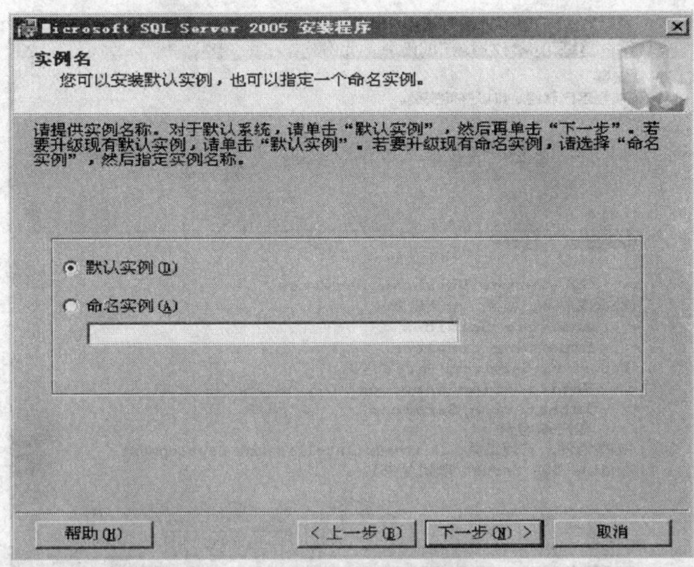

图9-12 实例命名

⑦接下来进入服务账户界面(图9-13)。需要用户为服务指定账户,这里可以为每个服务账户定义不同的账户,也可以定义统一的登录账户。还可以使用内置系统账户和域用户账户两种方式,不过对于代理服务,则不能使用本地内置系统账户。完成设置后单击“下一步”按钮。

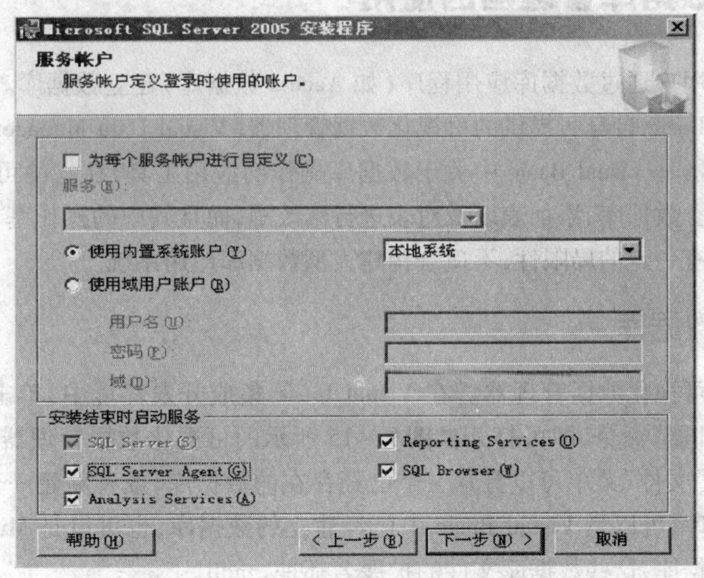

图9-13 定义登录服务账户

⑧接下来选择身份验证模式,建议选择混合的模式,并输入安全的密码。完成设置后再单击“下一步”按钮,进入排序规则设置,完成指定后单击“下一步”按钮。后面还有一些设置的界面,只需要根据提示选择然后单击“下一步”按钮即可,直到出现如图9-14所示的准备安装界面。

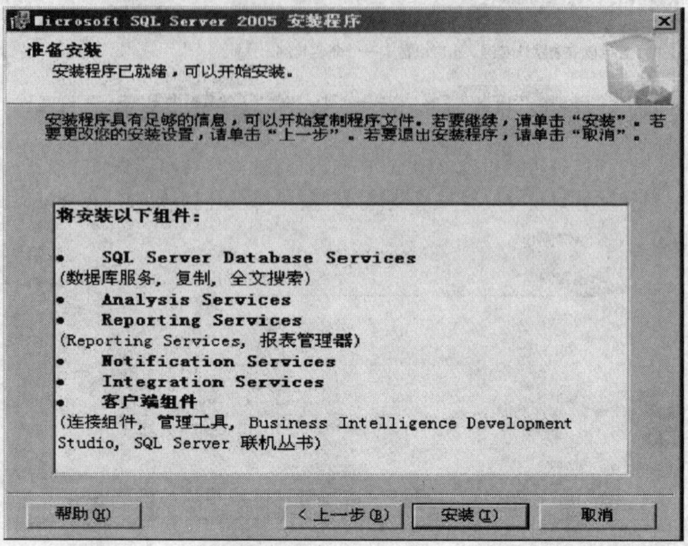

图 9－14　准备安装

⑨在准备安装的界面中单击"安装"按钮，系统开始安装前面所选择好的组件及相关的设置。在安装完毕后还会出现一个安装报表，关闭报表后，整个安装过程完毕。

9.2　数据库管理器的使用

前面介绍了用户通过数据库应用程序（如 Access 数据库）建立数据库。实际上，用户还可以通过 Visual Basic 自身所提供的可视化数据管理器（Visual Data Manager）建立和维护数据库。数据管理器是 Visual Basic 中关于数据库操作的应用工具，在它的可视化界面中，可以方便快捷地建立数据库、添加表以及对表进行修改等，而且其中的操作基本不用写任何程序代码。不过它有一定的局限性，不适合构建大型数据库应用系统。

9.2.1　创建数据库

首先要启动可视化数据管理器。在 Visual Basic 集成开发环境中，单击"外接程序"→"可视化数据管理器"命令，即可打开如图 9－15 所示的可视化数据管理器（VisData）窗口。通过该窗口中的"文件"菜单可以打开一个已经存在的数据库，或者新建一个数据库。对于已经存在的数据库，可以是 Visual Basic 中已经建立的数据库，也可以是 Microsoft Access 数据库中建立的数据库，这些数据库文件的扩展名都是 .mdb。

下面以具体例子介绍通过数据管理器创建一个 Access 数据库的操作过程。

【例 9－1】通过可视化数据管理器建立一个学生管理数据库，数据库名为 STU。

①在 VisData 窗口中单击"文件"→"新建"→"Microsoft Access"→"Version 7.0 MDB"命令，如图 9－16 所示。

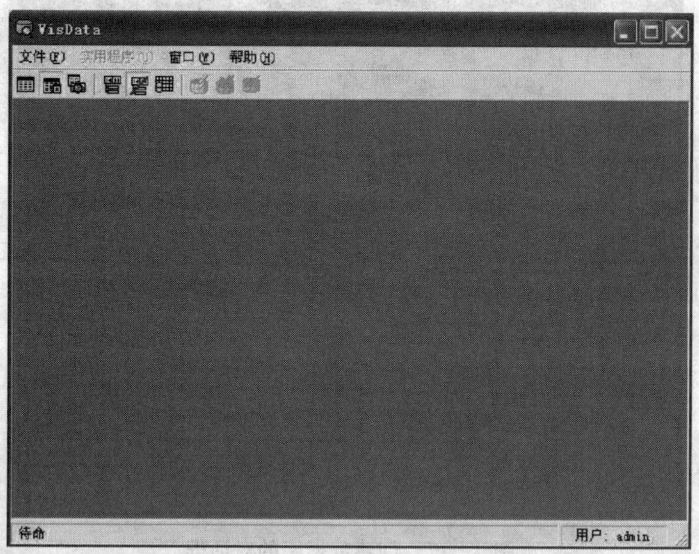

图9-15　可视化数据管理器

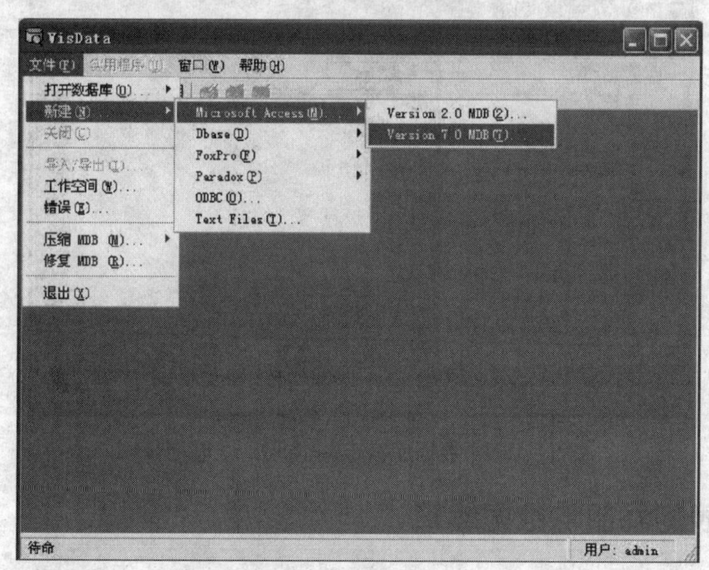

图9-16　选择新建数据库类型

②系统将会弹出“选择要创建的 Microsoft Access 数据库”对话框。在这里选择数据库保存的路径并给出数据库文件名,如图9-17所示。

③在图9-17中,单击“保存”按钮,显示如图9-18所示的“数据库窗口”和“SQL 语句”窗口。

至此,一个数据库的创建就基本完成了。不过目前所创建的数据库只是一个“空壳”,还需要在这个“空壳”的基础上通过数据表、数据及查询等的创建或添加操作,才能真正建立一个完整的数据库。

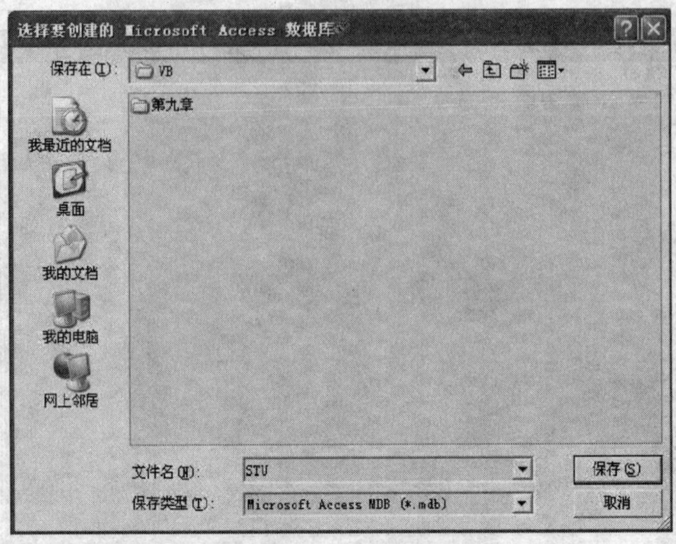

图 9－17　创建数据库的对话框

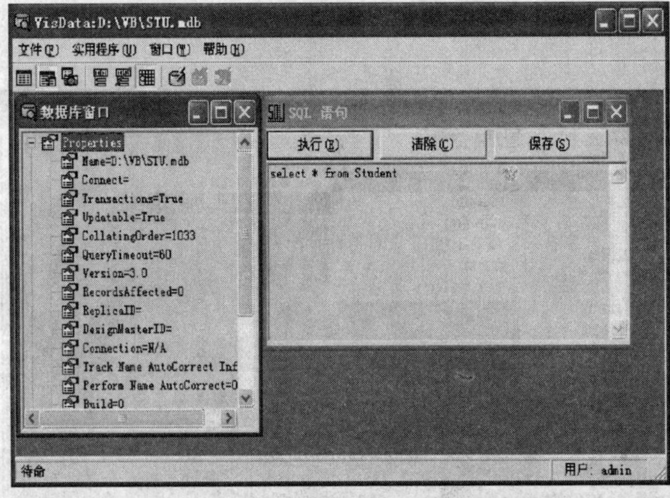

图 9－18　“数据库窗口”和“SQL 语句”窗口

9.2.2　数据表的添加与数据编辑

在上面例子的基础上，通过建立一个数据表来说明添加数据库的操作过程。

【例 9－2】在学生管理数据库 STU 中，添加一个学生信息数据表，表名为 Student，其表结构由表 9－2 给出。

表 9－2　学生信息表的表结构

字段名称	字段类型	字段长度	说　明
Sno	Text	8	学生学号
Sname	Text	10	学生姓名
Ssex	Text	2	性别
Sdept	Text	10	学生所在系
Sbirth	Date	8	生日

(1)如图9－18所示,在“数据库窗口”中的任意位置,单击鼠标右键,在快捷菜单(图9－19)中单击“新建表”命令,打开如图9－20所示的“表结构”对话框。

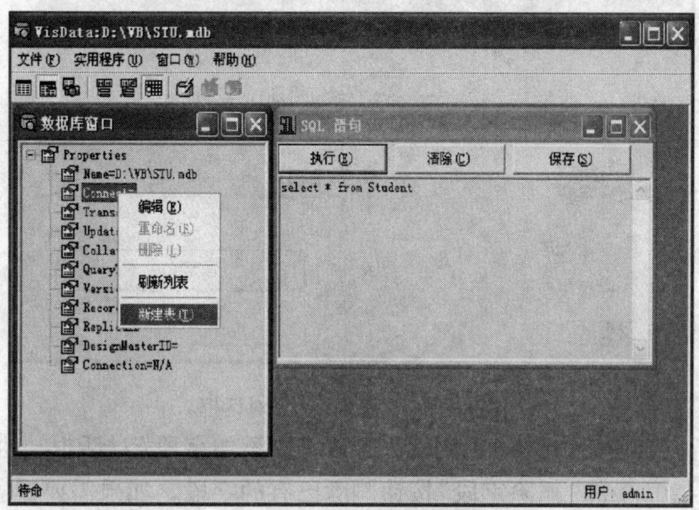

图9－19 新建表子菜单

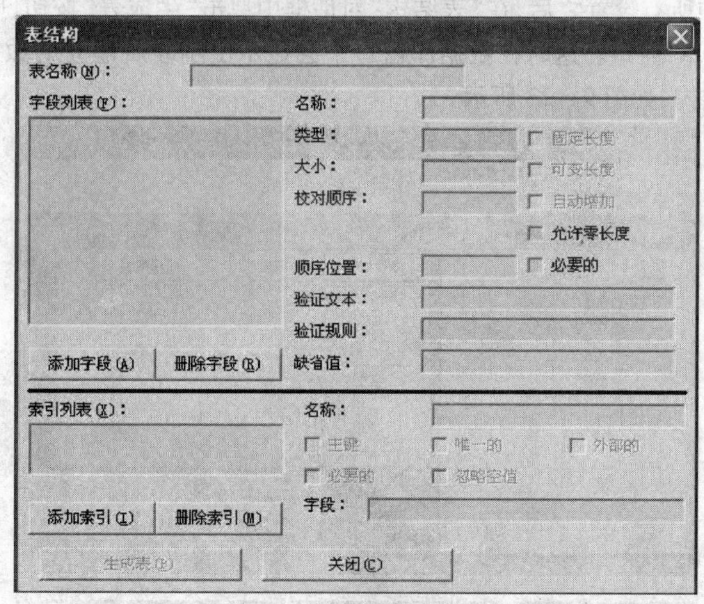

图9－20 “表结构”对话框

(2)在“表结构”对话框(图9－20)中创建数据表,具体步骤如下:

① 在“表名称”文本框中输入学生信息表的名称 Student;

② 单击“添加字段”按钮,系统弹出如图9－21所示的“添加字段”对话框,为表添加字段并设置各项的相关属性,主要包括名称、类型、大小等属性,单击“确定”按钮,完成一个字段的建立;

③ 重复步骤②,继续添加其他字段。

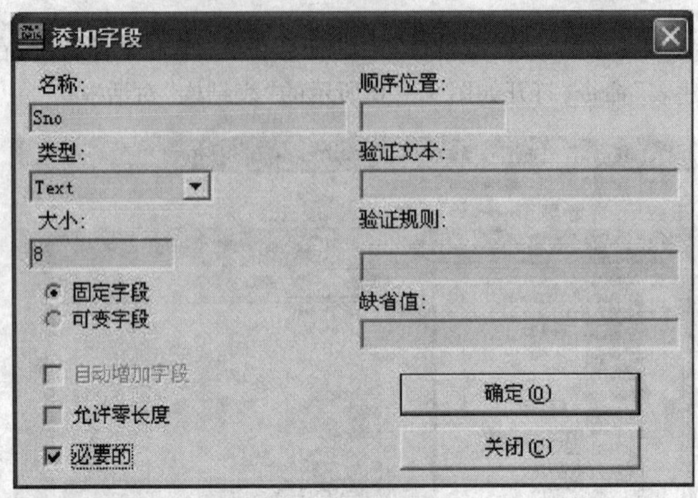

图 9-21 “添加字段”对话框

(3)添加了所有字段后,单击“关闭”按钮,关闭“添加字段”对话框。也可以通过“表结构”对话框(图 9-20)中的“删除字段”按钮删除已有的字段。如果需要建立索引,还可以单击“添加索引”按钮来进行设置。

(4)完成表中所有设置之后,在“表结构”对话框中单击“生成表”按钮,则完成数据表的添加,返回“VisData”窗口。这时在数据库窗口中会显示出刚才所建立的数据表,单击“+”号,可以看到表结构,如图 9-22 所示。

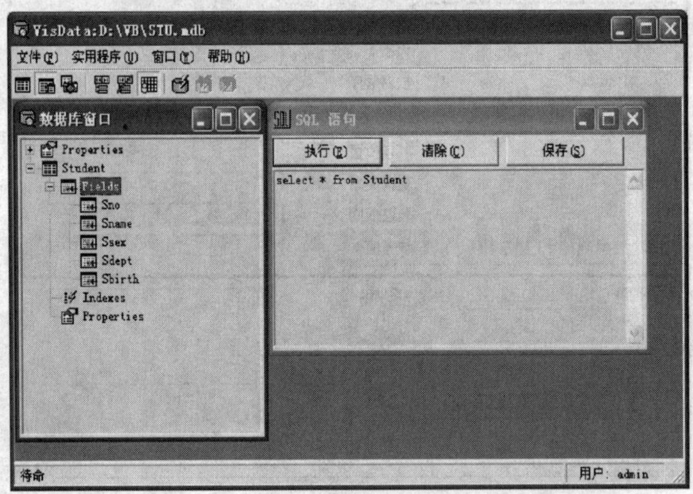

图 9-22 表建立完成后的数据库窗口

至此,一个表的添加就完成了。当然一个完整的数据表除了有表结构,还需要有相关的数据才是一个真正的数据表。在完成表的添加后,就可以开始添加及编辑表中的数据了。

同样通过“VisData”窗口来完成对数据的操作:

①打开“VisData”窗口,单击在工具栏上的“在窗体上使用 Data 控件”按钮。单击“文件”→“打开数据库”命令。在弹出的对话框中,双击要打开的数据库文件,打开要添加数据表所在的数据库。

②在“数据库窗口”中选择要添加数据的表，右击数据表名，在弹出的快捷菜单（图9－23）中选择“打开”命令，则弹出如图9－24所示的数据编辑窗口。

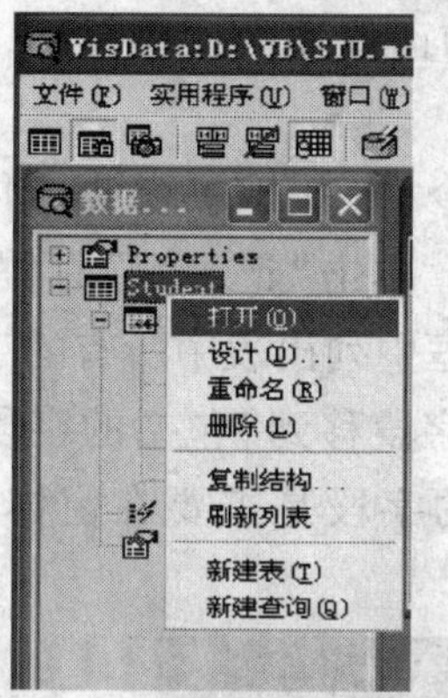

图9－23　对数据表操作的快捷菜单

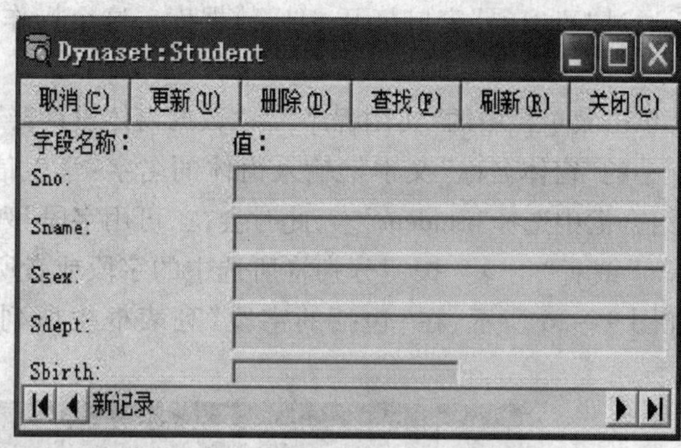

图9－24　数据编辑窗口

③在数据编辑窗口（图9－24）中可以输入一条记录的数据，输入完成后单击“更新”按钮，在弹出的对话框中会询问“是否提交更改?”，单击“是”按钮，则完成一条记录的添加。此时数据编辑窗口中第一个按钮已从“取消”改变成为“添加”，如图9－25所示。如果用户还要再添加记录，只需单击“添加”按钮，然后重复上面的操作即可。

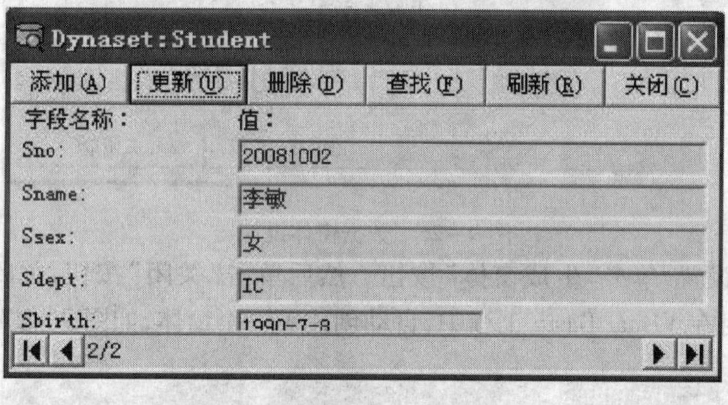

图9－25　添加完成后的数据编辑窗口

从图9－25所示的数据编辑窗口可以看到，如果要删除某条记录可直接单击窗口中的“删除”按钮即可。如果要修改现有记录，可直接进行修改，完成后单击“更新”按钮即可。

向数据表中添加数据，编辑表中已有的数据或者删除表中的数据，都可以通过此窗口完成。

9.2.3　窗体设计器的使用

通常创建一个数据窗体需要建立窗体控件并且设置很多属性，如果创建含有数据访问的窗体会更加复杂。如果对属性或相关编程不熟悉，创建窗体就成为一件非常麻烦的事情。通过可视化的“数据窗体设计器”就可以免去这些麻烦的工作。

“数据窗体设计器”是 Visual Basic 中的一个强有力的工具，可以用来创建数据窗体，并把它们添加到当前的 Visual Basic 工程中。使用这个工具，不必编写程序代码，就能够创建用于浏览、修改和查询数据窗体的应用程序。

以例 9－2 中创建的数据表为基础，创建一个学生基本情况的学生信息窗体：

①通过“VisData”窗口打开 STU 数据库。这个操作和前面叙述的操作一致，这里不再重复。

②单击菜单栏中的“实用程序”→“数据窗体设计器”命令，在弹出的“数据窗体设计器”对话框中的“窗体名称”文本框输入窗体的名字：学生信息。单击“记录源”右侧的下拉箭头，在组合框中选择“Student”表，此时会在“可用字段”列表框中列出表中所有的字段名称。单击“ > ”或者“ > > ” 按钮分别将所选中的字段或者所有字段移到“包括的字段”列表框中。如图 9－26 所示，在“包括的字段”列表框中所列出的字段是需要在窗体中显示的字段。

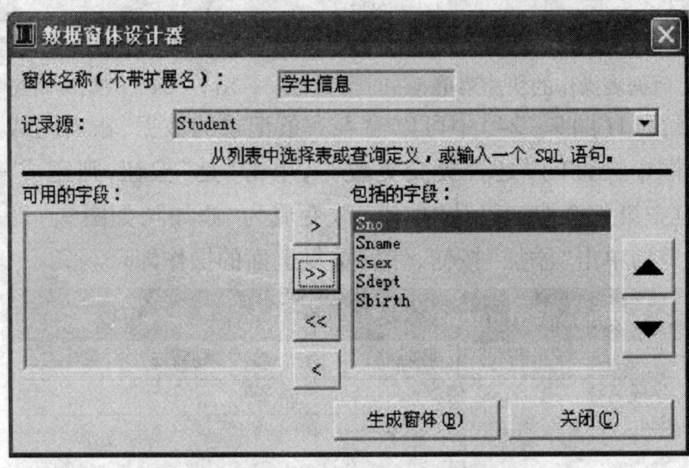

图 9－26　数据窗体设计器

③完成以上设置，单击“生成窗体”按钮。然后单击“关闭”按钮，关闭“数据窗体设计器”对话框。此时在 Visual Basic 工程中，自动创建了一个窗体，如图 9－27 所示。这个窗体

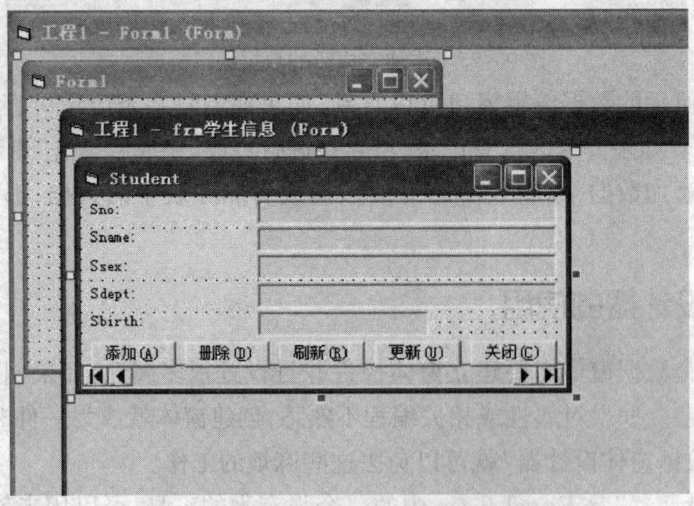

图 9－27　生成的窗体界面

实际上没有任何作用,因此把它移去。右键单击"工程资源管理器",在弹出的快捷菜单中选择"移除 Form1"。此时 Form1 已经被移除。

④右键再次单击"工程资源管理器",选择"工程 1 属性",弹出"工程属性"对话框。在"启动对象"组合框中选择"frm 学生信息",如图 9-28 所示。

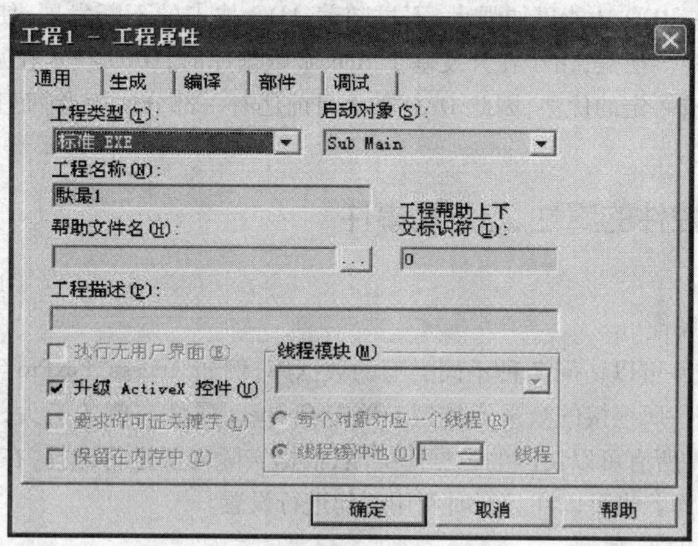

图 9-28 "工程属性"对话框

⑤单击"确定"按钮完成设置。此时便会出现设计好的学生信息窗体,如图 9-29 所示。

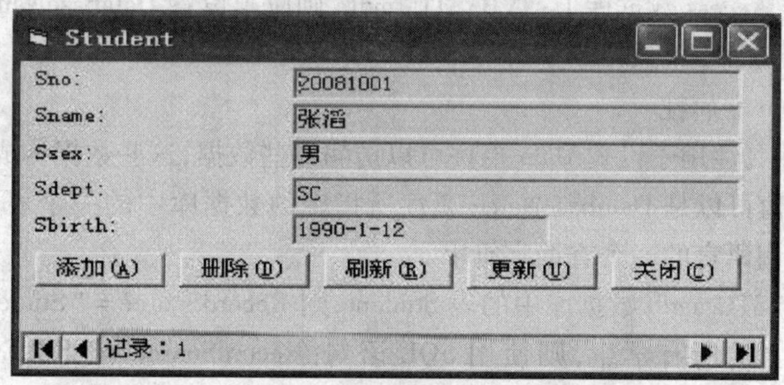

图 9-29 运行时的学生信息窗体

通过"数据窗体设计器"设计的数据窗体,不需要对控件进行任何设置,也不需要编写应用程序的代码就可以完成对数据的添加、删除等操作,非常方便。

9.3 Data 控件

Visual Basic 提供了多种访问数据库的方法,其中有数据控件(Data Control)、Active 数据对象(ADO,Active Data Object)、数据访问对象(DAO,Data Access Object)、远程数据对象(RDO,Remote Data Object)等。

数据控件是 Visual Basic 早期版本提供的访问数据库的工具。相对于其他几种访问数据库的方法,数据控件使用起来比较方便,几乎不需要编写复杂的程序就可以实现对数据库中数据的操作,可以将多个 Data 控件同时添加到一个工程甚至是同一个窗体中。每个 Data 控件可以连接到不同的数据表上,还可以与代码一起查询满足 SQL 语句的表的记录集。

ADO,DAO 和 RDO 功能更加强大,不过随着 ADO 技术的不断发展,使用 DAO 和 RDO 技术已经越来越少。但是,由于在开发基于 Access 数据库时,DAO 技术在某些方面,如本地数据库维护等具有一定的优势,因此 DAO 技术目前还有一部分使用者,而 RDO 几乎已经完全被 ADO 所取代。

9.3.1 Data 控件的属性、方法和事件

1. 常用属性

(1)Connect 属性

使用 Data 控件可以访问 7 种不同类型的数据库,例如 Access,FoxPro 等。Connect 属性用于设置 Data 控件所连接的数据库类型。单击 Connect 属性右侧的箭头,弹出一个下拉列表,列出 Data 控件所有可以访问的数据库类型,根据实际需要进行选择,在默认条件下选择的是 Access 数据库。也可以在运行时利用语句进行设置。

(2)DatabaseName 属性

DatabaseName 属性用于设置 Data 控件所连接的数据库文件名,包括路径名。也可以在运行时利用语句进行设置。

例如,要连接 Access 数据库 D:\VB\STU. mdb,则应当设置 DatabaseName 属性值为:DatabaseName ="D:\VB\STU. mdb"。

(3)RecordSource 属性

RecordSource 属性用于设置 Data 控件可以访问哪些数据,这些数据构成记录集(Recordset)对象,该属性值可以是 DatabaseName 属性所指定的数据库中的一个表、一个查询,也可以是使用 SQL 查询语言的一个查询字符串。

例如,要指定 STU. mdb 数据库中的表 Student,则 RecordSource = "Student";如果要查询成绩在 85 分以上的所有学生,则使用 SQL 语句:RecordSource = " SELECT * FROM STU WHERE score > =85"。

(4)RecordsetType 属性

根据设置的属性值,确定由 Data 控件创建的记录集(Recordset)对象的类型,属性的取值及含义如下:

· dbOpenTable:表类型记录集。一个记录集,代表能用来添加、更新或删除单个的数据表。

· dbOpenDynaset:动态集类型。一个动态记录集,代表一个数据表或一个查询结果。可以从 Dynaset 类型的记录集中添加、更新或删除记录,并且任何改变都将反映在基本表上。

· dbOpenSnapshot:快照类型。一个记录集的静态副本,可用于查询数据或生成报告。一个快照类型的记录集可以包含从一个或多个在同一数据库中的表内取出的字段,但字段

不能更改。

(5) Exclusive 属性

Exclusive 属性用于设置 Data 控件是否以独占方式连接数据库文件。属性值为 True 是单用户方式,表示不允许其他进程打开数据库;为 False(默认值)是多用户方式。

(6) ReadOnly 属性

ReadOnly 属性用于设置是否允许修改数据库中的记录。设置为 True 是只读方式;为 False(默认值)是读写方式。

(7) BOFAction 属性

属性为 True,设置当记录超出起点(记录集移动到第一个记录之前)时,数据控件的动作。

(8) EOFAction 属性

属性为 True,设置当记录超出结束点(记录集移动到最后一个记录之后)时,数据控件的动作。

2. 常用方法

(1) Refresh 方法

当 Data 控件重新打开所连接的数据库时,如果数据已被其他用户或程序修改,可以使用这个方法重新显示数据,保证使用数据的正确性。

(2) UpdataControls 方法

将 Data 控件记录集(Recordset)中取得的当前记录显示在某个数据绑定控件中。当其他用户或程序修改了数据库当前记录后,使用此方法可以及时显示更新后的当前记录。

(3) UpdateRecord 方法

与 UpdataControls 方法类似,但是过程是相反的。当改变绑定控件中数据后,通过此方法将控件所连接的数据库中的记录进行更新。

3. 常用事件

(1) Reposition 事件

当某条记录成为当前记录后,Reposition 事件被触发。通常利用这个事件进行以当前记录内容为基础的计算。

(2) Validata 事件

当另一条不同的记录成为当前记录之前,或调用记录集对象的 Update 方法、Delete 方法及 Close 方法等之前,Validata 事件被触发。

9.3.2 记录集对象

在 Data 控件中,通过 RecordSourse 属性来确定访问数据库中的哪些记录,而那些被访问的记录构成一个记录集(Recordset)对象。也就是说,在 Visual Basic 中数据库中数据的访问是通过 Recordset 对象来实现的。其使用的格式为:Data 控件名 . Recordset. 属性 | 方法。

1. 记录集常用的属性

(1) BOF 与 EOF 属性

这两个属性常常用于在数据库操作时，判断当前记录是否已经位于记录的开头或末尾位置。当 BOF 属性值为 True 时，表示当前位置在第一个记录之前。当 EOF 属性值为 True 时，表示当前位置在最后一条记录之后。

(2) Nomatch 属性

Nomatch 属性用于判断在记录集中的查找是否成功。当属性值为 True 时表示找到匹配的记录，为 False 时则未找到匹配记录。

(3) RecordCount 属性

RecordCount 属性值表示记录集中保存的记录个数。

2. 常用的方法

(1) Move 方法组

Move 方法组是浏览记录集中数据的一个重要工具。共有 4 种记录指针移动方法，分别对应于 Data 控件中 4 个指针移动按钮，它们分别是：MoveFirst 方法，指针移动到记录集的第一条记录；MoveLast 方法，指针移动到记录集的最后一条记录；MoveNext 方法，指针从当前记录移动到下一条记录；MovePrevious 方法，指针从当前记录移动到上一条记录。

这里要注意的是，上面 4 种方法是针对记录集里的所有记录，而不是所建立的数据表的指针移动方法。其中的 MoveNext 方法和 MovePrevious 方法不能自动检查是否指针已经达到了记录集的边界，因此必须通过代码来进行控制，否则将导致越界的错误。

(2) AddNew 方法

AddNew 方法用于添加一条新的记录。这个方法仅仅是产生了一条新的空记录，存放在缓冲区当中，必须在使用了 Update 方法后或者进行了指针的移动操作后，新的记录才被放入记录集。

(3) Update 方法

将缓冲区存放的一条新的空记录放入记录集当中。

(4) Delete 方法

删除记录集中的当前记录或所指定的记录组，删除后不可恢复。

(5) Find 方法组

在记录集中查找满足条件的记录。共有 4 种查找方法，它们分别是：FindFirst 方法，从记录集的首记录开始向后查找匹配的第一个记录；FindLast 方法，从记录集的尾记录开始向前查找匹配的第一个记录；FineNext 方法，从记录集的当前记录开始向后查找匹配的第一个记录；FindPrevious 方法，从记录集的当前记录开始向前查找匹配的第一个记录。

(6) Close 方法

关闭指定的记录集及相关的数据库和所分配的系统资源。

3. 数据感知控件

除了记录集对象以外，还需要一个数据感知控件。

数据感知控件是负责显示数据库中的数据的，虽然 Data 控件可以进行数据库的访问操作，但它并不能显示数据，因此需要数据感知控件来帮助完成这个工作。在 Visual Basic 中的文本框、图片框、复选框、标签、列表框、组合框等控件，都可以称为含有数据感知功能的控件,常常与 Data 控件一起使用。用户在数据感知控件中能够看到数据,是由于这些控件绑定了 Data 控件,Data 控件在其中所起到的作用是提供匹配的数据。

这些数据感知控件中有以下两个属性可以完成数据的绑定:

(1)DataSource 属性

指定要与控件绑定的 Data 控件。

(2)DataField 属性

在指定了 Data 控件后也就指定了对应的数据库及表,再通过 DataField 属性选择对应的字段。

9.3.3　应用实例

以例 9－2 中的数据库及相关数据表作为数据源,通过一个应用实例来说明 Data 控件及相关对象的使用方法。

【例 9－3】用 Data 控件来创建一个可以浏览学生信息的应用程序及界面。

①新建一个窗体,并在上面添加 3 个文本框、4 个按钮和 1 个 Data 控件,如图 9－30 所示。这里的 Data1 控件,最好把其中的 Visible 属性设置为不可见(False)。其中的功能可以用添加的按钮控件来实现,这样做可以让界面更加友好。

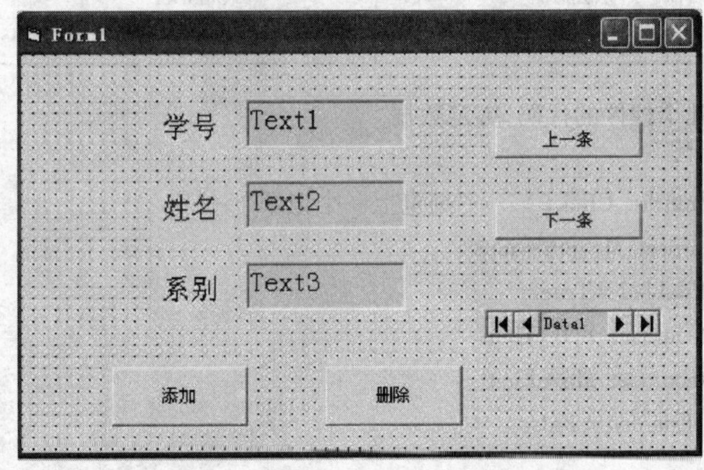

图 9－30　浏览学生信息窗体的设计界面

②对所有控件进行相关属性值的设置,如表 9－3 所示。

表 9－3　控件的属性设置

对　　象	属　　性	属性值
Data1	DataBaseName	D:\VB\第 9 章\SRU. mdb
	RecordSource	Stiudent
	Visible	False
Label1	Caption	学号
Label2	Caption	姓名

（续表）

对　象	属　性	属性值
Label3	Caption	系别
Text1	DataSource	Data1
	DataField	Sno
Text2	DataSource	Data1
	DataField	Sname
Text3	DataSource	Data1
	DataField	Sdept
Command1	Name	CmdPre
	Caption	上一条
Command2	Name	CmdNext
	Caption	下一条
Command3	Name	CmdAdd
	Caption	添加
Command4	Name	CmdDel
	Caption	删除

③编写上述几个控件的代码，绑定数据。

程序代码如下：

```
Private Sub CmdPre_Click( )        '浏览上一个记录
   Data1. Recordset. MovePrevious
   CmdNext. Enabled = True
   If Data1. Recordset. BOF Then
      Data1. Recordset. MoveFirst
      CmdPre. Enabled = False
   End If
End Sub

Private Sub CmdNext_Click( )        '浏览下一个记录
   Data1. Recordset. MoveNext
   CmdPre. Enabled = True
   If Data1. Recordset. EOF Then
      Data1. Recordset. MoveLast
      CmdNext. Enabled = False
   End If
End Sub
```

```
Private Sub CmdAdd_Click( )       '添加记录
If CmdAdd. Caption = "确定" Then
   On Error GoTo Wrong
   Data1. UpdateRecord
   Data1. Recordset. MoveLast
   CmdPre. Enabled = True
   CmdNext. Enabled = True
   CmdDel. Enabled = True
   CmdAdd. Caption = "添加"
Else
   Data1. Recordset. AddNew
   CmdAdd. Caption = "确定"
   CmdPre. Enabled = False
   CmdNext. Enabled = False
   CmdDel. Enabled = False
   End If
Exit Sub
Wrong:
   If Err. Number = 524 Then
      MsgBox "该纪录已经存在!",48,"警告"
   End If
Resume
End Sub

Private Sub CmdDel_Click( )       '删除记录
   Dim i As Integer
   i = MsgBox("您确定要删除吗?",52,"警告")
   If i = 6 Then
      Data1. Recordset. Delete
      Data1. Refresh
   End If
End Sub
```

④编写完毕后,单击工具栏上的启动按钮"►"运行程序。运行后将弹出所设计的浏览学生信息窗体,如图 9 - 31 所示。单击"上一条""下一条"按钮,记录随之进行变化,可以通过这两个按钮浏览整个数据表的记录。

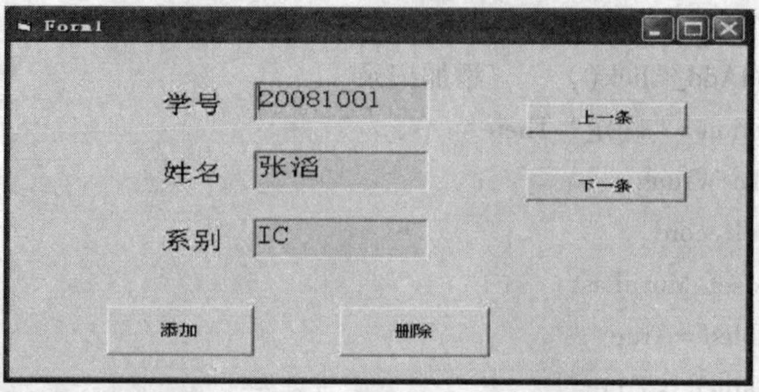

图 9－31　浏览学生信息窗体

单击“添加”按钮，界面进入输入状态，如图 9－32 所示，输入一条记录后，单击“确定”按钮完成一条记录的添加。

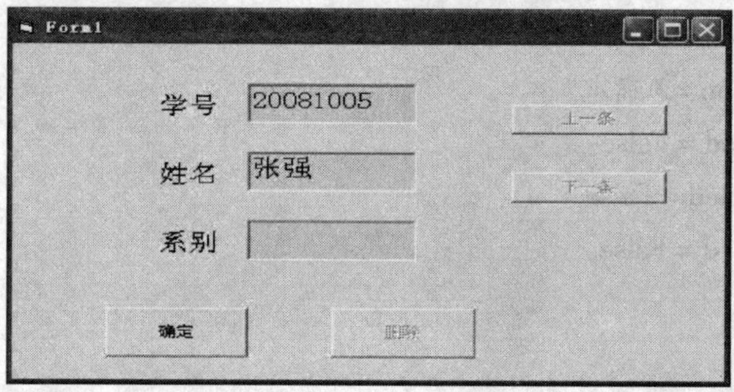

图 9－32　添加记录的界面

如果要删除一条记录，则先浏览到该条记录，单击“删除”按钮，系统弹出提示询问是否删除记录，如图 9－33 所示。单击“是”按钮，彻底删除该纪录。

图 9－33　删除记录时的消息框

以上是通过 Data 控件设计的一个学生信息的浏览界面，可以发现，通过这个控件可以方便地进行数据库与界面的数据交流。

9.4　ADO Data 控件

ADO(ActiveX Data Object)是微软公司提供的一个功能强大的数据库访问控件，它整合了 RDO 与 DAO 模型中的一些优秀特性，使用更加灵活简便。ADO 对象模型具有可扩展性，使用 ADO 编程对象，就可以完成可视化处理的所有操作。目前，ADO 控件的使用非常广泛，它除了可以进行 Access 数据库、FoxPro 数据库等小型数据库的访问，还支持中、大型数据库，如 SQL Server，Oracle 等数据库的数据访问。

在默认条件下，在 Visual Basic 集成开发环境中的“工具箱”里是找不到 ADO 控件的，在使用该控件前，要先把它添加进来。

打开 Visual Basic 集成开发环境后，单击“工程”→“部件”，或在“工具箱”上单击右键，在弹出的对话框中选择“控件”选项卡，在其中找到“Microsoft ADO Data Control 6.0 (OLEDB)”复选框并选中，如图 9－34 所示。选择完成后，再单击“确定”按钮完成设置。此时，会在“工具箱”中出现一个“　”控件，表示添加 ADO 控件完成。

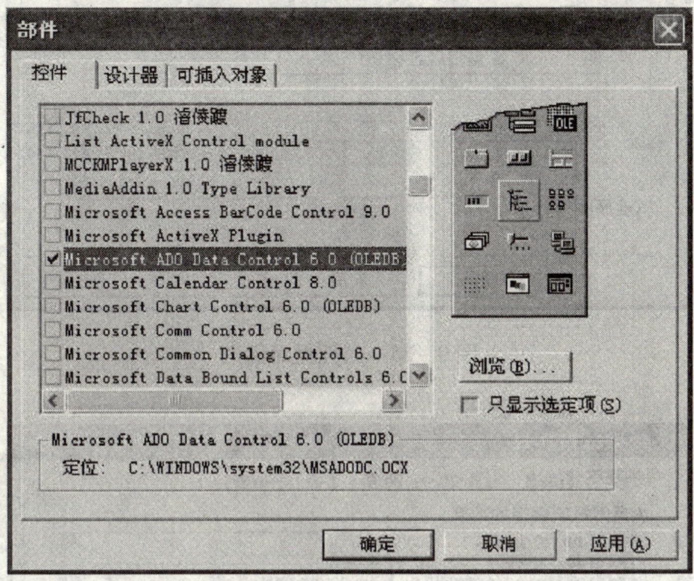

图 9－34　部件对话框

9.4.1　ADO Data 控件的属性

ADO Data 控件的常用属性如下：

（1）Name 属性

设置当前所使用的 ADO 控件的名称。在默认条件下，生成的第一个 ADO 控件为 Adodc1，依次类推为 Adodc2，Adodc2，…。在应用中如果牵扯多个 ADO 控件，为了区别不同的访问对象，用户可以定义更有针对性的名称。

（2）ConnectionString 属性

ConnectionString 属性用于建立与数据库的连接，指定数据库的名称。这是 ADO 控件实现访问数据库的基本环节，每个新生成的控件都要先进行这个设置。

设置的方法是在要设置的 ADO 控件上单击右键，在弹出的菜单里选择“ADODC 属性”，打开“属性页”对话框，如图 9－35 所示。也可以在“属性窗口”中单击 ConnectionString 属性右边带有省略号的按钮，打开“属性页”对话框。

选择“使用连接字符串”单选按钮，单击“生成”按钮，打开“数据链接属性”对话框。在“提供程序”选项卡下，如果连接 Access 数据库，则选择“Microsoft Jet 3.51 OLE DB Provider”，如图 9－36 所示。如果连接 Oracle 数据库，则选择“Microsoft OLE DB Provider for Oracle”。

选择好了提供程序，单击“下一步”按钮，自动进入“连接”选项卡。在“选择或输入数据库名称”输入框中输入数据库文件的路径及文件名，或者单击“…”按钮指定作为数据源的

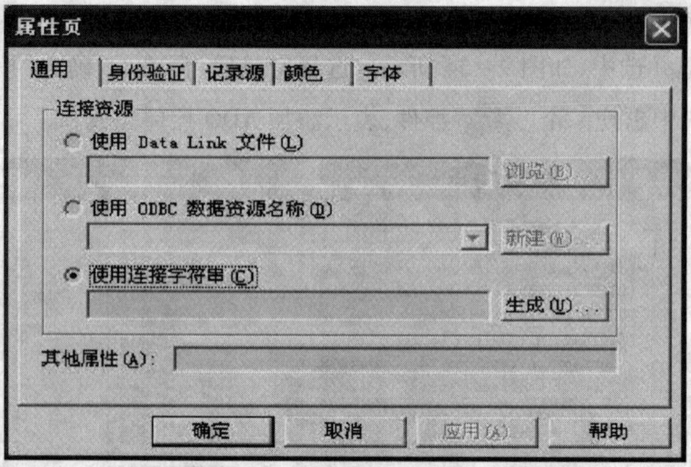

图 9-35　属性页对话框

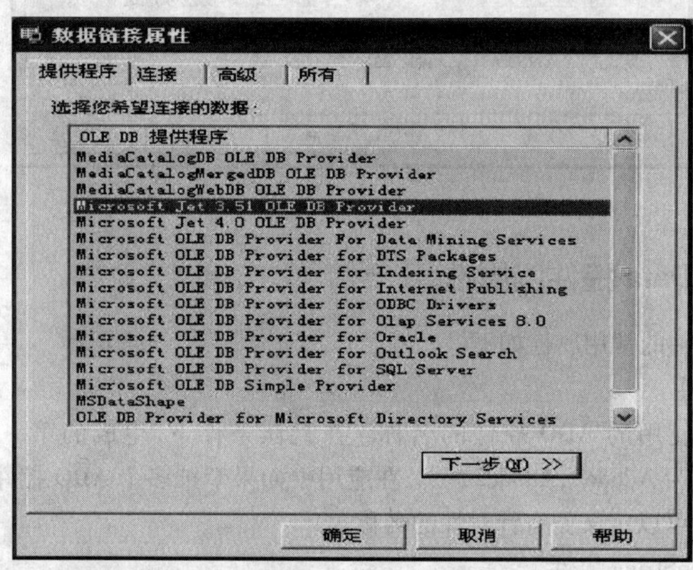

图 9-36　数据链接属性对话框

数据库文件,还可以设置用户名和密码,如图 9-37 所示。单击“测试连接”按钮,如果提示“连接测试成功”,单击“确定”按钮,完成 ADO 控件与数据库文件的连接。

(3) RecordSource 属性

RecordSource 属性用于设置数据源,从前面设置中所确定的数据库中选择操作的数据。这个属性的设置也要通过“属性页”窗口。操作和对 ConnectionString 属性中调用“属性页”类似,只是在打开该窗口后,单击“记录源”选项卡,然后在命令类型中进行设置,如图 9-38 所示。设置完成后,单击“确定”按钮即可。

在命令类型当中有 4 个属性值可以选择,它们代表了 4 种数据源生成的方式,并且在设置了不同的类型后,还需要在“表或存储过程名称”中进行相应的设置才算完成了数据源的设置。

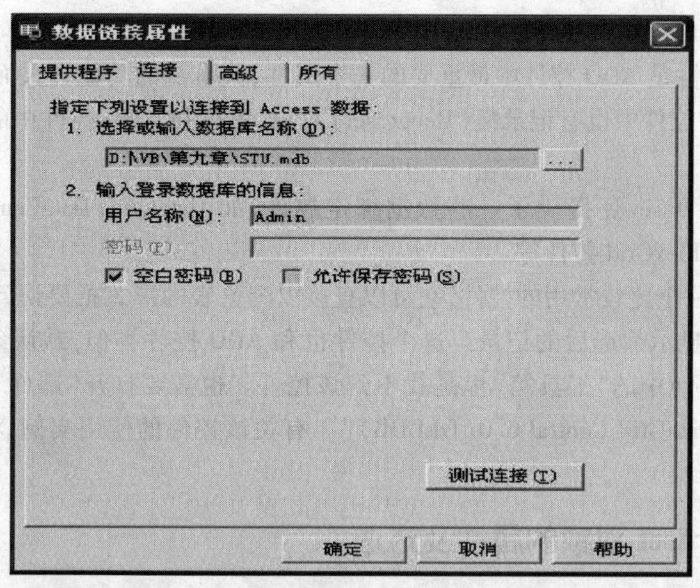

图 9 – 37 数据链接属性对话框的连接选项卡

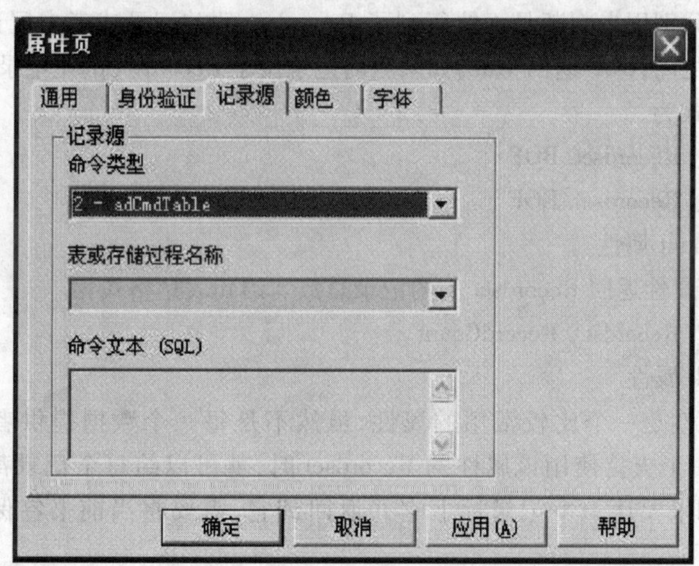

图 9 – 38 属性页的记录源标签

这 4 个属性值的具体描述见表 9 – 4。

表 9 – 4 命令类型的属性取值

属性值	描 述
adCmdUnknown	默认值,命令类型未知
adCmdTable	结果来源于完整的表
adCmdText	结果集由 Select 语句来生成
adCmdStoredProc	结果集由存储过程决定

(4)Recordset 属性

Recordset 属性是 ADO 控件中最重要的一个属性,其本身的功能强大而完善,是一个功能对象。在 Data 控件中也有记录集(Recordset)对象,不过在 ADO 控件中的 Recordset 属性有更多的功能。

此外,Visual Basic 还提供了一些数据绑定控件,如 DataGrid,DataCombo,DataList,DataReport 及 MS HFlexGrid 控件等。

DataGrid 是一个比较常用的控件,它可以直接以浏览表的形式把要访问的数据表打开,也可以按照要求显示筛选后的记录。这个控件也和 ADO 控件类似,默认条件下,在 Visual Basic 集成开发环境中的"工具箱"里是找不到该控件。也需要打开"部件"对话框,在其中选择"Microsotr DataGrid Contral 6.0(OLEDB)"。有关该控件的使用实例,将结合后面的内容在 9.5.4 节中给出。

9.4.2 Recordset 对象的属性及方法

1. Recordeset 对象常用的属性

(1)EOF 和 BOF 属性

这两个属性分别用来判断是否执行到了 Recordset 的首记录或者末尾记录。如果当前记录位于首记录之前,BOF 返回 True;如果当前记录位于 Recordset 的尾记录之后,则 EOF 返回 True。语法格式为

ADO 控件名.Recordset. BOF

ADO 控件名.Recordset. EOF

(2)RecordCount 属性

RecordCount 属性返回 Recordset 中的记录总数。语句表达格式为

ADO 控件名.Recordset. RecordCount。

(3)BookMark 属性

BookMark 属性是一个比较常用的属性,虽然不是每一个数据提供者都支持这个属性,但是当创建一个支持使用该属性的 Recordset 时,就可以给每个记录都标上一个唯一的 BookMark。如果要让一个记录标上它并返回到它,需要将当前书签保存到一个变量中去。

(4)AbsolutePosition 属性

AbsolutePosition 属性用于设置 Recordset 的当前记录的顺序位置序号。不论当前记录是 Recordset 中的第几条记录,当前记录的序号显示为 1。也就是说,AbsolutePosition 属性的数值从当前记录开始计算,起始值为 1,即 AbsolutePosition 属性的初值为 1。这里要注意,由于每次设置该属性时,ADO 都将从数据源的数据重新载入 Recordset,因而无法保证 Recordset 每次都以同样的顺序出现。另外,在使用记录序号时,也不应该使用该属性的值,因为每当从 Recordset. 中加入或移出记录时,每个记录的属性值都会随之变化。

(5)Fields 属性

该属性表示 Recordset 的字段信息。它是一个数组,用以表示一条记录的多个字段。

这个数组中,每一个元素都是一个 Fields 对象。可以用以下格式来描述 Recordset 的字段信息:

Fields. Name:字段的名称

Fields. Value:字段的值

2. Recordset 对象的方法

(1) MoveFirst 方法

它的作用是把 Recordset 中的记录指针移动到第一条记录上。

(2) MoveLast 方法

它的作用是把 Recordset 中的记录指针移动到最后一条记录上。不过这里要求所使用的 Recordset 必须支持书签,否则将发生错误。

(3) MovePrevious 方法

这个方法是把记录指针向前移动一条记录,但是要注意,不能无限制地移动,否则会超出 Recordset 边界发生错误。因此,它往往需要先使用 Recordset. Bof 进行判断是否到达了最开始位置,如果判断为真,则不再调用该方法。

(4) MoveNext 方法

与前面的 MovePrevious 方法类似,它是将记录指针向后移动一条记录,同样不能无限制移动,可先使用 Recordset. Eof 判断是否到达记录末尾,为假则可以继续调用该方法,否则不再调用该方法。

(5) Move 方法

该方法是通过向前或向后移动记录指针一定的距离,使记录指针到达指定的记录。其语法格式为

Recordset. Move n, start

其中,n 表示要移动的记录数目,用正号与负号来表示向前和向后移动。Strat 是一个可选择的变量,如果方法中带有该变量则根据 BookMark 来移动记录指针。如果不传送这个变量,则移动是以当前记录为参照。

(6) AddNew 方法

AddNew 方法是向数据库中添加新的记录。调用该方法后,即在 Recordset 中加入新的一行,并将指针移动到行首准备加入新的数据。注意,这个方法仅仅是在内存缓冲区中产生了一条新的记录,数据并没有真正保存到数据库当中,必须再结合使用 Updata 方法,才真正将数据写入到了数据库中。该方法的语法格式为

ADO 控件名 . Recordset. AddNew

(7) Update 方法

将 Recordset 的当前记录中所做的任何修改都保存到数据源(数据库)中。该方法的语法格式为

ADO 控件名 . Recordset. Update

(8) Delete 方法

Delete 方法用于删除当前记录。其语法格式如下:

ADO 控件名 . Recordset. Delete

(9) CancelUpdate 方法

并非像它的名字那样“撤销 Update”,而是在调用 Update 方法之前,撤销对一切记录所做的编辑或添加,恢复修改前的状态。其语法格式如下:

ADO 控件名 . Recordset. CancelUpdate

(10) Find 方法

这个方法用于在 Recordset 中查找满足给定条件的记录。其语法格式为

ADO 控件名 . Recordset. Find("查找条件")

这里的“查找条件”包括有效的字段名及有效的比较运算符(如 <, >, >=, <=, <>, = 及 like)等。例如:

Adodc1. Recordset. Find("Ssex like '女'")

表示通过一个名称为“Adodc1”的 ADO 控件在 Recordset 中查找其中性别为“女”的学生记录。

9.4.3 应用实例

以例 9 - 2 中的数据库及相关数据表作为数据源,通过一个应用实例来说明 ADO 控件及相关对象的使用方法。

【例 9 - 4】用 Data 控件来编写一个可以浏览学生信息的应用程序及界面。

①新建一个窗体,并在上面添加 5 个文本框,9 个按钮,一个 ADO 控件,两个组合框。如图 9 - 39 所示。与数据控件一样,最好把 Adodc1 控件的 Visible 属性设置为不可见(False)。

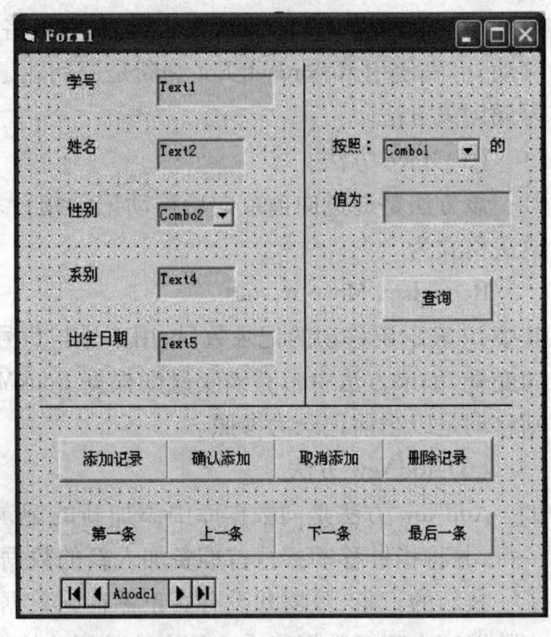

图 9 - 39 浏览学生信息的界面设计

②对 Adodc1 控件进行设置,通过对 ConnectionString 属性的设置,确定数据源是文件名为 STU. mdb 的数据库。再对 RecordSource 属性进行设置,在“命令类型”中选择“2 - adCmdTable”(结果来源于完整的表)。再在“表或存储过程名称”中选择“Student”表,如图 9 - 40 所示。

③对其他控件的属性进行相应的设置。文本框和组合框这样的数据感知控件的属性设定,见表 9 - 5 中的详细描述。

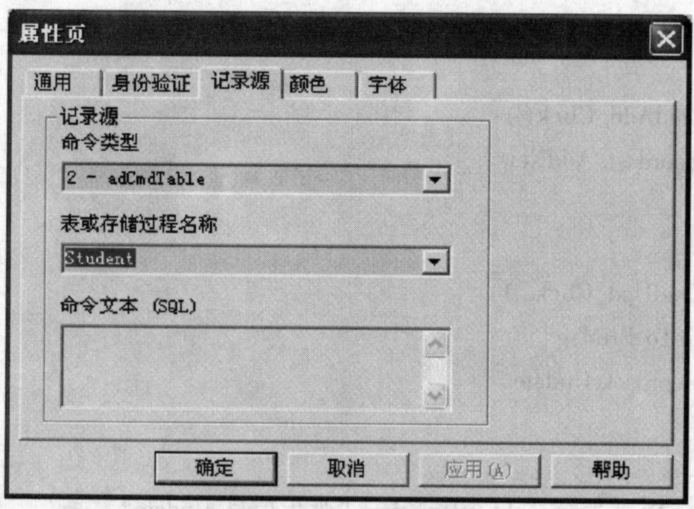

图 9－40　记录源的设置

表 9－5　控件属性设置

控件名称	属　性	属性值
Text1	DateSource	Adodc1
	DateField	Sno
Text2	DateSource	Adodc1
	DateField	Sname
Text4	DateSource	Adodc1
	DateField	Sdept
Text5	DateSource	Adodc1
	DateField	Sbirth
Combol2	DateSource	Adodc1
	DateField	Ssex

源代码如下：

```
Private Sub Form_Load()
    Combo1. AddItem "Sno"
    Combo1. AddItem "Sname"
    Combo1. AddItem "Ssex"
    Combo1. AddItem "Sdept"
    Combo1. AddItem "Sbirth"
    Combo1. ListIndex = 0
    Combo2. AddItem "男"
    Combo2. AddItem "女"
    Adodc1. Refresh
```

```
End Sub

Private Sub CmdAdd_Click( )
  Adodc1. Recordset. AddNew
End Sub

Private Sub CmdUpd_Click( )
  On Error GoTo ErrMsg
  Adodc1. Recordset. Update
  Exit Sub
ErrMsg:
  MsgBox Err. Description, vbExclamation, "学生信息-Update"
End Sub

Private Sub CmdCanc_Click( )
  On Error GoTo ErrMsg
  Adocd1. Recordset. CancelUpdate
  Exit Sub
ErrMsg:
  MsgBox Err. Description, vbExclamation, "学生信息-CancelUpdate"
End Sub

Private Sub CmdDel_Click( )
  On Error GoTo ErrMsg
  Adodc1. Recordset. Delete
  Adodc1. Recordset. MoveNext
  If Adodc1. Recordset. EOF Then Adodc1. Recordset. MoveLast
  Exit Sub
ErrMsg:
  MsgBox Err. Description, vbExclamation, "学生信息-Delete"
End Sub

Private Sub CmdFirst_Click( )
  Adodc1. Recordset. MoveFirst
End Sub

Private Sub CmdPre_Click( )
```

```
    If Not Adodc1. Recordset. BOF Then
    Adodc1. Recordset. MovePrevious
    End If
End Sub

Private Sub CmdNext_Click( )
    If Not Adodc1. Recordset. EOF Then
    Adodc1. Recordset. MoveNext
    End If
End Sub

Private Sub CmdLast_Click( )
    Adodc1. Recordset. MoveLast
End Sub

Private Sub CmdFind_Click( )
    Dim bm
    bm = Adodc1. Recordset. Bookmark
    ret = FindFirst( Adodc1. Recordset, " [ " & Combo1. Text & " ] Like" & " % " & Text6. Text
& " % " )
    If Not ret Then
        Adodc1. Recordset. Bookmark = bm
        MsgBox "没有符合条件的学生记录!"
    End If
End Sub

Function FindFirst ( rs As ADODB. Record-
set, ByVal criteria As String)
    On Error Resume Next
    rs. MoveFirst
    rs. Find criteria
        FindFirst = Not rs. EOF And
Err. Number = 0
End Function
```


运行程序,将出现学生个人信息界面,如图 9 - 41 所示。

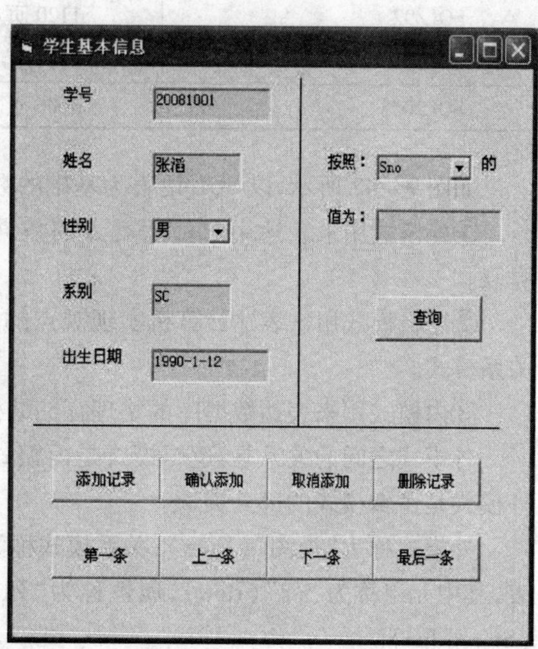

图 9 - 41 学生个人信息界面

9.5 结构化查询语言 SQL

9.5.1 SQL 语言的基本概念

SQL 语言是由 IBM 的圣约瑟研究实验室为其关系数据库管理系统 SYSTEM R 开发的一种结构化查询语言。它简单易学并且功能强大,深受用户及计算机业界的欢迎。

SQL 语言开始的设计是一种非过程化的语言,也就是大多数的语句都是独立执行的,与上下文并没有关系。然而几乎所有的实际应用都是一个完整的与上下文有关的处理过程,这显然是 SQL 语言不能满足的地方。但是通过各大公司对 SQL 语言的不断改进和扩充,这个问题已基本解决。通过在 SQL 中引入过程性结构,使得可以把 SQL 嵌入到高级语言中,从而完成一个完整的应用。

由于 SQL 深受业界人士的青睐,大多数关系数据库管理系统都使用 SQL 作为共同的数据库存取语言和标准接口。自 1986 年美国国家标准局(American National Standard Institute,简称 ANSI)的数据库委员会把 SQL 作为关系数据库语言的美国标准后,SQL 语言的标准化进程就不断扩大,目前 SQL 已经成为数据库领域中的主流语言和标准。表 9-6 是 SQL 标准化的发展过程。

表 9-6 SQL 语言标准化进程表

标 准	篇幅(页数)	发布日期
SQL/89(FIPS 127-1)	120 页	1989 年
SQL/92	1120 页	1992 年
SQL99	2084 页	1999 年
SQL2003	3606 页	2003 年

如图 9-42 所示,以 SQL 语言为基础的数据库体系结构分为 3 个层次:

①外模式用来表达用户使用观点的数据库局部逻辑结构的模型,是逻辑模式的部分提取。

②逻辑模式用来表达计算机实现观点的数据库全局逻辑结构的模型,逻辑模式又称为关系模式。

③内模式用来表达数据库的物理存储结构。

各模式之间的关系是:逻辑模式是内模式的逻辑表示,内模式是逻辑模式的物理实现,外模式是逻辑模式的部分提取。

外模式称为"视图"(View);关系模式称为"基本表"(Base Table),每个关系是一个二维表,其中元组称为"行"(Row),属性称为"列"(Column);外模式存储模式称为"存储文件"(Stored file)。

利用 SQL 语言可以对关系模型(二维表)进行查询。

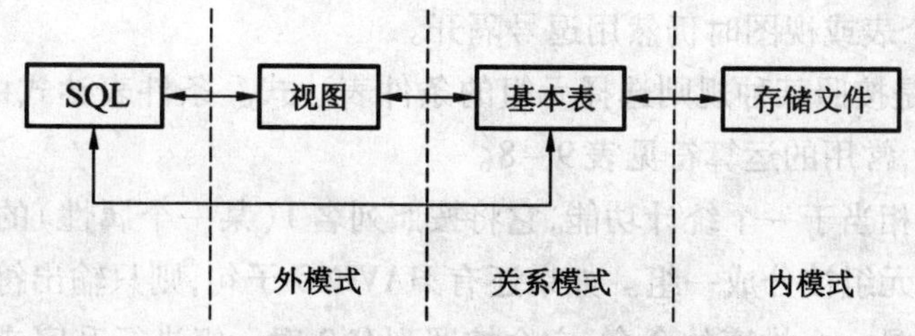

图9-42 SQL 数据库的体系结构

9.5.2 SQL 语言的组成

SQL 语言中集成了几种语言,其中有:数据定义语言(SQL DDL),负责定义关系模式、基本表、视图及索引等结构;数据操纵语言(SQL DML),负责数据的查询与更新;数据控制语言(SQL DCL),负责对基本表、视图的授权及完整性规则的描述和事务的控制等。此外还有关于嵌入式 SQL 语言的使用规定等。

虽然 SQL 语言功能强大,包括的内容很多,但是语言结构设计十分简洁,完成上述大部分功能几乎只需使用9个核心动词就可以完成。表9-7中就是 SQL 中的9个核心动词。

表9-7 SQL 的核心动词

SQL 的功能	动　词
数据查询	SELECT
数据定义	CREATE, DROP, ALTER
数据操纵	INSERT, UPDATE, DELETE
数据控制	GRANT, REVOKE

9.5.3 SQL 语言的数据查询

数据的查询是数据库中使用最频繁的操作,它是数据库的核心操作。SQL 语言中使用"SELECT"语句进行查询,这个语句的基本子句比较简单,但从功能和使用方式上来说,它具有非常丰富的变化。具体语句结构如下:

SELECT [ALL | DISTINCT] 目标列表达式 [, 目标列表达式]…

FROM 表名或视图名 [, 表名或视图名]…

[WHERE 条件表达式]

[GROUP BY 列名1 [HAVING 条件表达式]]

[ORDER BY 列名2 [ASC | DESC]];

各子句的说明如下:

①SELECT 关键字后面跟的目标列表达式代表所要查询的属性名,如果需要显示多个属性,则用逗号将属性分隔开。

②FROM 表示从指定的表或视图中查找所需要的元组,这里的表或者视图可以是一个

也可以是多个,多个表或视图时仍然用逗号隔开。

③WHERE 则是按照某种规则选择元组的条件表达式。条件表达式由运算符、常量、函数以及属性等组成,常用的运算符见表 9－8。

④GROUP BY 相当于一个统计功能,它将按照列名 1(某一个属性)的值进行分组,所有与该属性值相等的元组被分成一组。如果还有 HAVING 子句,则只输出符合指定条件的组。

⑤ORDER BY 是一个排序的命令,它会按照列名 2 对元组进行升序或降序排序。

⑥使用 Distinct 关键字可以去掉查询结果中某属性中重复的记录,使用 ALL 关键字则是显示所有查询的结果,默认情况下 SELECT 查询结果是显示所有符合查询条件的记录。

表 9－8　运算符表

运算符类别	符号与含义
算术	+(加),-(减),*(乘),/(除)
比较	>(大于),>=(大于等于),<(小于),<=(小于等于),=(等于),<>(不等于),Between 值 1 And 值 2(比较给定的值是否在值 1 到值 2 之间)
逻辑	Not(非),And(与),Or(或)
通配符	* 通配字符串中的任意多个字符 ? 通配字符串中的任意单个字符 [ ] 与方括号内的任何单个字符匹配 ! 与不在方括号内的任何字符匹配 # 与任何单个数字字符匹配
其他	Like(前后两个字符串是否匹配),In...(给定的值是否在…之中) &(连接两个字符串),“”(定界字符串常量),#(定界日期型常量)

下面通过几个实例进一步了解 SQL 查询语句。

【例 9－5】设有学生成绩和选课成绩两个表。

学生情况表:

Stu(Sno,Sname,Ssex,Sage,Sdept,Sclass)

其中的 Sno 是学号,Sname 是学生姓名,Ssex 是性别,Sage 是年龄,Sdept 是所属院系,Sclass 是所在班级。

选课成绩表:

SC(Sno,Cno,G)

其中 Sno 为字号,Cno 为课程代号,G 为成绩。

使用 SQL 语句完成如下查询:

①查询全体学生的姓名和所在班级。

```
SELECT Sname,Sclass
FROM Stu;
```

这里输出的结果有两列，分别是学生的姓名和所在班级，因为没有对学生的选择限定，所以没有使用 WHERE 子句，显示出来的元组应该是这个表中的全部学生。注意，列的选择也可以不按表的顺序进行排列，如果查询语句是："SELECT Sclass, Sname"，那么显示出来的结果是班级在前、姓名在后。

②查询全体学生的所有记录。

```
SELECT *
FROM Stu;
```

这里的"*"表示所有列，它等价于

```
SELECT Sno, Sname, Ssex, Sage, Sdept, Sclass
FROM Stu;
```

③查询所有年龄在 19 岁以上学生的姓名和性别。

```
SELECT Sname, Ssex
FROM Stu
WHERE Sage >=19;
```

④查询选修每门课程的学生人数。

```
SELECT Cno, COUNT(Sno)
FROM SC
GROUP BY Cno;
```

这个例子中，首先使用 GROUP BY 子句对 SC 表按课程号 Cno 进行分组，再借助聚集函数 COUNT( )对学生人数进行统计。在一般情况下，GROUP BY 子句多与一些聚集函数搭配使用，以完成实际需要，如将例子中的 COUNT( )更改成 AVG( )，则相当于统计出每门课程的平均分。

⑤查询选修 1 号课程的学生人数。

```
SELECT Cno, COUNT(Sno)
FROM SC
GROUP BY Cno
HAVING Cno = '1'
```

上例是在分类统计的基础上对每一组记录进行选择，这里只能使用 HAVING 子句来进行修饰而不能用 WHERE 子句来修饰。

注意：WHERE 子句和 HAVING 子句是有明显区别的。WHERE 子句是作用于对基本表或视图中满足条件的元组进行选择；HAVING 子句则是对分组后的每组记录进行有条件的选择。HAVING 只与 GROUP BY 子句搭配使用。

⑥查询计算机系（CS）学生的姓名与年龄，并按年龄由大到小的顺序显示。

```
SELECT Sname, Sage
FROM Stu
WHERE Sdept = 'CS'
ORDER BY Sage DESC;
```

DESC 表示查询结果按降序排列,如果使用 ASC 则表示按升序排列。系统默认情况下为升序排列。

以上都是对一个表的查询,而实际应用中往往牵扯两个或多个表的查询。用 SQL 语言进行多个表的查询形式也比较简单。

⑦查询选修 1 号课程学生的姓名与成绩。

```
SELECT Sname,G
FROM Stu,SC
WHERE Cno ='1'And Stu.Sno = SC.Sno;
```

WHERE 子句后除了查询选修课程号 1 以外,通过“Stu. Sno = SC. Sno”表示两个表之间的对应关系。

查询命令的语法构成比较简单,但形式变化多样,上面的例子都是最简单的一些操作,还有许多更高级的表达方式由于本书的篇幅和重点所限就不再详述。

9.5.4 SQL 语言的使用

前面所举的实例当中,所有关于数据库数据查询及数据操作的功能都是通过控件中的对象或方法来完成的,其中很多数据操作都可以通过 SQL 语句来完成,有些执行起来效率更高。比如在 ADO 控件中,Recordset 对象的 AddNew,Update 等几个数据操作的方法,实际使用时非常耗费系统资源,因此在实际应用中,特别是对比较大的系统,一般都会用 SQL 语句来代替这些操作。此外,SQL 语句还可以和一些控件结合起来对数据库进行操作。

1. 查询语句的使用

仍然以 STU 数据库中的 Student 表为例。假设有一个 TextBox 控件 Text1,通过在此控件中输入的系别(Sdept)名称来显示相关记录的所有信息,可以使用 SQL 语句表示如下:

```
Selectet * From Student Where Sdept ='"&Text1.text&"';
```

由于这里系列的数据类型为字符类型,而字符类型的变量要用单引号将变量值括起来,因此在上面的语句中,Text1. text 外加了单引号。

2. 对数据库的操作

在 ADO 控件中,通过 RecordSource 属性设置记录源。在例 9 - 4 中选择的是在“命令类型”中选择“2 - adCmdTable”(结果来源于完整的表)。其实完全可以把“命令类型”改为“1 - adCmdText”(结果集由 Select 语句来生成),然后在“命令文本”中输入 SQL 命令“Select * from Student”即可。

下面的例子通过 DataGrid 控件完成对数据库及数据的操作。

【例 9 - 6】建立一个学生信息记录的浏览窗口,并且可以通过学号对记录进行查找,按照年龄由大到小的顺序显示所有男同学的记录信息。

①打开“属性页”窗口,在“记录源”选项卡下,完成图 9 - 43 中的设置。

②添加一个 ADO 控件、一个 DataGrid 控件、两个按钮及一个文本框。相关属性值的设定见表 9 - 9。ADO 控件中的 ConnectionString 属性与记录源已经在上一个步骤设置完毕,此处描述的是其他几个控件的属性值,另外,为了界面友好,建议把 ADO 控件设置为不可见。

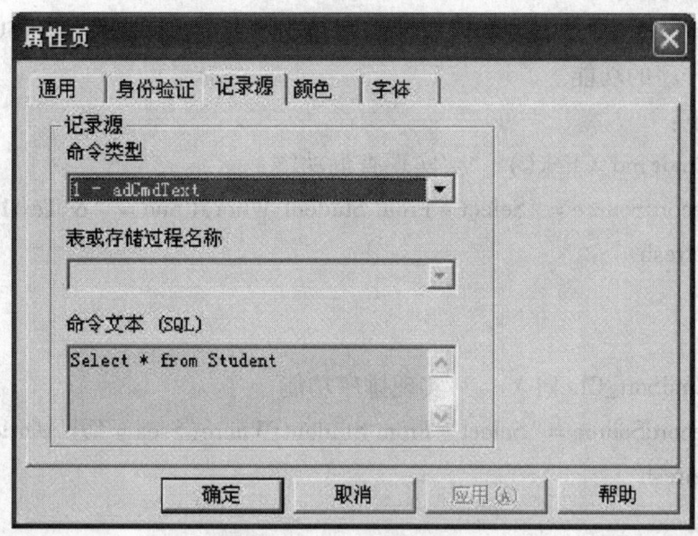

图 9－43　记录源的设置

设计好的界面如图 9－44 所示。

表 9－9　控件属性设置

控件名称	属性名	属性值
DataGrid1	Caption	学生信息列表
	DataSource	Adodc1
CmdFind	Caption	查询
CmdSort	Caption	排序
Text1	Text	请输入学号
Adodc1	Visible	False

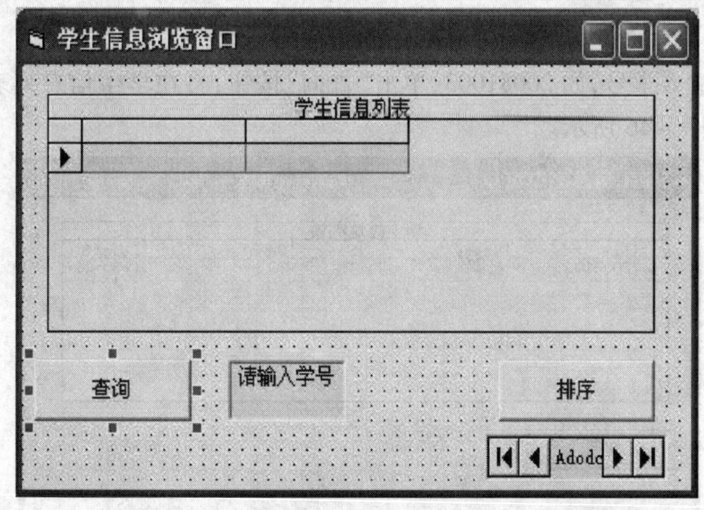

图 9－44　设计的界面

③为“CmdFind”按钮和“CmdSort”按钮编写单击事件过程代码，使用 SQL 语言的 Select 语句完成查询和排序的功能。

程序代码如下：

```
Private Sub CmdFind_Click( )        '实现查询功能
    Adodc1. RecordSource = "Select * From Student Where(Sno = '" & Text1. Text &"')"
    Adodc1. Refresh
End Sub

Private Sub CmdSort_Click( )        '实现排序功能
    Adodc1. RecordSource = "Select * From Student Where(Ssex = '男')Order By Sbirth"
    Adodc1. Refresh
End Sub
```

运行程序，出现学生信息浏览窗口，如图 9－45 所示。此时，在学生信息列表中显示出数据表中的所有数据。

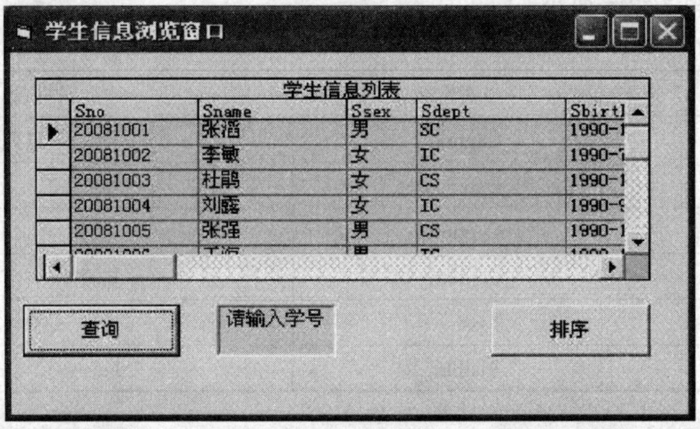

图 9－45 运行后打开的窗口

在文本框中输入学号，如 20081003，单击“查询”按钮，将在学生信息列表中显示该学生的所有信息，如图 9－46 所示。

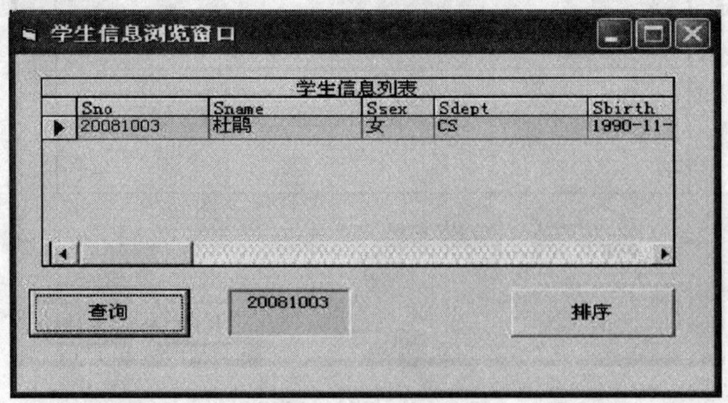

图 9－46 查询后的结果

单击“排序”按钮，列表中将显示所有男同学的信息，且按照年龄从大到小排列（按照出生日期从小到大排列），如图 9－47 所示。

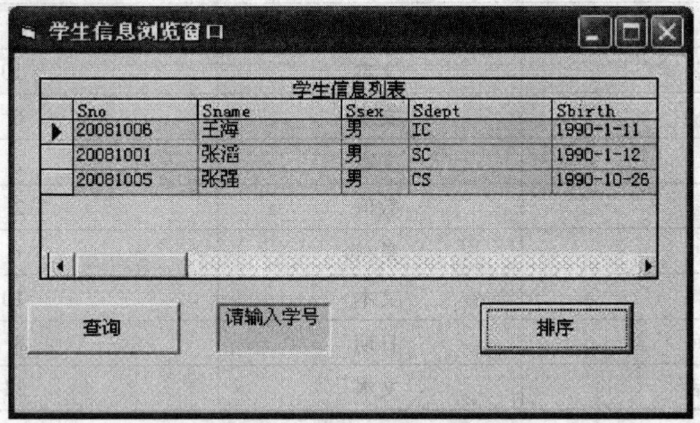

图 9－47　排序后的结果

习 题 九

一、选择题

1. 数据库 DB、数据库系统 DBS、数据库管理系统 DBMS 之间的关系是（　　）。

A. DB 包含 DBS 和 DBMS　　B. DBMS 包含 DB 和 DBS

C. DBS 包含 DB 和 DBMS　　D. 没有任何关系

2. SQL 语言又称为（　　）。

A. 结构化定义语言　　B. 结构化控制语言

C. 结构化查询语言　　D. 结构化操纵语言

3. SQL 语言具有的功能是（　　）。

A. 关系规范化，数据操纵，数据控制

B. 数据定义，数据操纵，数据控制

C. 数据定义，关系规范化，数据控制

D. 数据定义，关系规范化，数据操纵

4. 现实世界中能相互区别的事物称为（　　）。

A. 实体　　B. 实体值　　C. 信息　　D. 属性

二、填空题

1. 在关系模型中，把数据看成是二维表，每一个二维表称为一个__________。

2. ________________是 DBS 中对数据进行管理的软件系统，它是 DBS 的核心组成部分。

3. 数据控件常用的属性中，Connect 属性是用来制定数据库__________的。

4. Access 数据库文件的扩展名为__________________。

5. __________是 Visual Basic 系统所提供的一个功能强大的数据库访问控件，它整合了 RDO 与 DAO 模型中的一些优秀特性，使用更加灵活简便。

三、操作题

1. 使用数据库管理器创建一个数据库及数据表。数据库名为人事管理，其中有一张数据表，表名为员工基本信息表。表结构如下所示：

字段名称	字段类型	长 度
职工号	文本	5
职工姓名	文本	10
民族	文本	6
性别	文本	2
年龄	数值	2
婚否	是/否	1
职位	文本	10
入职时间	日期	8
联系电话	文本	11

2. 使用 DATA 控件创建一个类似于例 9－3 的浏览界面，要求可以对员工基本信息进行浏览、添加与删除。

附　录

附录 A　上机实验指导

实验 1　Visual Basic 语言基础

【实验目的】

1. 掌握与 3 种基本结构相关语句的使用。
2. 掌握 Visual Basic 中的常用内部函数的使用。
3. 掌握通用过程的定义和调用以及参数的传递方式。
4. 能够运用一些简单的算法编写 Visual Basic 应用程序。
5. 能够正确使用窗体、文本框、标签、命令按钮等简单的控件。

【实验内容】

1. 计算 Fibonacci 数列的前 40 项，并且利用 Print 方法直接输出到窗体上。输出结果如图 A1 – 1 所示。

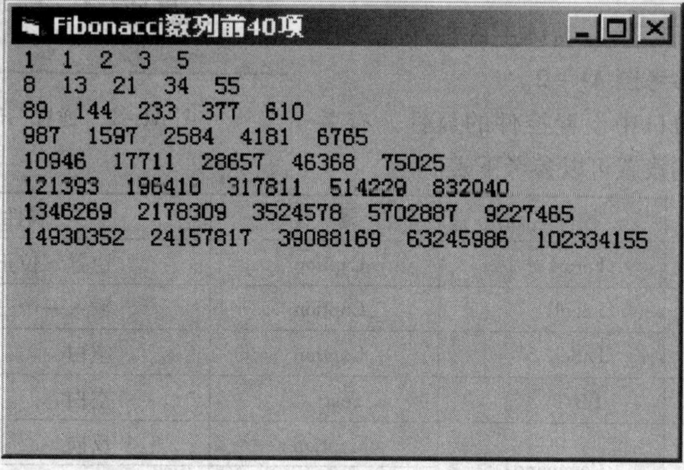

图 A1 – 1　Fibonacci 数列

步骤提示：

（1）新建一个工程。参考图 A1 – 1，设置窗体 Form1 的 Caption 属性值。

（2）参考代码如下：

```
Private Function f(ByRef m1 As Long,ByRef m2 As Long)As Long '按地址传递参数(双向传递)
    Dim m3 As Long
    m3 = m1 + m2: m1 = m2: m2 = m3
    f = m3
End Function

Private Sub Form_load()
    Show
    Dim i As Integer,n1 As Long,n2 As Long
    n1 = 1: n2 = 1      '第1,2项作为初值
    Print n1; n2;
    For i = 3 To 40
        Print f(n1,n2);        '计算、输出一项
        If i Mod 5 = 0 Then Print        '换行控制
    Next
    Print
End Sub
```


2. 设计一个窗体,输入一个3位正整数,将它反向输出。例如,输入123,输出321,人机交互界面如图A1-2所示。

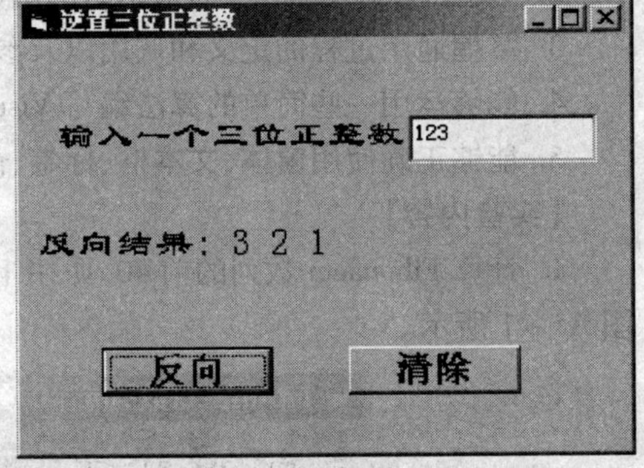

图 A1-2 逆置三位正整数

步骤提示:

(1)新建一个工程,在窗体上添加相应的控件。界面设计可参考图A1-2。

(2)在属性窗口中设置控件的属性。有关控件的主要属性的设置可以参考下表。

控 件	控件名称	属 性	属性值
窗体	Form1	Caption	逆置三位正整数
标签	Label1	Caption	输入一个三位正整数
	Label2	Caption	空白
文本框	Text1	Text	空白
命令按钮	Command1	Caption	反向
		Default	True
	Command2	Caption	清除

(3)参考代码如下:

```
Private Sub Command1_Click()
```

```
    Dim s As Integer
    Dim a AsString,b As String,c As String,revs As String
    s = Val(Text1. Text)              '将字符串转换为数值
    If s < 100 Or s > 999 Then
      Label2. Caption = "反向结果:" + "输入的数不在范围内"
    Exit Sub
    End If
    a = Str(s \ 100)          '取百位数
    b = Str(s \ 10 Mod 10)          '取十位数
    c = Str(s Mod 10)          '取个位数
    revs = c + b + a          '连接字符串
    Label2. Caption = "反向结果:" + revs          '输出到标签
End Sub

Private Sub Command2_Click()          '清除文本框和标签
    Text1. Text = ""
    Label2. Caption = ""
End Sub
```

3. 利用公式：$e^x \approx 1 + \frac{x}{1!} + \frac{x^2}{2!} + \cdots + \frac{x^n}{n!}$,计算 e^x 的近似值。精度要求：最后一项的值小于 10^{-6}。人机交互界面如图 A1－3 所示。

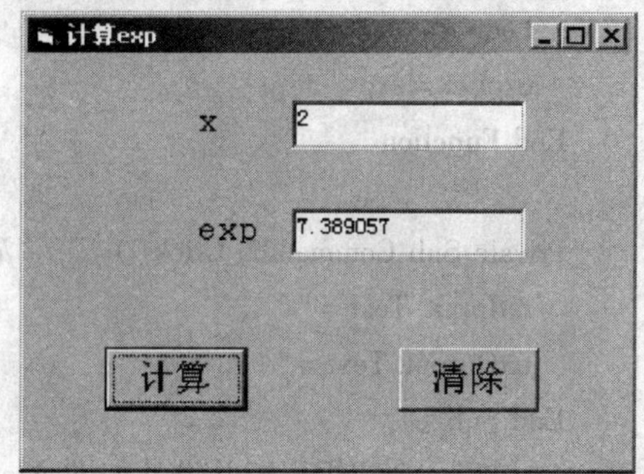

图 A1－3 计算 e^x

步骤提示：

(1)新建一个工程，在窗体上添加相应的控件。设计界面可参考图 A1－3。

(2)在属性窗口中设置控件的属性。有关控件的主要属性的设置可以参考下表。

控　件	控件名称	属　性	属性值
窗体	Form1	Caption	计算 exp
标签	Label1	Caption	x
	Label2	Caption	exp
文本框	Text1	Text	空白
	Text2	Text	空白
命令按钮	Command1	Caption	计算
		Default	True
	Command2	Caption	清除

(3)参考代码如下：

```
Private Sub Command1_Click()
   Dim x As String,exp As Single
   x = Val(txtInput. Text)
   txtOutput. Text = expfun(x)
End Sub

Private Function expfun(ByVal x As Single)       '按值传递参数(单向传递)
   Dim n As Integer
   Dim u As Single,exp As Single
   exp = 1:n = 1:u = 1
   Do While u  >=0.000001
      u = u * x/n
      exp = exp + u
      n = n + 1
   Loop
   expfun = exp
End Function

Private Sub Command2_Click()       '清除文本框
   txtInput. Text = ""
   txtOutput. Text = ""
End Sub
```


4. 编写一个应用程序并设计如图 A1－4 所示的窗体，验证哥德巴赫猜想，即一个大于 6 的偶数是两个素数之和。

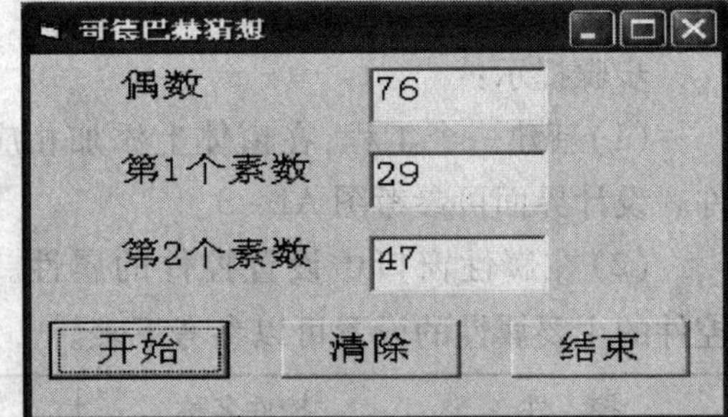

图 A1－4　哥德巴赫猜想

步骤提示：

(1)新建一个工程，在窗体上添加相应的控件。设计界面可参考图 A1－4。

(2)在属性窗口中设置控件的属性。有关控件的主要属性的设置可以参考下表。

控　件	控件名称	属　性	属性值
窗体	Form1	Caption	哥德巴赫猜想
标签	Label1	Caption	偶数
	Label2	Caption	第 1 个素数
	Label3	Caption	第 2 个素数

（续表）

控 件	控件名称	属 性	属性值
文本框	Text1	Text	空白
	Text2	Text	空白
	Text3	Text	空白
命令按钮	cmdStart	Caption	开始
		Default	True
	cmdCls	Caption	清除
	cmdEndnd	Caption	结束

(3)参考代码如下：

```
Private Sub cmdCls_Click( )
  Text1. Text = " "
  Text2. Text = " "
  Text3. Text = " "
End Sub

Private Sub cmdEnd_Click( )
  End
End Sub

Private Sub cmdStart_Click( )
  Dim N As Integer,N1 As Integer,N2 As Integer,I As Integer,K1 As Integer,K2 As Integer
  N = Val(InputBox("输入大于 6 的偶数"))
  Text1. Text = N
  For N1 =3 To N \ 2 Step 2
    K1 = Int(Sqr(N1))
    For I =2 To K1          '判断 N1 是否是素数
      If N1 Mod I =0 Then Exit For
    Next I
      If I > K1 Then          '如果 N1 为素数,将 N 分解为 N1 + N2
        N2 = N - N1
        K2 = Int(Sqr(N2))
        For I =2 To K2          '判断 N2 是否是素数
          If N2 Mod I =0 Then Exit For
        Next I
          If I > K2 Then          '如果 N2 也为素数,则打印输出
```

```
          Text2. Text = N1
          Text3. Text = N2
        End If
      End If
    Next N1
  End Sub
```

5. 产生不超过 10 个 100 以内的随机整数,显示在窗体中。将这些数排序后,再显示在窗体中。要求产生随机数、显示和排序分别用过程来实现。输入框和输出窗体如图 A1-5 所示。

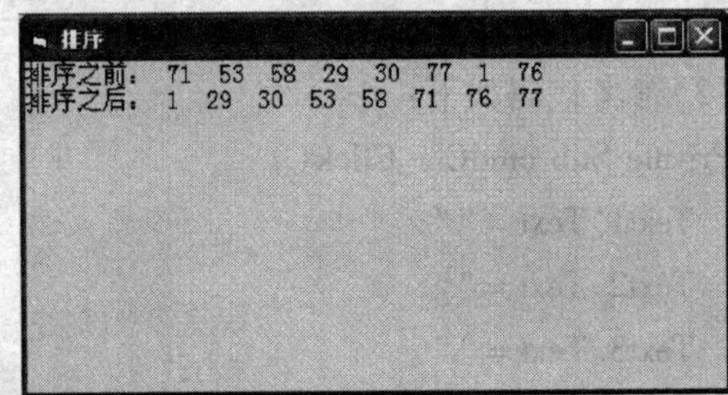

图 A1-5 机数排序

步骤提示:

(1)新建一个工程。参考图 A1-5,设置窗体 Form1 的 Caption 属性值。

(2)参考代码如下:

```
Dim a() As Integer
Private Sub Form_Click()
  Dim i As Integer, k As Integer
  k = InputBox("输入产生的随机数个数(不超过 10 个随机数)", "输入对话框")
  ReDim a(1 To k) As Integer
  Form1. Cls
  Call create(a, k)
  Print "排序之前:";
  Call display(a, k)
  Call sort(a, k)
  Print "排序之后:";
  Call display(a, k)
End Sub

Private Sub create(a() As Integer, ByVal n As Integer)
  For i = 1 To n
    a(i) = Rnd(i) * 100
```

```
    Next
End Sub

Private Sub sort(a() As Integer, ByVal n As Integer)
    Dim temp As Integer, i As Integer, j As Integer
    For i = 1 To n - 1
        For j = n - 1 To i Step -1
            If a(j) > a(j + 1) Then
                temp = a(j): a(j) = a(j + 1): a(j + 1) = temp
            End If
    Next j, i
End Sub

Private Sub display(a() As Integer, ByVal n As Integer)
    For i = 1 To n
        Print a(i);
    Next
    Print
End Sub
```


实验2 内部控件及控件数组

【实验目的】

1. 掌握单选钮、复选框、列表框、组合框、计时器、滚动条等控件的主要属性、方法和事件。

2. 能够熟练运用以上控件进行应用程序设计，树立可视化的编程思想。

【实验内容】

1. 应用框架、单选钮设计一个控制文本字体、字号及颜色的程序。

要求在3个框架中分别选择字体、字号和颜色，单击“确定”按钮后，文本框中的文本相应属性会发生变化。

步骤提示：

(1) 如图 A2-1 所示，创建应用程序的用户界面和设置对象属性。在窗体上添加3个框架 Frame1，Frame2 和 Frame3，分别在每个框架上画出两个单选钮。

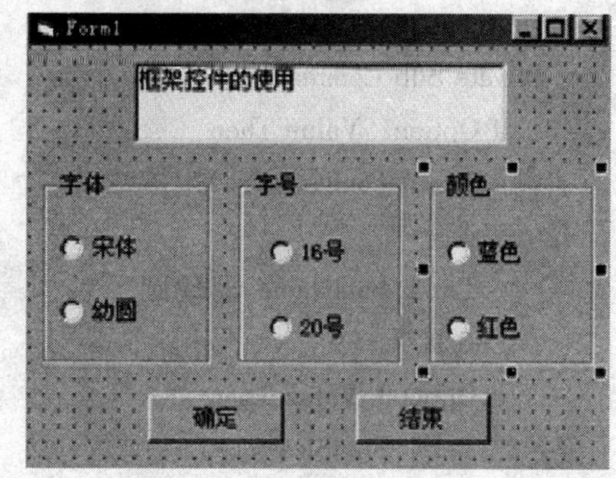

图 A2-1 框架、单选钮应用的界面设计

(2)在属性窗口中设置控件的属性。有关控件的主要属性的设置可以参考下表。

名　　称	属　性	属性值
文本框 Text1	Text	框架控件的使用
框架 Frame1	Caption	字体
框架 Frame2	Caption	字号
框架 Frame3	Caption	颜色
单选钮 Option1	Caption	宋体
单选钮 Option2	Caption	幼圆
单选钮 Option3	Caption	16 号
单选钮 Option4	Caption	20 号
单选钮 Option5	Caption	蓝色
单选钮 Option6	Caption	红色
命令按钮 Command1	Caption	确定
命令按钮 Command2	Caption	结束

(3)参考代码如下：

```
Private Sub Form_Load( )
   Option1. Value = True
   Option3. Value = True
   Option5. Value = True
   Text1. FontName = "宋体"
   Text1. FontSize = 16
   Text1. ForeColor = RGB(0,0,255)
End Sub

Private Sub Command1_Click( )
   If Option1. Value Then
      Text1. FontName = "宋体"
   Else
      Text1. FontName = "幼圆"
   End If
   If Option3. Value Then
      Text1. FontSize = 16
   Else
      Text1. FontSize = 20
   End If
```

```
    If Option5. Value Then
        Text1. ForeColor = RGB(0,0,255)
    Else
        Text1. ForeColor = RGB(255,0,0)
    End If
End Sub
```

2. 利用列表框和命令按钮控件设计一个选课程序。界面设计如图 A2 - 2 所示,程序运行结果如图 A2 - 3 所示。

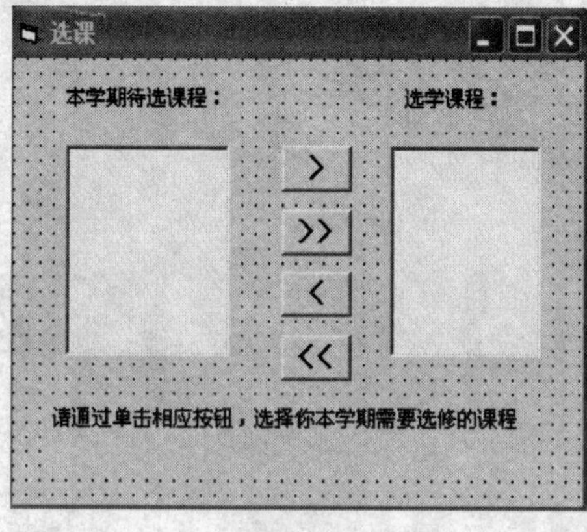

图 A2 - 2 选课程序界面设计

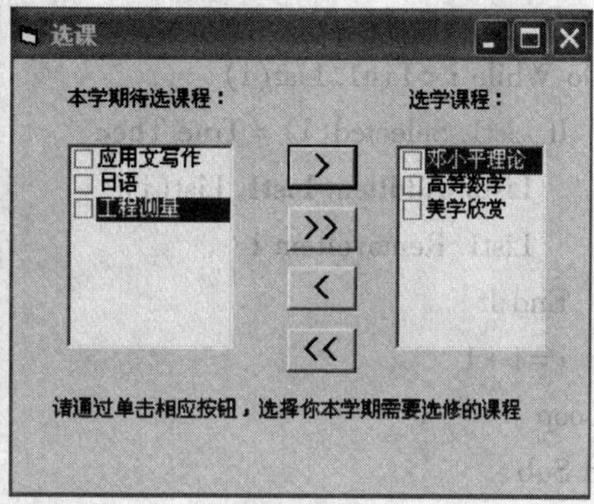

图 A2 - 3 选课程序运行结果

步骤提示:

(1)创建应用程序的用户界面和设置对象属性:在窗体上添加 2 个列表框、3 个标签和 4 个命令按钮。修改各控件属性可参考下表。

名　　称	属　性	属性值
窗体 Form1	Caption	选课
命令按钮 Command1	Caption	>
命令按钮 Command2	Caption	>>
命令按钮 Command3	Caption	<
命令按钮 Command4	Caption	<<
标签 Lable1	Caption	本学期待选课程:
标签 Lable2	Caption	选学课程:
标签 Lable3	Caption	请通过单击相应按钮,选择你本学期需要选修的课程

(2)参考代码如下:

```
Private Sub form_load( )
    List1. AddItem "邓小平理论"
```

```
List1. AddItem "应用文写作"
List1. AddItem "高等数学"
List1. AddItem "日语"
List1. AddItem "工程测量"
List1. AddItem "美学欣赏"
End Sub

Private Sub Command1_Click()
  i = 0
  Do While i < List1. List(i)
    If List1. Selected(i) = True Then
      List2. AddItem List1. List(i)
      List1. RemoveItem i
    End If
    i = i + 1
  Loop
End Sub

Private Sub Command2_Click()
  For i = 0 To List1. ListCount - 1
    List2. AddItem List1. List(i)
  Next i
  List1. Clear
End Sub

Private Sub Command3_Click()
  i = 0
  Do While i < List2. List(i)
    If List2. Selected(i) = True Then
      List1. AddItem List2. List(i)
      List2. RemoveItem i
    End If
    i = i + 1
  Loop
End Sub

Private Sub Command4_Click()
```

```
    For i = 0 To List2. ListCount - 1
        List1. AddItem List2. List(i)
    Next i
    List2. Clear
End Sub
```

3. 使用控件数组设计一个计算器。如图 A2 - 4 所示,计算器具有计算正、负数、+、-、×、÷的运算,以及退格的功能。

步骤提示:

(1)创建窗体,添加控件和控件数组。各控件属性值的设置参考下表。

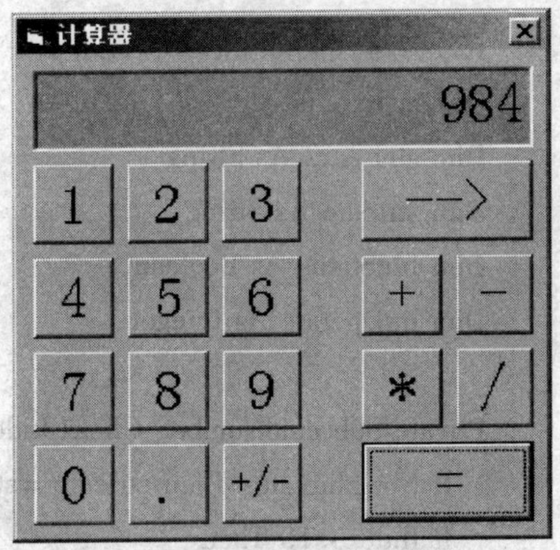

图 A2 - 4 计算器的窗体

名称		属性	属性值
窗体 Calculator		Caption	计算器
		BorderStyle	1(固定边框)
命令按钮控件数组	cmdNumber(0)	Caption	0
	cmdNumber(1)	Caption	1
	cmdNumber(2)	Caption	2
	cmdNumber(3)	Caption	3
	cmdNumber(4)	Caption	4
	cmdNumber(5)	Caption	5
	cmdNumber(6)	Caption	6
	cmdNumber(7)	Caption	7
	cmdNumber(8)	Caption	8
	cmdNumber(9)	Caption	9
	cmdNumber(10)	Caption	.
命令按钮控件数组	cmdCalc(0)	Caption	+
	cmdCalc(1)	Caption	-
	cmdCalc(2)	Caption	*
	cmdCalc(3)	Caption	/
命令按钮	cmdPN	Caption	+/-
命令按钮	cmdEqual	Caption	=
命令按钮	cmdBack	Caption	- -〉
文本框	txtDisplay	MultiLine	False(不支持多行编辑)
		Alignment	1(右对齐)
		BackColor	&H00FFFF00(文本框背景色)
		Locked	True(阻止直接编辑)

注:命令按钮、文本框的 Font 属性设置适当的字号。

(2)参考代码如下：

```
Option Explicit
Dim str1,str2 As String                 '以字符串形式存放两个操作数
Dim strtemp As String                   '存放临时字符串
Dim blnStatus As Boolean                'False 时,第一个操作数;True 时,第二个操作数
Dim intOperate As Integer               '存放运算类型:0 加、1 减、2 乘、3 除

Private Sub cmdNumber_Click(Index As Integer)
  If Not blnStatus Then strtemp = str1 Else strtemp = str2
  If Index < 10 Then                    '输入数字
    strtemp = strtemp + CStr(Index)'转换为字符串并连接
  Else                                  '输入小数点
    If InStr(strtemp,".") = 0 Then strtemp = strtemp + "."       '阻止出现两个小数点
  End If
  If Len(strtemp) >1 And Left(strtemp,1) = "0" And Mid(strtemp,2,1) <> "." Then
    strtemp = Right(strtemp,Len(strtemp) - 1)      '删除操作数开始多余的 0
  End If
  txtDisplay.Text = strtemp
  If Not blnStatus Then str1 = strtemp Else str2 = strtemp
End Sub

Private Sub cmdBack_Click()             '删除最后一个数字,退格操作
  If Not blnStatus Then strtemp = str1 Else strtemp = str2
  If Len(strtemp) >0 Then strtemp = Left(strtemp,Len(strtemp) - 1)
  txtDisplay.Text = strtemp
  If Not blnStatus Then str1 = strtemp Else str2 = strtemp
End Sub

Private Sub cmdPN_Click()               '改变正负号
  If Not blnStatus Then strtemp = str1 Else strtemp = str2
  If Len(strtemp) >0 And Left(strtemp,1) = "-" Then
    strtemp = Right(strtemp,Len(strtemp) - 1)          '去掉负号
  Else
    strtemp = "-" & strtemp                            '添加负号
  End If
  txtDisplay.Text = strtemp
```

```
  If Not blnStatus Then str1 = strtemp Else str2 = strtemp
End Sub

Private Sub cmdCalc_Click(Index As Integer)
  str2 = ""                                        '清空第二个字符串
  txtDisplay.Text = ""
  blnStatus = True                                 '为输入第二个字符串做准备
  intOperate = Index
End Sub

Private Sub cmdEqual_Click()                       '单击等号键时进行运算
  If Len(Trim(str1)) = 0 Or Len(Trim(str2)) = 0 Then
    blnStatus = False
    Exit Sub                                       '任意字符串为空,则不计算
  End If
  Dim db1, db2 As Double                           '存放两个操作数
  db1 = Val(str1)                                  '把字符串转换为数值
  db2 = Val(str2)
  Select Case intOperate                           '进行不同的运算
  Case 0
    txtDisplay.Text = db1 + db2
  Case 1
    txtDisplay.Text = db1 - db2
  Case 2
    txtDisplay.Text = db1 * db2
  Case 3
    If db2 = 0 Then
      MsgBox "除数不能为0!", 16, "计算器"
      Exit Sub
    End If
    txtDisplay.Text = db1/db2
  End Select
  blnStatus = False
  str1 = ""
  str2 = ""
End Sub
```

实验3 绘图方法的应用

【实验目的】

1. 掌握绘图的基本属性。

2. 掌握各种绘图方法:Pset,Line,Circle,Cls 的使用。

【实验内容】

1. 三角函数曲线的绘制。

实验要求:设计一个绘制三角函数曲线的应用程序,建立坐标系,绘制出正弦函数和余弦函数。

步骤提示:

(1)设计界面:如图 A3-1(a)所示。

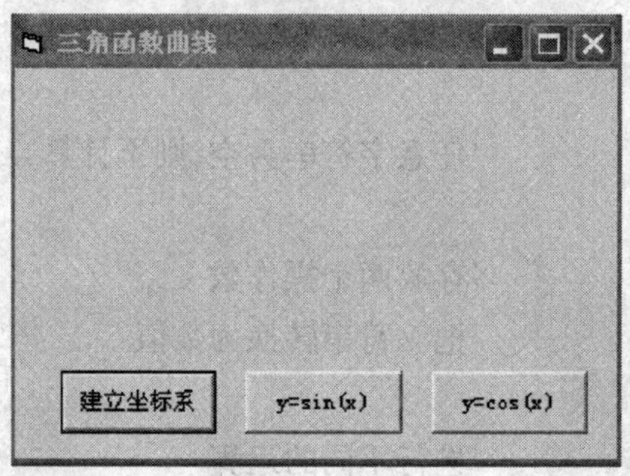

(a)

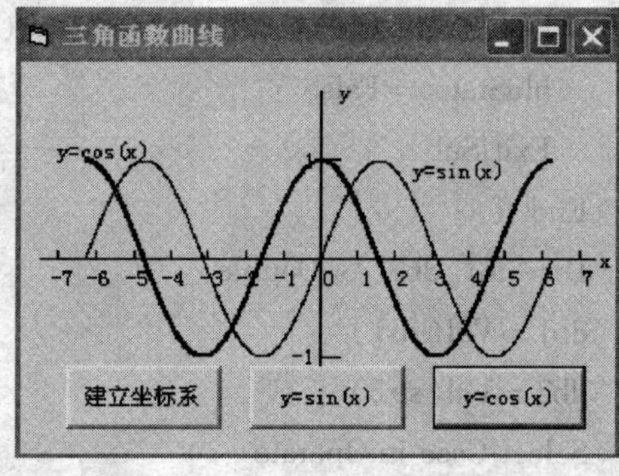

(b)

图 A3-1

(2)参考代码如下:

① 绘制坐标轴和坐标刻度

```
Private Sub Command1_Click()
  Cls
  Form1.Scale(-8,2)-(8,-2)                    '自定义坐标系
  Line(-7.5,0)-(7.5,0)                        '画 x 轴
  Line(0,1.7)-(0,-1.7)                        '画 y 轴
  CurrentX =7.6: CurrentY =0.1: Print "x"     '标识 x 轴
  CurrentX =0.5: CurrentY =1.8: Print "y"     '标识 y 轴
  For I = -7 To 7
    Line(I,0)-(I,0.1)                         '在 x 轴上标识刻度
    CurrentX =I-0.2: CurrentY = -0.1: Print I '在 x 轴上输出数字标识
  Next I
  For j = -1 To 1
    If j <> 0 Then
```

```
    CurrentX = -0.7: CurrentY = j + 0.1: Print j          '在 y 轴上输出数字标识
    Line(0.5, j) - (0, j)                                  '在 y 轴上标识刻度
    End If
  Next j
End Sub
```

② 绘制正弦曲线

```
Private Sub Command2_Click()
  CurrentX = -6.283: CurrentY = 0                          '曲线的起点坐标
  For I = -6.283 To 6.283 Step 0.01
    x = I: y = Sin(I)
    Line -(x, y)                                           '绘制正弦曲线
  Next I
  CurrentX = 2.5: CurrentY = 1: Print "y = sin(x)"         '输出
End Sub
```

③ 绘制余弦曲线

```
Private Sub Command3_Click()
  DrawWidth = 2
  CurrentX = -6.283: CurrentY = 1                          '曲线的起点坐标
  For N = -6.283 To 6.283 Step 0.01
    x = N: y = Cos(N)
    Line -(x, y)                                           '绘制余弦曲线
  Next N
  CurrentX = -7: CurrentY = 1.2: Print "y = cos(x)"        '输出
End Sub
```

(3)运行程序。程序运行结果如图 A3-1(b)所示。

2. 在图片框中画出随机色同心圆或随机色射线。

实验要求：设计一个应用程序，要求单击“同心圆”按钮，在 Picture1 控件上画出彩色同心圆；单击“清屏”按钮，图形消失；单击“随机射线”按钮，在 Picture1 控件上画出随机射线。

步骤提示：

(1)设计界面，如图 A3-2 所示。

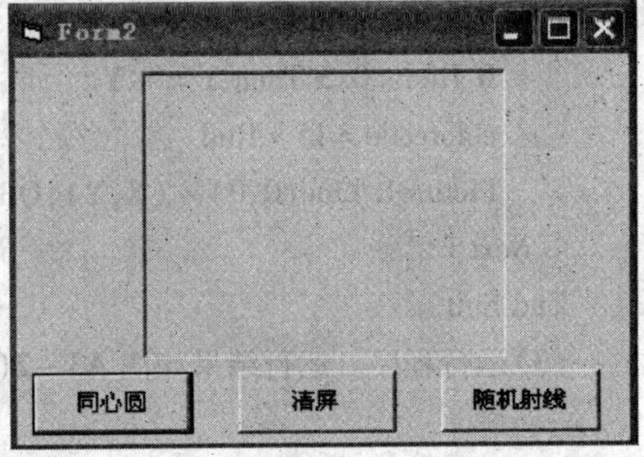

图 A3-2

(2)参考代码如下：

①绘制同心圆

```
Private Sub Command1_Click()
```

```
Dim CX,CY,Limit,Radius                                    '声明变量
  ScaleMode = 6                                           '设置坐标单位为毫米
  DrawWidth = 2                                           '边线的宽度为 2 像素
  CX = Int(Picture1. ScaleWidth/2)                        '设定当前坐标(cx,cy)
  CY = Int(Picture1. ScaleHeight/2)
  If ScaleWidth > ScaleHeight Then
    Limit = CY
  Else
    Limit = CX
  End If
  For Radius = 0 To Limit                                 '绘制同心圆,半径不断增大
    Picture1. Circle(CX,CY),Radius,RGB(Rnd * 255,Rnd * 255,Rnd * 255)
  Next Radius
End Sub
```

②绘制清屏

```
Private Sub Command2_Click()
  Picture1. Cls
  Picture1. Scale
End Sub
```


③绘制随机射线

```
Private Sub Command3_Click()
  Dim i As Integer
  Picture1. Scale( -320,240) - (320, -240)
  For i = 1 To 100
    X = 320 * Rnd                                         '产生 x 轴
    If Rnd < 0. 5 Then X = - X
    Y = 240 * Rnd                                         '产生 y 轴
    If Rnd < 0. 5 Then Y = - Y
    colorcode = 15 * Rnd                                  '产生随机色
    Picture1. Line(0,0) - (X,Y),QBColor(colorcode)
  Next i
End Sub
```

(3)运行程序。运行结果如图 A3 -2(a)和图 A3 -2(b)所示。

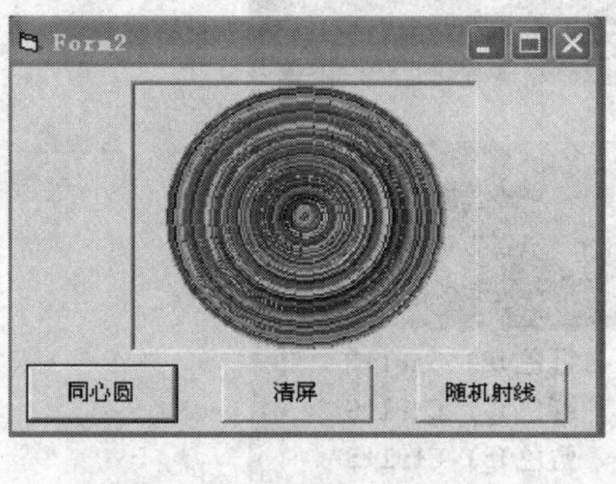

(a)

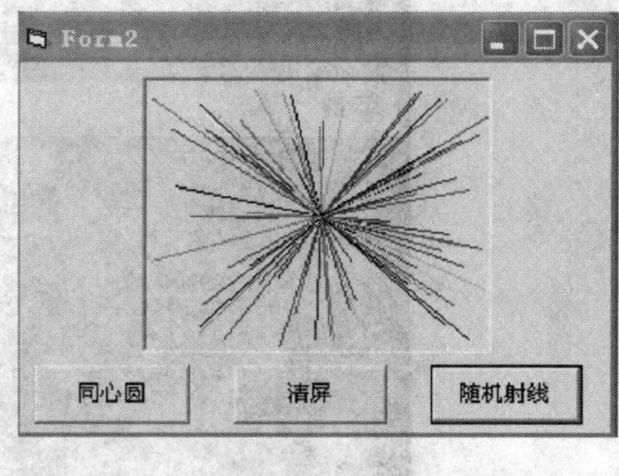

(b)

图 A3 - 2

实验 4　菜单程序设计

【实验目的】

1. 了解菜单编辑器的作用,利用菜单编辑器掌握设计菜单的步骤、方法和技巧。

2. 掌握窗口菜单的设计方法。

3. 掌握弹出式菜单的设计方法。

【实验内容】

1. 设计菜单程序,在菜单栏中有“菜单”一个菜单。其中“菜单”菜单包括“改色”“退出”2 个选项。“改色”选项包括“红色”“绿色”和“蓝色”。

2. 窗体设计弹出式菜单,该菜单包含“红色”“绿色”和“蓝色”3 个选项,单击相应的选项后可设置窗体的颜色。

程序设计界面和运行结果如图 A4 - 1 和图 A4 - 2 所示。

图 A4 - 1　窗体颜色设置界面

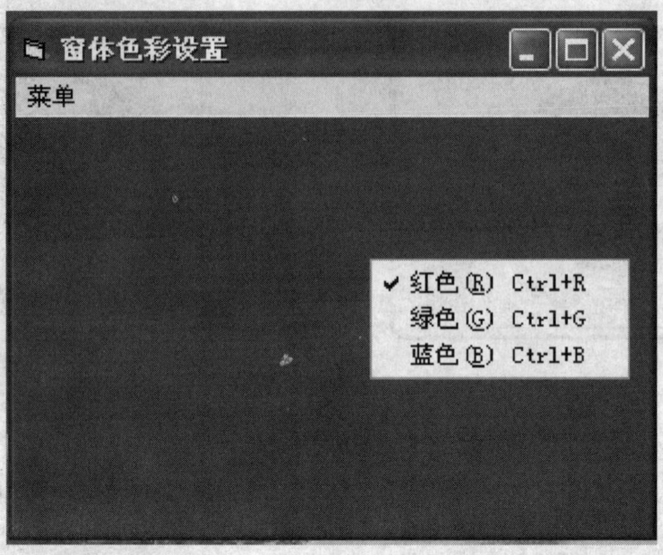

图 A4 - 2　程序运行结果

步骤提示：

(1)在菜单编辑器中设计菜单,属性值的设置参考下表。

菜单项标题	名　称	内缩符号	复　选	快捷键
菜单	MainMenu	无		
改色	SetColor	1		
红色(&R)	SetRedColor	2		Ctrl + R
绿色(&G)	SetGreenColor	2		Ctrl + G
蓝色(&B)	SetBlueColor	2	√	Ctrl + B
退出(&x)	Exit	1		

(2)参考程序代码如下：

```
Private Sub Exit_Click()
  End
End Sub

Private Sub Form_Load()
  Form1. BackColor = vbBlue
End Sub

Private Sub Form_MouseDown(Button As Integer,Shift As Integer,X As Single,Y As Single)
    If Button =2 Then
      PopupMenu SetColor                    '弹出子菜单
```

```
  End If
End Sub

Private Sub SetBlueColor_Click( )
  SetRedColor. Checked = False
  SetGreenColor. Checked = False
  SetBlueColor. Checked = True
  Form1. BackColor = vbBlue
End Sub

Private Sub SetGreenColor_Click( )
  SetRedColor. Checked = False
  SetGreenColor. Checked = True
  SetBlueColor. Checked = False
  Form1. BackColor = vbGreen
End Sub

Private Sub SetRedColor_Click( )
  SetRedColor. Checked = True
  SetGreenColor. Checked = False
  SetBlueColor. Checked = False
  Form1. BackColor = vbRed
End Sub
```

实验5 文件的应用

【实验目的】

1. 掌握顺序文件和随机文件的打开、关闭以及读写方法。
2. 能够正确使用文件操作的函数和语句。
3. 掌握文件系统控件的用法。

【实验内容】

1. 产生50个100以内的随机整数,写入顺序文件 d:\file1. txt,每行写入5个数。再读顺序文件 file1. txt,对50个随机整数排序后以紧凑格式写入另一个顺序文件 d:\file2. txt。最后通过记事本查看这两个顺序文件的内容(如图 A5 -1 和图 A5 -2 所示)。

步骤提示:

(1)新建一个工程,并建立窗体单击事件过程 Form_Click。

(2)参考代码如下:

```
Private Sub Form_Click( )
```

file1.txt - 记事本

文件(F) 编辑(E) 格式(O) 查看(V) 帮助(H)

71	53	58	29	30
77	1	76	81	71
5	41	86	79	37
96	87	6	95	36
52	77	5	59	47
30	62	65	26	28
83	82	59	99	91
23	70	98	24	53
11	100	68	2	58
10	10	80	28	5

图 A5 - 1　顺序文件 filel. txt 的内容

```
Dim a(1 To 50) As Integer, i As Integer, k As Integer
Open “d:\file1. txt” For Output As #1
For i = 1 To 50
  a(i) = Rnd(i) * 100
Next
For i = 1 To 50
  If i Mod 5 = 0 Then
    Print #1, a(i)
  Else
    Print #1, a(i),
  End If
Next
Close(1)
Open "d:\file1. txt" For Input As #1
i = 1
Do While Not EOF(1)
  Input #1, a(i)
  i = i + 1
Loop
For i = 1 To 49
  For j = 49 To i Step -1
    If a(j) > a(j + 1) Then
      temp = a(j) : a(j) = a(j + 1) : a(j + 1) = temp
    End If
Next j, i
Close(1)
```

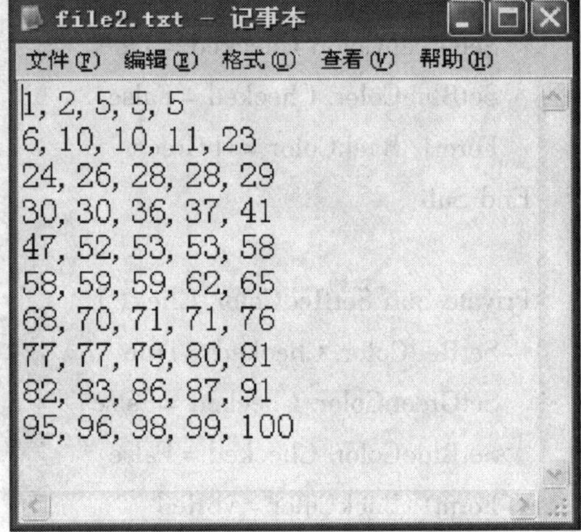

file2.txt - 记事本

文件(F) 编辑(E) 格式(O) 查看(V) 帮助(H)

1, 2, 5, 5, 5
6, 10, 10, 11, 23
24, 26, 28, 28, 29
30, 30, 36, 37, 41
47, 52, 53, 53, 58
58, 59, 59, 62, 65
68, 70, 71, 71, 76
77, 77, 79, 80, 81
82, 83, 86, 87, 91
95, 96, 98, 99, 100

图 A5 - 2　顺序文件 file2. txt 的内容

```
  Open "d:\file2.txt" For Output As #1
  For i = 1 To 50
    If i Mod 5 = 0 Then
      Write #1, a(i)
    Else
      Write #1, a(i)
    End If
   Next
  Close(1)
End Sub
```

2. 按照以下自定义数据类型,编写一个应用程序,可以在窗体中对随机文件进行插入记录、删除记录、显示记录等操作。窗体界面如图 A5－3 所示,其中含有 4 个标签、4 个文本框(采用 Text1 控件数组)和 4 个命令按钮("插入记录""删除记录"和"显示记录"3 个命令按钮为 Command1 控件数组,"退出"命令按钮为 Command2)。自定义数据类型如下:

```
Private Type Student_Type
  Num As String * 6
  Name As String * 8
  Sex As String * 2
  Class As String * 4
End Type
```

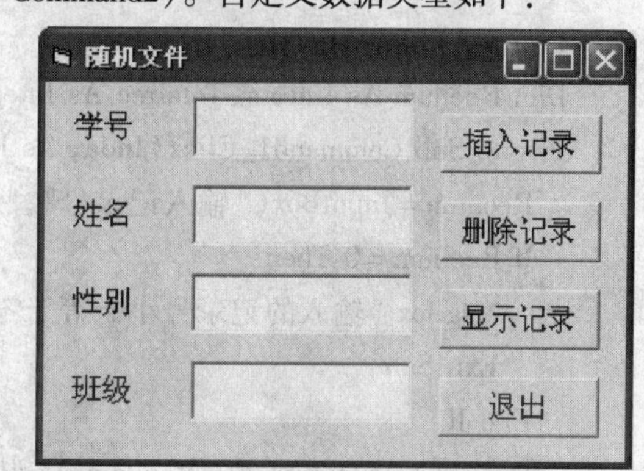

图 A5－3 随机文件

步骤提示:

(1)新建一个工程,在窗体上添加相应的控件数组及控件。设计界面可参考图 A5－3。

(2)在属性窗口中设置控件的属性。有关控件的主要属性的设置可以参考下表。

控　件	控件名称	属　性	属性值
窗体	Form1	Caption	随机文件
标签	Label1	Caption	学号
	Label2	Caption	姓名
	Label3	Caption	性别
	Label4	Caption	班级
文本框	Text1(0)	Text	空白
	Text1(1)	Text	空白
	Text1(2)	Text	空白
	Text1(3)	Text	空白

（续表）

控　件	控件名称	属　性	属性值
命令按钮	Command1(0)	Caption	插入记录
	Command1(1)	Caption	删除记录
	Command1(2)	Caption	显示记录
	Command2	Caption	退出

(3)参考代码如下：

```
Private Type Student_Type
  Num As String * 6
  Name As String * 8
  Sex As String * 2
  Class As String * 4
End Type
Dim S As Student_Type
Dim Recnum As Integer, Totalrec As Integer
Private Sub Command1_Click(Index As Integer)
  Recnum = InputBox("输入记录号","数据输入")
  If Recnum = 0 Then
    MsgBox "输入的记录号小于等于零!",48,"输入错误"
    Exit Sub
  End If
  Open "d:\file.txt" For Random As #1 Len = Len(S)
  If Index = 0 Then                    '插入一条记录
    Totalrec = LOF(1)/Len(S)           '计算记录总数
    For i = Totalrec To Recnum Step -1
      Get #1,i,S
      Put #1,i + 1,S
    Next
    S.Num = Text1(0).Text
    S.Name = Text1(1).Text
    S.Sex = Text1(2).Text
    S.Class = Text1(3).Text
    Put #1,Recnum,S
  End If
  If Index = 1 Then                    '删除一条记录
    Totalrec = LOF(1)/Len(S)
```

```
      For i = Recnum To Totalrec - 1
        Get #1, i + 1, S
        Put #1, i, S
      Next
      Totalrec = Totalrec - 1
      Open "d:\temp.txt" For Random As #2 Len = Len(S)    '创建临时文件 temp.txt
      i = 1
      Do While i <= Totalrec     '将原文件中有用的所有记录复制到临时文件
        Get #1, i, S
        Put #2, i, S
        i = i + 1
      Loop
      Close                    '关闭原文件和临时文件
      Kill "d:\file.txt"          '删除原文件
      Name "d:\temp.txt" As "d:\file.txt"  '对临时文件按原文件的名字重新命名
      Open "d:\file.txt" For Random As #1 Len = Len(S)
                                              '重新打开文件"d:\file.txt"
    End If
    If Index = 2 Then          '显示一条记录
      Get #1, Recnum, S
      Text1(0).Text = S.Num
      Text1(1).Text = S.Name
      Text1(2).Text = S.Sex
      Text1(3).Text = S.Class
    End If
    Close
End Sub

Private Sub Command2_Click()          '退出
    End
End Sub

Private Sub Form_Load()
    Dim i As Integer
    For i = 0 To 3
      Text1(i).Text = ""
    Next
```

```
End Sub
```

如果不清除被删除的记录,只是将有用的记录的下一个记录内容清空。下面给出有关删除一条记录的程序段参考代码,读者可以与上面的方法作以比较。

```
If Index = 1 Then '删除一条记录
  Totalrec = LOF(1)/Len(S)
  For i = Recnum To Totalrec - 1
    Get #1,i + 1,S
    Put #1,i,S
  Next
  S. Num = "" : S. Name = "" : S. Sex = "" : S. Class = ""
                                        '将有用记录的下一条记录清空
  Put #1,i,S
End If
```

3. 参照例 8 - 5,设计一个联合使用文件系统控件的应用程序,在窗体中可以选择当前驱动器、当前文件夹和可执行文件,并且能够运行所选择的可执行文件。

实验 6　数据库操作

【实验目的】

1. 掌握数据控件和数据绑定控件的使用。
2. 掌握使用 Data 控件进行数据库访问。
3. 掌握使用 ADO 控件进行数据库访问。
4. 了解 Recordset 对象及相关方法的使用。
5. 掌握 SQL 语言查询等数据基本操作的使用。

【实验内容】

使用数据库管理器,在 Access 数据库下建立一个“库存商品管理”数据库,并且新建一个名为“SHP”的数据表,表结构及数据类型自己定义,要求不少于 4 个属性,不少于两种数据类型。

1. 通过数据控件,创建一个商品库存记录编辑窗口,并可通过此窗口进行商品记录的添加和修改,完成设计并通过此窗口录入商品记录,至少录入 4 条记录。

步骤提示:

(1)新建一个工程,在窗体上添加相应的控件。窗体界面设计可参考图 A6 - 1。

(2)控件属性设置,Caption 属性设置可参考图 A6 - 1。这里注意,Data1 控件 Visible 属性设置为 False。其他属性设置可参考下表:

对　象	属　性	属性值
Data1	DataBaseName RecordSource Visible	D：\VB\库存商品管理 . mdb SHP False
Text1	DataSource DataField	Data1 商品条码号
Text2	DataSource DataField	Data1 商品名称
Text3	DataSource DataField	Data1 供应商代号
Text4	DataSource DataField	Data1 入库日期
Text5	DataSource DataField	Data1 库存数量

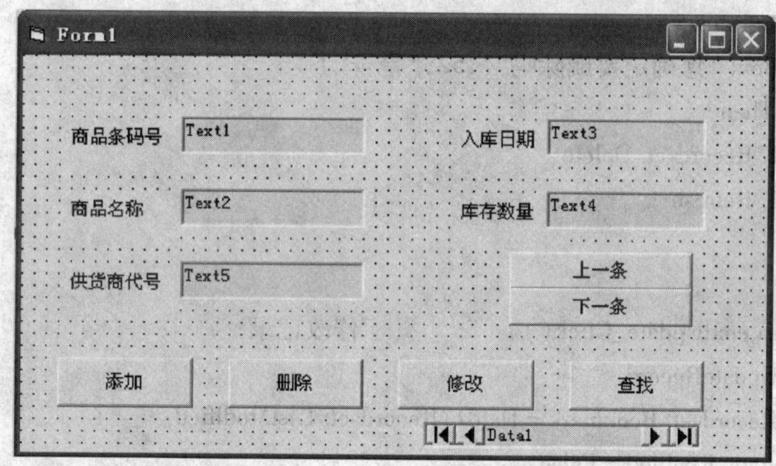

图 A6－1　窗体界面设计

(3)参考代码如下：

```
Private Sub cmdAdd_Click()                    '添加记录
  If CmdAdd. Caption = "确定" Then
    On Error GoTo Wrong
    Data1. UpdateRecord
    Data1. Recordset. MoveLast
    CmdPre. Enabled = True
    CmdNext. Enabled = True
    CmdDel. Enabled = True
    CmdAdd. Caption = "添加"
```

```
    Else
      Data1. Recordset. AddNew
      CmdAdd. Caption = "确定"
      CmdPre. Enabled = False
      CmdNext. Enabled = False
      CmdDel. Enabled = False
    End If
  Exit Sub
  Wrong:
    If Err. Number = 524 Then
      MsgBox "该纪录已经存在!",48,"警告"
    End If
  Resume
  End Sub
  Private Sub cmdDel_Click( )                '删除记录
    Dim i As Integer
    i = MsgBox("您确定要删除吗?",52,"警告")
    If i = 6 Then
      Data1. Recordset. Delete
      Data1. Refresh
    End If
  End Sub
  Private Sub cmdUpdate_Click( )                  '修改记录
    Data1. UpdateRecord
    Data1. Recordset. Bookmark = Datd1. Recordset. LastModified
    CmdUpdate. Enabled = False
    CmdDel. Enabled = True
    CmdFind. Enabled = True
  End Sub

  Private Sub CmdPre_Click( )                '浏览上一个记录
    Data1. Recordset. MovePrevious
    CmdNext. Enabled = True
    If Data1. Recordset. BOF Then
      Data1. Recordset. MoveFirst
      CmdPre. Enabled = False
    End If
```

```
End Sub

Private Sub CmdNext_Click( )              '浏览下一个记录
  Data1. Recordset. MoveNext
  CmdPre. Enabled = True
  If Data1. Recordset. EOF Then
    Data1. Recordset. MoveLast
    CmdNext. Enabled = False
  End If
End Sub
```

(4)运行程序可出现如图 A6－2 所示的窗口，并可以进行相应的添加、删除及修改，录入实验数据。

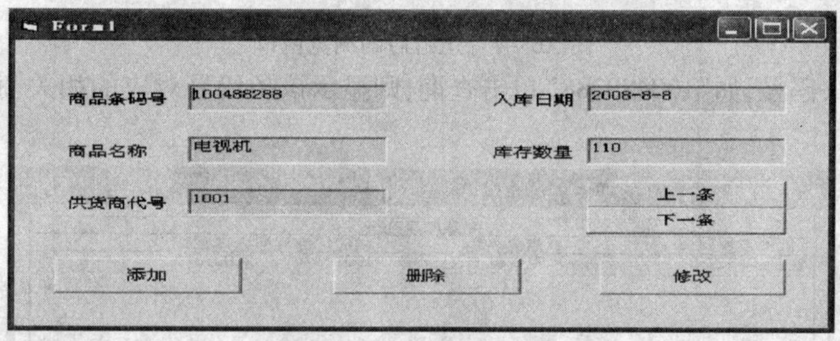

图 A6－2　运行后的窗口

2. 使用 ADO 控件和 DataGrid 控件，创建一个商品浏览窗口，通过 SQL 语言来完成数据库的操作。创建至少两个功能按钮，如“按名称查找”“按商品号查找”，同样通过 SQL 语言来完成。

步骤提示：

(1)创建一个新的工程，添加 ADO 控件及 DataGrid 控件，设置记录源时，命令类型选择“1 － AdCmdText”，并在“命令文本”中写入数据表的 SQL 查询语句。设计的界面可参考图 A6－3。

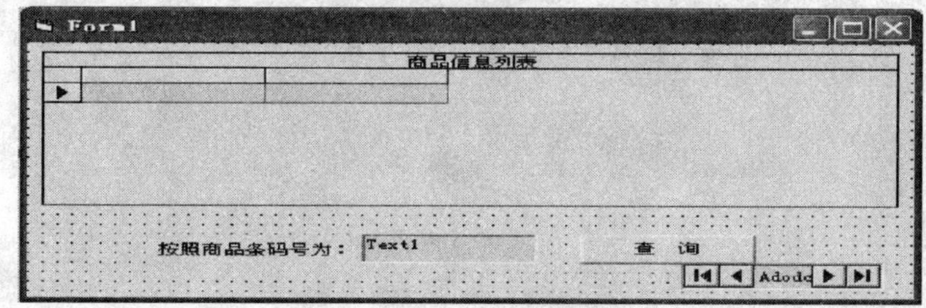

图 A6－3　设计的商品浏览窗口

(2)设置所有控件的相关属性值，设置方法，可参考 9. 5. 4 节的内容，这里就不再赘述。编写如下代码：

```
Private Sub CmdFind_Click()            '查询功能实现
    Adodc1.RecordSource = "Select * From SHP Where(商品条码号 ='" & Text1.Text&"')"
    Adodc1.Refresh
End Sub
```

(3)运行程序,弹出商品浏览界面,如图 A6－4 所示。

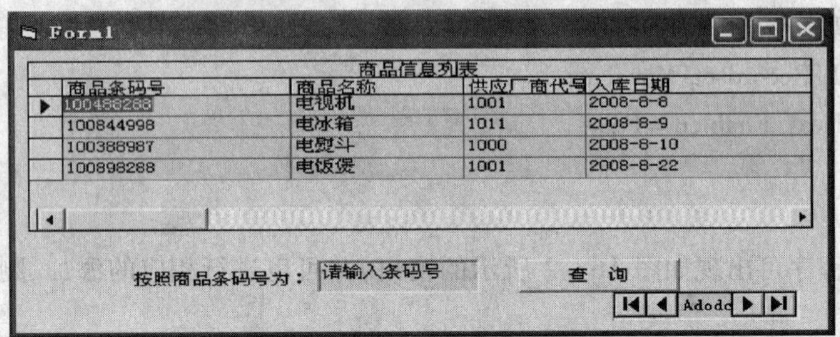

图 A6－4 运行后的浏览窗口

(4)输入条码号,如“100488288”单击查询,则显示该条码号对应的相关商品信息,如图 A6－5 所示。

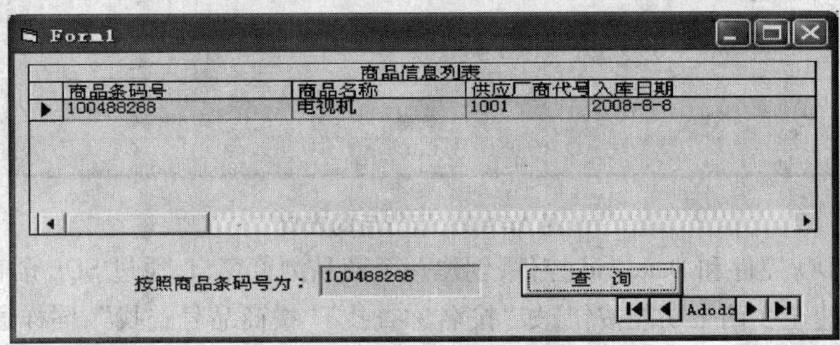

图 A6－5 查询后的结果

读者还可以举一反三,用不同的控件来完成上面 2 个实验的内容,或者添加更多的功能。也可以结合前面所学章节的内容,制作一个更为友好的操作界面,结合更多的功能,生成一个更为完整的系统。

附录 B　对象的 Name 属性命名前缀

对　　象	Name 属性值的前缀	对　　象	Name 属性值的前缀
CheckBox	chk	Label	lbl
ComboBox	cbo	Line	lin
CommandButton	cmd	ListBox	lst
Data	dat	Menu	mnu
DirListBox	dir	OptionButton	opt
DrvListBox	drv	PictureBox	pic
FileListBox	fil	Shape	shp
Form	frm	TextBox	txt
Fram	fra	Timer	tmr
HScrollbar	hsb	VScrollBar	vsb
Image	img		

附录 C　键码表

（适用于 KeyDown，KeyUp 事件）

一、字母键

A～Z（不区分大小写）键与大写字母 A～Z 的 ASCII 码相同

vb 常量	键码	键	vb 常量	键码	键	vb 常量	键码	键
vbKekA	65	A	vbKekJ	74	J	vbKekS	83	S
vbKekB	66	B	vbKekK	75	K	vbKekT	84	T
vbKekC	67	C	vbKekL	76	L	vbKekU	85	U
vbKekD	68	D	vbKekM	77	M	vbKekV	86	V
vbKekE	69	E	vbKekN	78	N	vbKekW	87	W
vbKekF	70	F	vbKekO	79	O	vbKekX	88	X
vbKekG	71	G	vbKekP	80	P	vbKekY	89	Y
vbKekH	72	H	vbKekQ	81	Q	vbKekZ	90	Z
vbKekI	73	I	vbKekR	82	R			

二、数字键

vb 常量	键码	键	vb 常量	键码	键	vb 常量	键码	键
vbKey0	48	0	vbKey4	52	4	vbKey8	56	8
vbKey1	49	1	vbKey5	53	5	vbKey9	57	9
vbKey2	50	2	vbKey6	54	6			
vbKey3	51	3	vbKey7	55	7			

三、小键盘上的键

vb 常量	键　码	键	vb 常量	键　码	键
vbKeyNumpad0	96	0	vbKeyNumpad8	104	8
vbKeyNumpad1	97	1	vbKeyNumpad9	105	9
vbKeyNumpad2	98	2	vbKeyMultiply	106	*
vbKeyNumpad3	99	3	vbKeyAdd	107	+
vbKeyNumpad4	100	4	vbKeySeparator	108	Enter
vbKeyNumpad5	101	5	vbKeySubtract	109	–
vbKeyNumpad6	102	6	vbKeyDecimal	110	.
vbKeyNumpad7	103	7	vbKeyDivide	111	/

四、特殊键

vb 常量	键 码	键	vb 常量	键 码	键
vbKeyLButton	1	鼠标左键	vbKeyPageDown	34	PageDown
vbKeyRButton	2	鼠标右键	vbKeyEnd	35	End
vbKeyCancel	3	Cancel	vbKeyHome	36	Home
vbKeyMButton	4	鼠标中键	vbKeyLeft	37	←(向左箭头)
vbKeyBack	8	Backspace(退格键)	vbKeyUp	38	↑(向上箭头)
vbKeyTab	9	Tab	vbKeyRight	39	→(向右箭头)
vbKeyClear	12	Clear	vbKeyDown	40	↓(向下箭头)
vbKeyReturn	13	Return(回车键)	vbKeySelect	41	Select
vbKeyShift	16	Shift	vbKeyPrint	42	Print Screen
vbKeyControl	17	Ctrl	vbKeyExecute	43	Execute
vbKeyMenu	18	Menu	vbKeySnapshot	44	Snapshot
vbKeyPause	19	Pause	vbKeyInsert	45	Insert
vbKeyCapital	20	Caps Lock	vbKeyDelete	46	Delete
vbKeyEscape	27	Esc	vbKeyHelp	47	Help
vbKeySpace	32	Spacebar	vbKeyNumlock	144	Numlock
vbKeyPageUp	33	PageUp			

五、功能键

vb 常量	键码	键	vb 常量	键码	键	vb 常量	键码	键
vbKeyF1	112	F1	vbKeyF7	118	F7	vbKeyF13	124	F13
vbKeyF2	113	F2	vbKeyF8	119	F8	vbKeyF14	125	F14
vbKeyF3	114	F3	vbKeyF9	120	F9	vbKeyF15	126	F15
vbKeyF4	115	F4	vbKeyF10	121	F10	vbKeyF16	127	F16
vbKeyF5	116	F5	vbKeyF11	122	F11			
vbKeyF6	117	F6	vbKeyF12	123	F12			

附录 D　基本 ASCII 码字符集

ASCII 值	字　符	解　释	ASCII 值	字　符	解　释
0	NUL	空字符(NULL)	32	<SPACE>	空格
1	SOH	标题开始	33	!	
2	STX	正文开始	34	”	
3	ETX	正文结束	35	#	
4	EOT	传输结束	36	$	
5	ENQ	请求	37	%	
6	ACK	收到通知	38	&	
7	BEL	响铃	39	’	
8	BS	退格	40	(	
9	HT	水平制表符	41	)	
10	LF	换行键	42	*	
11	VT	垂直制表符	43	+	
12	FF	换页键	44	,	
13	CR	回车键	45	–	
14	SO	不用切换	46	.	
15	SI	启用切换	47	/	
16	DLE	数据链路转义	48	0	
17	DC1	设备控制 1	49	1	
18	DC2	设备控制 2	50	2	
19	DC3	设备控制 3	51	3	
20	DC4	设备控制 4	52	4	
21	NAK	拒绝接收	53	5	
22	SYN	同步空闲	54	6	
23	ETB	传输块结束	55	7	
24	CAN	取消	56	8	
25	EM	介质中断	57	9	
26	SUB	替补	58	:	
27	ESC	溢出	59	;	
28	FS	文件分隔符	60	<	
29	GS	分组符	61	=	
30	RS	记录分离符	62	>	
31	US	单元分隔符	63	?	

（续表）

ASCII值	字 符	解 释	ASCII值	字 符	解释
64	@		96	`	
65	A		97	a	
66	B		98	b	
67	C		99	c	
68	D		100	d	
69	E		101	e	
70	F		102	f	
71	G		103	g	
72	H		104	h	
73	I		105	i	
74	J		106	j	
75	K		107	k	
76	L		108	l	
77	M		109	m	
78	N		110	n	
79	O		111	o	
80	P		112	p	
81	Q		113	q	
82	R		114	r	
83	S		115	s	
84	T		116	t	
85	U		117	u	
86	V		118	v	
87	W		119	w	
88	X		120	x	
89	Y		121	y	
90	Z		122	z	
91	[		123	{	
92	\		124	|	
93	]		125	}	
94	^		126	~	
95	_		127	DEL	删除

说明：

（1）美国国家标准局（ANSI）制定的ASCII码（American Standard Code for Information Interchange，美国标准信息交换代码），已被国际标准化组织（ISO）定为国际标准。

（2）码值为0～31和127的字符属于控制字符，码值为32～126的字符属于可以显示、打印的字符。

（3）上述为标准ASCII码，码值在128～255之间的为扩充ASCII码，扩充ASCII码因系统而异。

参 考 文 献

[1] 刘炳文 . Visual Basic 程序设计简明教程[M].3 版 . 北京：清华大学出版社,2006

[2] 沈 炜,杨世锡 . Visual Basic 编程从基础到实践[M]. 北京：电子工业出版社,2005

[3] 刘瑞新,等 . Visual Basic 程序设计教程[M].2 版 . 北京：电子工业出版社,2005

[4] 刘圣才,李春葆 . Visual Basic6 程序设计导学[M]. 北京：清华大学出版社,2002

[5] 龚为珉,等 . Visual Basic 程序设计[M]. 西安：西安电子科技大学出版社, 2003

[6] 黄振轩 . VB 程序设计与数据库 . 济南：山东科学技术出版社,2007

[7] 王 栋 . Visual Basic 程序设计实用教程[M].2 版 . 北京：清华大学出版社,2002

[8] 刘天惠,等 . Visual Basic 程序设计教程[M]. 北京：清华大学出版社,2006